一部让企事业薪酬精细化管理得以有效落实的工具书

| 卫尔琦　朱亮亮◎著 |

薪酬设计与员工激励全案

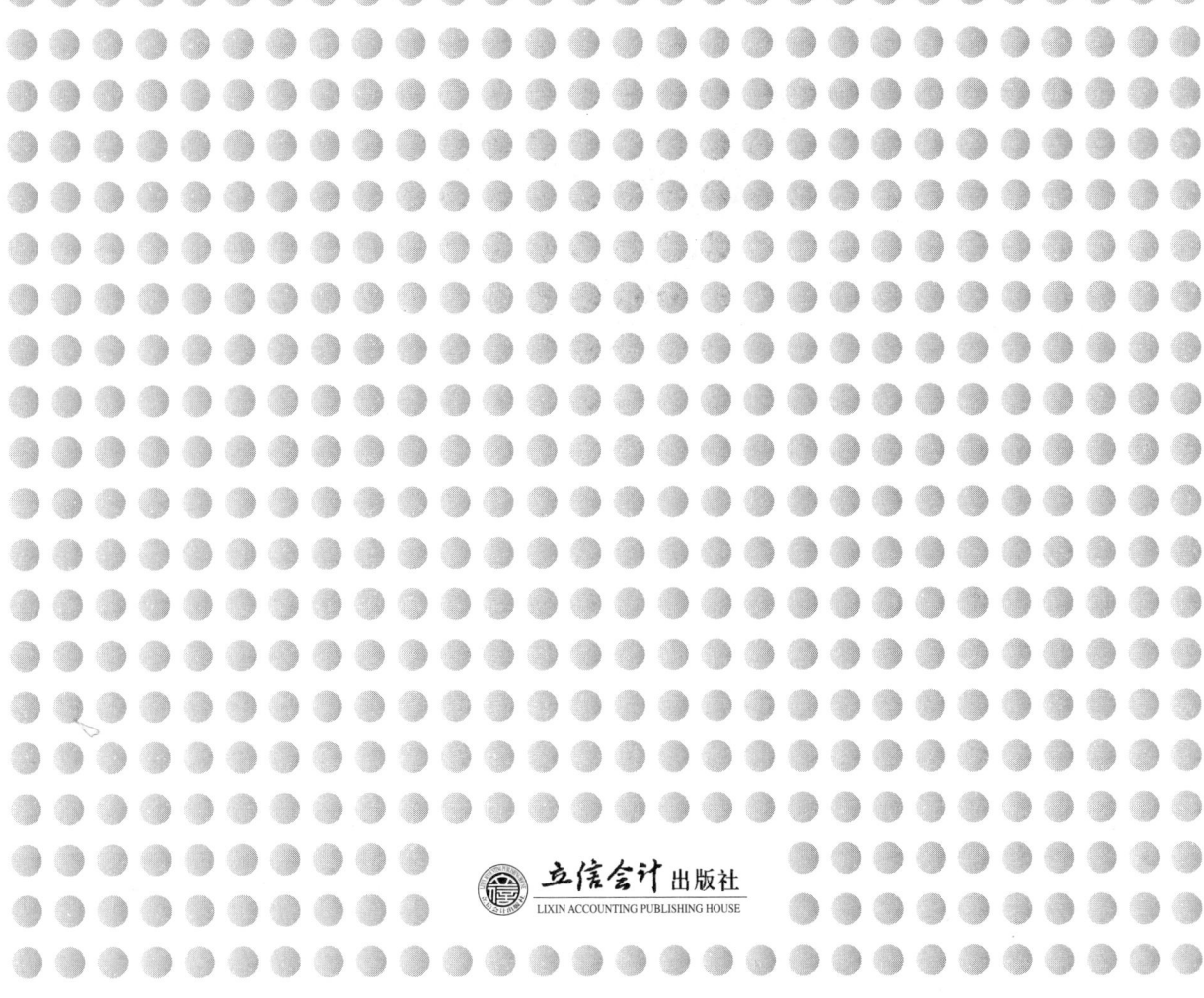

立信会计 出版社

LIXIN ACCOUNTING PUBLISHING HOUSE

图书在版编目（CIP）数据

薪酬设计与员工激励全案 / 卫尔琦，朱亮亮著. —
上海：立信会计出版社，2014.6
（去梯言）
ISBN 978-7-5429-4226-5

Ⅰ. ①薪…　Ⅱ. ①卫…②朱…　Ⅲ. ①企业管理–工
资管理–通俗读物　②企业管理–人事管理–激励–通俗读
物　Ⅳ. ①F272.92–49

中国版本图书馆CIP数据核字（2014）第081290号

策划编辑　蔡伟莉
责任编辑　赵志梅
封面设计　久品轩

薪酬设计与员工激励全案

出版发行	立信会计出版社		
地　　址	上海市中山西路2230号	邮政编码	200235
电　　话	(021) 64411389	传　真	(021) 64411325
网　　址	www.lixinaph.com	电子邮箱	lxaph@sh163.net
网上书店	www.shlx.net	电　话	(021) 64411071
经　　销	各地新华书店		

印　　刷	固安县保利达印务有限公司		
开　　本	787毫米×1092毫米	1/16	
印　　张	20.75	插　页	1
字　　数	272千字		
版　　次	2014年6月第1版		
印　　次	2018年3月第6次		
书　　号	ISBN 978-7-5429-4226-5/F		
定　　价	49.00元		

如有印订差错，请与本社联系调换

前　言

　　清华总裁班曾经做过一份调查，内容是"什么原因导致员工忠诚度低"。经过调查，主要原因是以下几点：一是企业在待遇方面重承诺，轻兑现；二是薪酬设计不合理，难以彰显公平性；三是员工在企业内缺乏金钱安全感，以及企业轻易伤害员工利益；四是缺乏完善的用人机制，仅利用基于关系所建立起来的内部信任；五是企业沟通渠道不畅通，不知道自己的员工心里有什么意见，有什么需求，不公布企业的经营状况。

　　在这个调查里，涉及薪酬待遇方面的原因占了三条，在某种程度上说明薪酬决定了员工的去留。

　　薪酬是什么？

　　——薪酬就是金钱。这是对薪酬最直观的注解。

　　——薪酬是企业的成本支出。

　　——薪酬是企业对员工诚意的最直接的证明。

　　——薪酬是老板与员工进行一轮乃至多轮博弈后的结果。

　　——薪酬是员工安身立命之本，决定着员工的生活水平。

　　——薪酬是员工价值的外在证明。

　　……

　　薪酬有着广泛的内涵以及宽泛的外延含义，它是企业与员工之间最主要，也是最敏感的议题。在目前企业管理界，虽然以人为本、柔性化管理的理念大行其道，但揭开那些温情脉脉的"面纱"，可以发现，企业与员工的本质关系是一种交易关系——员工用自己的劳动和时间交换企业所提供的回报——而薪酬是回报的最主要表现形式，如果企业的薪酬设计不符合员工的期待，所有的温情脉脉都成了无木之本。不过透析我国现时企业界，发现很多企业在薪酬管理方面都存在诸多问题，如：

★薪酬设计与企业战略南辕北辙。

★薪酬理念缺失，对于根据什么因素对员工付酬，企业一头雾水。

★薪酬设计欠缺内部公平，企业没有科学地评估各个职位的相对价值。

★薪酬结构失衡，员工福利聊胜于无。

★企业只为员工提供了单一的"官本位"或管理"职业锚"的发展通道，导致其加薪的通道过于单一。

★薪酬设计和绩效考核分道扬镳，两者关联性不强。

★企业没有全面薪酬管理的理念，只是单纯对员工进行金钱激励，忽略了员工的精神需求。

★薪酬调整随性而为，没有确切的依据支持。

此外，很多企业主对薪酬还心存误解——杰弗里·佩弗是斯坦福大学的组织行为学教授，其曾经在《哈佛商业评论》写过一篇名为《关于薪酬的 6 个危险的神话》的文章，在文章的开始，杰弗里以如下三个问题入篇：

试想一下，有两组微型炼钢厂，一组支付平均每小时 18.07 美元的工资；另一组支付平均每小时 21.52 美元的工资。假定这两组炼钢厂的其他直接雇佣成本（比如福利）相同，那么，哪一组的人工成本更高呢？

一家航空公司正在寻求参与美国市场上低成本和低虚饰产业部门的竞争。显然，在这个市场上，劳动生产率和效率是竞争取胜的关键。该公司实际上并没有根据个人功绩或绩效支付薪酬。那么，它是否能把握住成功的机会呢？

一家经营竞争激烈的软件业的公司，没有用佣金形式支付其销售人员的工资；没有给工人分配红利；也没有提供购股权或影子股——吸引和留住稀缺的编程人才的企业常用的激励手段。那么，你会不会投资给这个公司？

杰弗里由此揭示了 6 个有关薪酬的危险神话：

神话 1：人工工资率与人工成本一样。

神话 2：降低人工工资率会降低人工成本。

神话 3：人工成本占公司总成本的一大部分。

神话4：保持低人工成本就能创造一种持久而有效的竞争优势。

神话5：个人奖励工资可以改进绩效。

神话6：人们主要是为金钱而工作。

上述危险的神话都是很多企业主所信以为真的薪酬真理，他们认为员工的工资制定得越低，越有助于企业实现高利润率，他们认为只要对员工进行强有力的物质激励，自己便会得到一批为企业实实在在卖命的员工——但事实上，真理并非如此。

本书以绩效考核和薪酬设计为核心内容，涵盖了诸多相关理论和操作案例，在内容和体例安排上注重阐述概念的系统性和工具性，以对企业成功实施绩效考核和薪酬设计助一臂之力。

目　　录

第一章　全面解读薪酬设计

第二章　战略性薪酬设计

第三章　成功实施薪酬设计的关键：
组织机构设置与岗位设计

第四章　薪酬设计的前提：绩效管理

第五章　薪酬设计的基础

第六章　如何确定薪酬水平

第七章　如何设计适宜的薪资结构

第八章　如何实施有效的福利管理

第九章　员工奖惩办法管理

第十章　企业实施薪酬设计的常见问题

第十一章 企业薪酬设计实用表格

第一章

全面解读薪酬设计

关于薪酬的寓言

一条猎狗在森林里追赶一只兔子，追了很久仍没有捉到，眼睁睁地看着兔子从自己的嘴边逃生了。牧羊犬正好看到了此情景，它讥笑猎狗说："你比兔子大那么多，结果却跑不过一只兔子，太给你们狗族丢脸了。"

猎狗回答说："你知道什么！我们两个完全为着不同的目的而奔跑。我仅仅为了一顿饭而跑，兔子却是为了性命而跑呀！"

这话被猎人听到了，猎人想：猎狗说的对啊，如果我要想得到更多的猎物，看来得想个好法子。于是，猎人又买来几条猎狗，并规定凡是能够在打猎中捉到兔子的，就可以得到几根骨头，捉不到的就没有饭吃。这一招果然有用，猎狗们每天都全力以赴地追着兔子，因为谁都不愿意看着别人有骨头吃，自己被冷落在一旁挨饿。

这样过了一段时间后，问题又出现了。大兔子非常难捉到，小兔子好捉。但捉到大兔子得到的骨头和捉到小兔子得到的骨头差不多，一些善于观察的猎狗发现这个漏洞后，便专门去捉小兔子。渐渐地，大家都发现了这个漏洞，所有的猎狗都弃大兔子专捉小兔子。猎人眼看着猎物越来越少，便对猎狗说："最近你们捉的兔子越来越小了，为什么？"猎狗们说："反正捉到大兔子和小兔子得到的骨头是一样的，我们又何必费那么大的力气去捉那些大兔子呢？"

猎人经过思考后，决定不将分得的骨头数量与是否捉到兔子挂钩，而是采用一种奖赏与兔子重量挂钩的新制度，即每过一段时间，就定期统计猎狗捉到兔子的总重量，猎狗所获得的奖赏与兔子的重量成正比。新制度实施后，猎狗的积极性非常高，猎狗们捉到兔子的数量和重量都增加了。

然而，过了一段时间，猎人发现，猎狗们捉兔子的数量又少了，而且越有经验的猎狗，捉兔子的数量下降得就越厉害。于是猎人又去问猎狗。猎狗说：

"我们把最好的时间都奉献给了您，主人，但是我们随着时间的推移会变老，当我们捉不到兔子的时候，您还会给我们骨头吃吗？"

针对猎狗的担忧，猎人作出了论功行赏的决定，规定如果猎狗捉到的兔子超过了一定的数量后，即使捉不到兔子，每顿饭也可以得到一定数量的骨头。猎狗们都很高兴，大家都努力去达到猎人规定的数量。一段时间过后，终于有一些猎狗达到了猎人规定的数量。这时，其中有一只猎狗说："我们这么努力，只得到几根骨头，而我们捉的猎物远远超过了这几根骨头。我们为什么不能为自己捉兔子呢？"于是，有些猎狗离开了猎人，自己捉兔子去了。

猎人意识到猎狗正在流失，并且那些流失的猎狗像野狗一般和自己的猎狗抢兔子。情况变得越来越糟，猎人不得已引诱了一条野狗，问他到底野狗比猎狗强在那里。野狗说："猎狗吃的是骨头，吐出来的是肉啊！"接着又道："也不是所有的野狗都顿顿有肉吃，大部分最后骨头都没得舔！不然也不至于被你诱惑。"于是猎人进行了改革，使得每条猎狗除基本骨头外，可获得其所猎兔肉总量的 n%，而且随着服务时间加长、贡献变大，该比例还可递增，并有权分享猎人总兔肉的 m%。就这样，猎狗们与猎人一起努力，将野狗们逼得叫苦连天，纷纷强烈要求重归猎狗队伍。

日子一天一天地过去，冬天到了，兔子越来越少，猎人们的收成也一天不如一天。而那些服务时间长的老猎狗们老得不能捉兔子，但仍然在无忧无虑地享受着那些他们自以为应得的大份食物。终于有一天猎人再也不能忍受，把他们扫地出门，因为猎人更需要身强力壮的猎狗……

被扫地出门的老猎狗们得了一笔不菲的赔偿金，于是他们成立了 Micro-Bone 公司。他们采用连锁加盟的方式招募野狗，向野狗们传授猎兔的技巧，他们从猎得的兔子中抽取一部分作为管理费。当赔偿金几乎全部用于广告后，他们终于有了足够多的野狗加盟，公司也开始盈利。1 年后，他们收购了猎人的全部家当……

MicroBone 公司许诺给加盟的野狗能得到公司 n% 的股份，这实在是太有诱惑力了。这些自认为是怀才不遇的野狗们都以为找到了知音：终于做公司的主人了，不用再忍受猎人们呼来唤去，不用再为捉到足够多的兔子而累死累活，也不用眼巴巴地乞求猎人多给两根骨头而扮得楚楚可怜。这一切对这些野狗来说，比多吃两根骨头更加受用。于是，野狗们拖家带口地加入了 MicroBone，一些在猎人门下的年轻猎狗也开始蠢蠢欲动，甚至很多自以为聪明实际愚蠢的猎人也想加入。好多同类型的公司像雨后春笋般地成立了，BoneEase，Bone.com，ChinaBone……一时间，森林里热闹起来。

天下熙熙皆为利来，天下攘攘皆为利往。老板创办企业是为了获取利润，员工到企业就职是为了获取收入，总之，一个"利"字，决定了企业与员工之间的合作与利益此消彼长的关系。然而，利益分配并不是无章可循，企业可以从人性的角度出发，通过实施有效的薪酬管理实现企业与员工之间的利益双赢。

薪酬的本质

一、薪酬概念的界定

从根本上说，企业生产属于价值创造的过程，在这个过程中，企业所有者投入货币资本，员工投入人力资本，最终，企业所有者为了实现货币资本回报的最大化，员工则期望实现人力资本回报的最大化。所以薪酬是企业对员工为企业所提供的贡献，包括员工的态度、行为和业绩等所作出的各种回报。薪酬实质上是一种交易或交换。

薪酬关系以雇佣关系为前提，而薪酬关系属于一种契约关系。所以，薪酬关系是员工与企业就劳动报酬达成约定的产物，但在双方约定薪酬时，劳动过程还没有发生，双方所约定的劳动报酬——薪酬所指向的交换物，就不可能是已经发生或者已经实现的劳动，而只能是预期在未来发生的劳动行为。换言之，薪酬的物件是预期的劳动，而非现实的劳动。

关于薪酬，不同的教材或组织对其有着不同的界定，对于薪酬概念的界定，通常有以下三类。

1. 宽口径的界定

将薪酬等同于报酬，即员工由于完成了自己的工作而获得的各种内在报酬与外在报酬的总和。

2. 中等口径的界定

在这种概念里，薪酬指的是员工因为雇佣关系的存在，而从雇主那里获得的各种形式的经济收入以及有形服务和福利，包括工资（直接经济报酬）和福利（间接经济报酬）。

3. 窄口径的界定

在这种概念里，薪酬仅仅包括货币性薪酬（基本工资和浮动工资或可变工资之和），而不包括福利。

在本书中，关于薪酬的界定，以中等口径为准，即以总薪酬或全面薪酬的思想定义薪酬——所谓的薪酬包括了基本薪酬、可变薪酬、福利和服务以及一次性奖金、股票期权等多种经济性报酬。全面薪酬的主导思想就是，企业应当也将福利作为一种非常重要的薪酬来加以管理，把对福利的管理引入战略性薪酬管理的范畴，以期其服务于公司的经营战略，实现吸引、保留和激励员工的重要目标。根据这个定义，也可以将全面薪酬分为两个部分：外在报酬和内在报酬。外在报酬主要是指为员工提供的可量化的货币性价值，如基本工资、奖金等短期激励薪酬，股票期权、认股权、购买公司股票、股份奖励等长期激励薪酬，退休金、医疗保险等货币性福利，以及公司支付的其他各种货币性开支，如住房津贴、俱乐部会员卡、公司配车等；内在报酬则是指那些给员工提供的不能以量化的货币形式表现的各种奖励价值，如对工作的满意度、为完成工作而提供的各种便利工具（如电脑）、培训的机会、提高个人名望的机会（如为著名的大公司工作）、吸引人的公司文化、良好的人际关系、相互配合的工作环境，以及公司对个人的表彰、谢意等。

二、与薪酬相关的几个概念

下面简单介绍一下与薪酬相关的几个概念。

1. 基本薪酬

基本薪酬是指企业根据员工所承担或完成的工作本身或者员工所具备的完成工作的技能或能力，而向员工支付的相对稳定的经济性报酬。在通常情况下，企业是根据员工所承担的工作本身的重要性、难度，或者对企业的价值来确定员工的基本薪酬的，即采用职位薪资制。此外，对于一些特殊员工，还根据他们完成工作的技能或能力高低来确定基本薪酬，即采用技能薪资制或者能力薪资制。在国外，基本薪酬往往有小时工资、月薪和年薪等形式，在中国的大多数企业中，基本薪酬往往以月薪为主，即采用按月发放固定工资的付薪方式。

2. 可变薪酬

可变薪酬是与绩效直接挂钩的经济性报酬，也称为浮动薪酬或奖金，与可变薪酬相关的绩效既可以是员工个人的业绩，也可以是企业中某一业务单位、员工群体、团队，乃至整个公司的业绩。由于可变薪酬与绩效有着较直接的联系，因此，可变薪酬对员工有较强的激励性，对于企业绩效目标的实现起着非常积极的作用。

3. 津贴

津贴往往是对员工工作中的不利因素的一种补偿，它与经济学理论中的补偿性工资差别相关。比如，企业对于从事夜班工作的人，往往会给予额外的夜班工作津贴；对于出差的人员，也往往会给予一定的出差补助。常见的津贴形式包括矿山井下津贴、高温津贴、野外矿工津贴、林区津贴、山区津贴、驻岛津贴、艰苦气象台站津贴、保健津贴、医疗卫生津贴等。此外，生活费补贴、价格补贴也属于津贴。

4. 福利与服务

福利或服务一般包括非工作时间付薪、向员工个人及家庭提供的服务（如儿童看护、家庭理财咨询、工作期间的餐饮服务等）、健康及医疗保健、人寿保险以及法定和企业补充养老金等。对于企业和员工而言，福利这种薪酬支付方式有着独特的价值：

第一，由于减少了以现金形式支付给员工的薪酬，因此，通过福利可以达到适当避税的目的；

第二，福利为员工将来的退休生活和一些可能发生的不测事件提供了保障；

第三，福利也是提高员工购买力的一种手段，它使得员工能够以较低的成本购买自己所需的产品，如健康保险、人寿保险等。

在中国企业的市场化改革过程中，为了改变企业办社会的局面，中国很多的企业曾经大幅度削减提供给员工的福利，将福利转变为一定的货币报酬。但现在越来越多的企业意识到福利对于企业吸纳和保留人才的重要性。现代薪酬设计中的福利相对于传统中的福利项目有了很大的改进——带薪休假、健康计划、补充保险、住房补贴已经成为福利项目中的重要形式，而且很多企业还根据员工个人的偏好提供了自助餐式的福利计划，这种新兴的福利形式获得了广泛的认可。

5. 股权

股票期权主要包括员工持股计划和股票期权计划。员工持股计划主要针对企业中的中基层员工，而股票期权则主要面向企业的中高层管理人员、核心业务和技术人才。员工持股计划和股票期权计划除了有着长期报酬的属性外，还将员工的个人利益与组织的整体利益相连接，优化了企业的治理结构，可以说是现在企业动力系统的重要组成部分。

三、薪酬的属性

全面地看薪酬，薪酬具有如下八个属性。

1. 契约属性

雇佣关系是一种契约关系，薪酬内容是这个契约的主要构成部分。员工与企业之间的薪酬契约主要通过如下三种方式来达成：一是将薪酬条款加注到雇佣合同中，通过书面约定的方式实现；二是通过双方口头约定的方式实现；三是通过企业制定的薪酬管理制度、奖惩规定等格式化合同的方式来实现。

由于薪酬天然地具备契约属性，这便要求企业的薪酬发放要按照约定进行，薪酬约定的内容包括薪酬发放的方式、发放的标准以及员工未来的劳动表现等。在通常情况下，雇佣双方对薪酬的约定不是一次完成的，在整个雇佣过程中，双方对薪酬的约定是经常发生的。企业对员工的任何一次薪资调整，都意味着双方对薪酬进行了重新约定。

2. 风险属性

企业与员工关于薪酬的约定是根据各自对未来的劳动行为的预期作出的，而员工未来的劳动表现在劳动的类别、数量和质量等方面都具有很大的不确定性，所以薪酬对企业和员工两者而言，都具有一定程度的风险性——对于企业而言，如果员工在后来的实际工作中表现出的工作能力没有预期的高，或者并没有如他当初承诺的那般积极努力，企业便会觉得自己支付了过多的薪酬；对于员工而言，如果他表现出的工作能力和努力程度超出了他自己的预期，他可能就会觉得自己在薪酬约定中是吃亏的一方。

3. 薪酬关系的不对等性

在薪酬关系中，无可辩驳的一点是，薪酬约定的双方的地位是不相同的，企业处于主动地位，员工则处于被动地位。这种地位的落差表现在：其一，在雇佣关系发生时，除了部分薪酬内容（如工资数额、发放周期等），员工可以与企业平等商谈外，对于大部分薪酬内容，员工都要适应或者接受企业所采用的薪酬管理模式；其二，在雇佣关系存续期间，企业有权主动实施薪酬调整。

4. 刚性

由于薪酬具有契约属性，便决定了薪酬的刚性。在订立薪酬约定时，雇佣双方都会约定好薪酬的具体数额，一旦雇佣双方对薪酬约定达成共识，此后每一次的薪酬发放，都会按照约定的薪酬数额标准来履行。除了薪酬中按约定可以变动的部分（如绩效奖金）外，其他部分质与量的任何变化都意味着有一方违背了预定。正是由于薪酬具有刚性的属性，在发放薪酬时，即使某一名员工的工作表现没有达到企业的期望，企业也不太容易对他作出降薪的决定；反之亦然，即使某一名员工的工作表现超出了企业的预期要求，企业也不太倾向于立即对其作出加薪的决定，即降薪不易，加薪也不易。这也是为什么企业不会经常调整员工的薪酬标准的根本原因所在。

5. 弹性

薪酬的弹性是指员工对薪酬的满意度相对于薪酬变化的反应程度，在企业内，薪酬的弹性可以从三个方面加以考察。

1）薪酬的整体弹性

薪酬的整体弹性是指组织整体薪酬水平的变化所引起的员工整体薪酬满意度的变化大小——薪酬的整体弹性具有短期大、长期小的特点，即整体薪酬水平的小幅变化对员工薪酬满意度的影响短期较大，长期则较小。

2）薪酬的比价弹性

薪酬的比价是指企业内不同层次的员工群体的薪酬比例关系，薪酬的比价弹性就是薪酬的比价变化所引起的员工对薪酬满意度的变化大小——薪酬的比价弹性通常较小，即员工对不同层次员工群体的薪酬差距变化反应较小。

3）薪酬的差价弹性

薪酬的差价是指同一层次的员工群体因经验、任职年限、技能水平、岗位等因素的不同而产生的薪酬差别。薪酬的差价弹性就是薪酬的差价变化所引起的员工对薪酬满意度的变化大小——薪酬的差价弹性较大，即员工对同一层次员工的薪酬差距变化反应较大——所以薪酬差价是衡量组织内部薪酬公平性的重要因素。

6. 增长性

薪酬的增长性是对全社会的整体薪酬水平而言的,员工平均薪酬的绝对额(不考虑实际购买力的名义薪酬)具有不断增长的趋势。这是因为:其一,随着社会生产的物质技术水平的不断提高,单位劳动所创造的价值也不断提高;其二,从一个社会经济发展的历史考察,物价水平具有不断增高的趋势,薪酬作为满足大多数劳动者生活和发展需要的物质保证也会不断增长;其三,从企业内部考察,随着员工岗位任职时间的增长,其劳动技能和劳动效率也会不断提高,自然应该相应地获得更高的报酬。

7. 保障性

薪酬可以说是员工的安身立命之所在,薪酬的保障性主要体现在两个方面:其一,薪酬是员工维持自身及家人生存和生活的必要物质保证,企业必须及时发放,而且数额不能低于满足其最基本生活需要的标准;其二,薪酬除了要满足劳动者及家人当前的生活需要外,还要满足员工在患病、生育、伤残、失业、退休等不从事劳动期间的生活需要——所以企业应该为员工提供必要的福利保障。

8. 法律性

薪酬关系受到法律的保护,现代各国的劳动法规及其他法规,对薪酬的发放标准、发放方式,以及与薪酬有关的其他方面内容有许多规定,如最低工资标准、社保资金的交纳、个人所得税制度等。这就使薪酬具有了法律属性。由于薪酬具备法律属性,要求企业在进行薪酬设计时绝对不能任意而为,而应在法律规定的范围内设计薪酬关系。

关于薪酬的理论

一、关于薪酬决定的理论

企业为什么一定要付给员工薪酬?企业应该如何付给员工薪酬?企业支付给员工的薪酬应该保持怎样的质和量的水平?企业的薪酬水平取决于哪些

因素……

在获得如上一系列问题之前，有必要先了解一下关于薪酬决定的理论，因为理论对于实践始终有着强大的指导作用。

1. 最低工资理论

古典经济学的创始人威廉·配第将薪酬和生活资料的价值联系起来，提出了"薪酬是维持工人生活所必需的生活资料的价值"的观点，这一主张后来成了古典经济学派关于一般薪酬理论的基础。18世纪初的法国经济学家魁奈以及后来的英国经济学家亚当·斯密和李嘉图在此基础上发展了薪酬理论。

最低薪酬理论的主要观点是，产业社会中工人的薪酬应该等同或略高于能维持生存的水平——工人应该获得必需数量的生活用品，以维持自己和家人的生活，从而为企业的扩大再生产提供足够数量的劳动力。如果工人的薪酬暂时提高到维持生存的水平之上，随着劳动者人口增长率的上升便会导致劳动力供应增加，薪酬仍然会降到维持生存的水平；如果将薪酬降低到维持生存的水平以下，这种薪酬水平并不会持续多久，因为劳动力供应会因疾病、营养不良、出生率下降等因素而减少，薪酬最终会提高到维持生存的水平。

最低工资理论是政府进行工资调节的主要理论依据。世界上很多国家都制定了统一的最低工资标准。

2. 亚当·斯密的主张：薪酬取决于雇主与劳动者的力量对比

亚当·斯密是第一个对薪酬进行研究的学者，他认为，薪酬是在财产所有者与劳动相分离的情况下，非财产所有者获得的劳动报酬。因此，薪酬水平的高低取决于财产所有者即雇主与劳动者的力量对比。不过，在现实中，雇主的力量往往大于劳动者的力量，这是因为，在雇主与劳动者的对垒中，雇主人少，因而团结较为容易，而且当时的法律也倾向于保护雇主们的利益，此外，雇主一般都拥有较强的经济实力，因此他们能够在对抗中持久——上述两个因素导致雇主经常处于有利的地位。

关于薪酬增长的原因，斯密给予了如下解释：由于每年提供的就业机会都比前一年多，劳动者的数量便相对不足，从而导致雇主们竞相出高价雇佣劳动者。斯密认为，随着生产的扩大和国民财富的增加，用于支付劳动报酬的资金自然会随之增长，而对劳动者的需求，必然也会随着预定用来支付劳动报酬的资金的增加而成比例地增加。

3. 薪酬基金论

在亚当·斯密之后，李嘉图和穆勒等人重新探讨了薪酬理论。李嘉图认为薪酬具有自然价格和市场价格，自然价格是劳动者能维持其生存和生活及提供其后裔所需生活资料的价格，市场价格则是由劳动力市场上供求关系确定的实际支付的价格。穆勒则提出了薪酬基金论，他认为薪酬是雇主拥有的、确定短期内无法改变的基金，它的数量主要取决于供求关系，也就是说，薪酬由劳动人口数与资本数量决定。

19世纪中期，英国经济学家西尼尔对此理论进行了修改，他将货币工资和实际工资划分开来，并且否认了工资取决于总资本中用于支付工人的那部分的观点。他认为，工资应该是所生产的产品和服务中，分给工人的那一部分。工资基金的数量取决于两个因素：一个是工人直接或间接生产产品和服务的生产效率；另一个是生产这些商品过程中直接或间接雇佣的劳动力数量。

4. 人力资本理论

人力资本理论不是薪酬决定理论，但是它对薪酬的决定有影响。人力资本理论的渊源可以追溯到古典经济学家亚当·斯密和近代经济学家马歇尔等人。不过他们都没有对该理论做深入研究。美国经济学家西奥多·舒尔茨可以称之为真正的人力资本理论提出者，后来加里和贝克尔又发展了这一理论。

西方经济学认为资本以两种形式存在：一种是体现在物质形式方面的物质资本，另一种是体现在劳动者身上的人力资本。人力资本包括了教育（培训）支出、保健支出、劳动力国内流动支出或用于移民入境的支出以及搜集价格与收入的信息等多种形式，其中最主要的是教育支出（包括在职培训）。人力资本还包括了为了补偿劳动力消耗，在衣、食、住等方面的支出。

对于国家和企业而言，人力资本投资的目的是为了实现经济的增长，对劳动者个人来说，则是为了获得投资所带来的好处，即实现投资的效用。在一般情况下，只要当预期收益的现值至少等于现在支出的现值时，人们才愿意进行人力资本投资，如果大于现在支出的现值就更愿意投资。从薪酬角度来说，只有未来得到的薪酬现值等于或大于现在的教育投资等支出的现值，人们才会作出投资的选择。也就是说，人力资本投资必须得到补偿。比如说，如果大学毕业生的初始薪酬水平低于中学生的初始薪酬水平，就不会有很多人愿意投资上大学。

5. 边际生产率薪酬理论

所谓的劳动的边际生产率，就是指最后追加的单位劳动所带来的产量的增加，由于存在着生产率递减的规律，企业对劳动力的雇佣并不是多多益善，因为当劳动力雇佣量达到某一足够大的量后，劳动的边际生产率为零。

从边际生产率的角度研究薪酬，可以得出这样一个结论：薪酬取决于劳动边际生产率。也就是说，雇主所雇佣的最后那个工人所增加的产量的价值就等于该工人的薪酬。如果最后这个工人增加的产量的价值小于付给他的薪酬，雇主就不雇佣他，只有工人所增加的产量的价值大于付给他的薪酬，雇主才会雇佣更多的工人。当工人所增加的产量的价值等于付给他的薪酬时，雇主则会维持稳定的劳动力数量。所以，工人的薪酬水平由最后雇佣的工人所提供的产量的价值所决定。

边际生产率薪酬理论证实了工资水平与劳动生产率之间的关系。

6. 供求均衡薪酬理论

英国经济学家马歇尔提出了供求均衡薪酬论，他在其名著《经济学原理》中以均衡价格为基础，分别从生产要素的需求和供给两方面说明了薪酬水平的决定因素。他认为，各种生产要素（劳动、土地、资本等）都可视为商品，而要素收入（薪酬、地租和利息等）则表现为这些商品的价格。价格主要取决于市场供求双方力量的对比——从需求方面看，薪酬取决于劳动的边际生产率或劳动的边际收益率；从供给方面看，薪酬取决于两个因素：一是劳动力的生产成本，即劳动者维持自己和家人生存、生活的费用，以及劳动者个人所需的教育、培训费用；二是劳动的负效用，即闲暇的效用。

7. 集体交涉工资理论

边际生产率薪酬理论和供求均衡理论均是以劳动力市场买卖双方完全竞争为假设前提——这个前提在现实中很难成立，薪酬分配越来越取决于劳动力市场不同团体的力量对比，取决于市场均衡之外的交涉和权力争斗。因而出现了关于薪酬的集体交涉工资理论。代表人物有英国经济学家庇古和多布以及美国经济学家克拉克。

庇古认为，当薪酬通过集体交涉决定时，薪酬不再是由劳动供求对比决定的单一点，而是存在一个不确定性范围。劳方最初要求的薪酬的上限高于竞争性薪酬率，雇主最初愿意提供的薪酬的下线低于竞争性薪酬率。不确定性范围的大小取决于雇主对劳动者的需求弹性以及劳动者对工作的需求弹性。然后经过一系列谈判和讨价还价活动，劳方逐渐降低其薪酬期望值，雇主逐渐提高其薪酬给予值，在某一个数值点上，双方达成共识。可以说，最终决定的薪酬率取决于双方的谈判技巧和谈判实力。

8. 效率薪酬理论

效率薪酬理论认为工人的生产率取决于薪酬率，薪酬率的提高将导致工人生产率的提高，因而有效劳动的单位成本（薪酬、福利、培训费等）反而会下降，因此，企业降低薪酬，不一定会增加利润，提高薪酬也不一定会减少利润。为什么薪酬会影响生产率呢？这是因为在信息不对称的劳动市场中，薪酬通过刺激效应、逆向选择效应、劳动力流动效应和社会伦理效应产生影响所致。

（1）刺激效应：企业的薪酬水平高于业内其他企业的，无形中便增大了企业内劳动者因被解雇而遭受的损失，从而使劳动者通过高效工作来保住目前的工作。

（2）逆向选择效应：劳动者的生产率与其愿意接受的保留薪酬成正比，如果雇主降低薪酬率，劳动者的平均生产率将随之下降，从而导致其他可提供高生产率的工人放弃对企业发出求职申请。

（3）劳动力流动效应：辞职率的增加会导致雇佣和培训成本的增加，因此，通过提高薪酬以降低劳动力流动率可能是划算的。

（4）社会伦理效应：从心理学角度考虑，如果企业提高相对薪酬，劳动者便可能会产生公平观念和回报观念，从而自发提高努力程度，导致生产效率的提高。

二、关于薪酬激励的理论

"天下熙熙皆为利来，天下攘攘皆为利往"，大多数员工之所以为企业奉献自己的时间和劳动，最根本的原因在于获得薪酬，因此，薪酬在发挥激励作用方面，有着不可小觑的作用。与薪酬相关的激励理论主要有以下几个。

1. 需要层次理论

阿伯拉罕·马斯洛按照由低到高的顺序，将人的全部需要分为五个层次：

生理需要：食物、水、住所、性满足等方面的生理需要。

安全需要：保护自己免受身体或情感伤害的需要。

爱和归属的需要：渴望爱与被爱、友谊、相互忠诚和信任、和谐的人际关系、归属于某一群体的需要。

尊重需要：分为外部和内部两部分，外部尊重因素，如地位、认可和关注等；内部尊重因素，如自主、胜任和信心等。

自我实现的需要：发挥自身潜能、成长与发展、实现理想的需要。

需求层次理论指出，人的需要是逐级上升的，当某一需要得到满足后，相邻的较高层次的需要就会占据统治地位。一个人在同一时期内可以同时存在几种需要，但总有一种需要占统治地位。低层次需要比较客观，它主要从外在的物质方面获得满足的，可以直接察觉；高层次需要则难以辨认，不易发觉，它注重从内在精神方面寻求满足。

企业为了激发员工的积极性，使员工长时间服务于企业，仅仅单纯增加员工的薪酬并不能实现这一目标，为了更好地发挥激励作用，企业应该根据员工的需求水平采取不同的薪酬策略。

2. 生存—交往—发展理论

生存—交往—发展理论属于需要激励理论的范畴，它将人的不同需要浓缩为三个层次：

生存需要：个人在衣、食、住和安全等方面的基本需要。

交往需要：个人与其周围的人交往的需要。

发展需要：个人在能力的发展和事业的成就等方面的需要。

基于生存—交往—发展理论的观点，三种需要是可以相互替代的。例如，虽然企业支付给员工的薪酬较低，但如果企业为员工提供了舒适的工作环境，或者为他们制定了较完备的培训计划，便可以弥补员工因薪酬低而产生的失落感，使他们愿意留在企业内继续工作。当企业所支付的薪酬与员工的要求有心理落差时，如果企业能在工作中能创造出一种快乐文化，时时为环境注入快乐的气氛，也能使员工对企业产生满意感，使他们以更高的热情投入到工作中去。

3. 成就激励理论

戴维·麦克利兰是美国哈佛大学的心理学家，20世纪50年代，他对于一些物质生活较佳、已经获得了一定的社会地位的高级人才（如企业的经理、科学家、医生、教授、任职政府部门的管理人员等）进行研究后，提出了成就激励理论，强调权力需要、关系需要和成就需要是人的三种高层次需要。

具有高权力需要的人视权力为工作的最大动力，他们对于施加影响和控制他人表现出超常的偏好，往往把担任领导者当做职业生涯的追求；具有高关系需要的人，钟情于社交，他们从人际交往中得到欢乐和满足，被某个组织或社会团体拒之门外是让他们很难接受的事情；具有高成就需要的人，一般是职场中的工作狂，不断地工作以及不断地取得工作成就便是他们的人生追求，对于他们而言，成功本身的重要性远远大于成功之后所获得的报酬。一般具有高成就需要的人具有极强的自我管理能力，他们惯于选择成功可能性为50%的工作，因为在他们的意识中，当成功和失败的概率相等时，正是一个人从个人努力中获得成功感和满意感的最佳时机。

对于具有高成就需要的人，金钱对于他们所起的激励作用远不如从成就中获得的激励，关于如何激励他们，麦克利兰提出了四个观点：

（1）当他们在工作中取得成就时，管理者要适时对此进行反馈，如发放奖金和给予晋升等，虽然这些外在的奖励并不是他们真正的心之所愿，但却是他们获得自我认可的一种手段。

（2）除了肯定他们的成就外，可以将一些有挑战性的、需要高要求的工作分派给他们，对于事业的追求使他们更愿意承担责任。

（3）高成就激励的人一般对于工作较有主见，他们对于事情实施自己的判断，并乐于作出一些独创性的变革，对于他们的创新，管理者最好不要无端地限制，而要对此作出有见解性的评论。

4. 公平理论

在组织中常常会发生这样的情况，即使与行业平均水平相比，组织已经为某个员工支付了较高的薪水，但是如果相对组织内部其他员工而言，此位员工的薪水低于承担同样工作的同事，他也会对组织产生不满，降低工作热情。美国心理学家斯达斯·亚当斯提出了公平理论，特别分析了组织内员工之间就报酬与投入进行相互对比的情况。

公平理论的内容为：组织中的员工都有估价自己的工作投入和获得报酬的倾向，他们不仅关心自己报酬的绝对值，也关心报酬的相对值。员工总是习惯把自己付出的劳动和所得的报酬同他人付出的劳动和所得的报酬进行对比，也会把自己现在付出的劳动和所得的报酬同过去付出的劳动和所得的报酬进行对比，如果他们发现自己的收支比例同其他同事的收支比例大致相等，或者现在的收支比例与过去的收支比例大致相等，便会觉得受到了组织的公平对待，正向增强工作动机；否则，便会感到不公平，降低了工作积极性。

当某个员工感到与其他同事相比，自己的报酬过低时，便会心理失衡，或不再像从前一样努力工作，或者向组织提出加薪的要求，而如果组织无法通过实行一些举措消除这种不公平感的话，员工还常常会以辞职的方式进行反抗，他们寻求更能使自己的价值得到公平对待的地方。

由于员工普遍存在追求公平的心理，这便要求企业在进行薪酬设计时应遵照内部一致性的原则，尤其对于同层级的员工，不宜设定较大的薪酬差距。

5. 双因素理论

双因素理论（Two Factor Theory），又称激励保健理论（Motivator – Hygiene Theory），是美国的行为科学家弗雷德里克·赫茨伯格（Fredrick Herzberg）提出来的一种需要理论。该理论于20世纪50年代后期最先被提出，认为引起人们工作动机的因素主要有两个：一是保健因素，包括公司的政策和管理、技术监督系统、工作的安全保障、薪酬待遇、工作环境或条件以及人际关系等，这些因素与工作环境有关；二是激励因素，包括工作的成就感、工作中得到的认可和赞扬、工作本身的挑战性和兴趣、工作的发展前途、个人成长与晋升的机会等，这些因素与工作本身有关。只有激励因素能给人们带来满意感，保健因素只能消除人们的不满，但不会带来满意感。

传统的观点认为，满意的对立面是不满意。赫茨伯格却不这么认为，他认为对工作的满意感和不满意感不是一个单一的连续体的两个极端，而是截然分开的，即满意的对立面是没有满意，而不是不满意；不满意的对立面是没有不满意，而不是满意。比如，对于保健因素而言，有了它，员工没有不满意，但却不是满意，没有它，员工则感到不满意；对于激励因素而言，有了它，员工感到满意，没有它，员工没有满意，但不是不满意。由此可以推论出，满足各种需要所引起的激励深度和效果是不一样的。物质需求的满足是必要的，没有它会导致不满，但是即使获得满足，它的作用往往是很有限的、不能持久的。

双因素理论阐释了这样一个观点：薪酬在激励员工方面并不是无往不利的，对于那些有着较高成就感的员工，除了外在报酬外，他们更注重内在报酬，获得晋升与发展的机会可使他们更加对企业死心塌地。

6. 委托代理理论

委托代理理论认为提高员工工作效率的关键是，要改善组织管理的激励规则，即建立与敬业激励相容的激励规则，使得员工在追求自我利益实现时恰好实现组织的敬业激励目标。绩效薪酬制度实质上是一种以相对业绩为基础的非强制性合约。在这种合约下，组织承诺根据员工的工作业绩支付相应的薪酬水平，即业绩越高获得的报酬也越高。

7. 利润分享理论

近年来，频繁发生的滞涨现象让欧美国家头痛不已，马丁·韦茨曼认为，变革传统的薪酬制度是改善这一现象的最好良药。他撰写了一系列雄辩有力的论著，在论著中指出，政府应当在整个国民经济中推行利润分享制，传统的固定薪酬制度应该予以废除。韦茨曼的主张引起了相关人士的兴趣，间接导致英国政府在 1987 年的财政法规中对"利润挂钩薪酬体制"提供补贴。

韦茨曼把报酬制度界定为传统薪酬制和分享利润制，分享利润制是把工人的薪酬与某种能够恰当反映企业经营的指数相联系，如此这般，工人与雇主在劳动力市场上达成的不再是具体规定按小时固定支付的薪酬合同，而是一种确定工人与雇主在经营收入中各占多少比例的协议。韦茨曼认为，西方经济运行中所产生的滞涨现象的根源便在于传统薪酬制，因为传统薪酬制深植于充分就业条件下的均衡思想，当经济衰退时，由于薪酬是固定的，雇主基于追求利润最大化的使命，必然会裁减工人，而普遍失业又会加大有效需求不足和生活水平恶化的趋势，最终导致经济衰退的恶性循环。分享利润制则可以规避传统薪酬制的这一弊端，由于它与雇主的经营收入和利润直接相联系，因而可以发挥出自动抵制失业和通货膨胀出现的作用，具体原因如下：

（1）利润分享制意味着新增每一单位劳动的收入都由雇主与工人按比例分享，所以劳动的边际成本总是低于劳动的平均成本，使得雇主可以不断进行扩大再生产，增加企业的雇佣量。

（2）在利润分享制度下，薪酬与产品价格成正比，因此产品价格的任何变动都可以自动地反馈给劳动成本，即产品价格越高，需支付的薪酬也越高。由于企业的薪酬直接与产品价格挂钩，因此具有了反通货膨胀的属性。

影响薪酬设计的因素

有的企业在设计组织的薪酬制度时，一味地复制一些知名企业的薪酬模式，或者按部就班地套用传统理论和方法。结果，组织所实施的薪酬管理制度并没有很好地发挥出正面效应，这些薪酬模式在企业内出现了水土不服的状况。之所以会出现这种状况，其中一个重要原因就是企业未能对影响薪酬设计的因素进行认真分析，没有对症下药地采取最合适的薪酬模式。下面这些因素是企业在进行薪酬设计时不得不考虑的。

1. 环境因素

外界各种环境是企业进行组织运作的大背景，制约着企业各项决策的有效性，因此企业在进行薪酬设计时必须审视外在的环境条件，分析预测政治、经济、技术及社会因素对企业孕育的机会和威胁，这是薪酬设计的基本出发点。

1）政治环境

随着人力资源及薪酬管理的政策法令逐步健全、劳动者合法权益的保障更加严密科学、劳动者的自我维权意识日益高涨，企业的人力资源管理必须体现依法治国（企）的精神，否则企业的人力资源管理及薪酬管理便会遭遇法律的困境。如《中华人民共和国劳动法》第四十八条设立了关于国家实行"最低工资保障制度"的规定，要求任何单位支付劳动者的工资不得低于当地最低工资标准，并为最低工资率的测算制定了严格的方法。

2）经济环境

经济景气和萧条的循环变动会影响到企业薪酬管理制度的调整。比如，劳动力市场上的供求状况会直接影响到劳动力的价格，经济发展水平的高低也会左右着企业薪酬制度的改变。又如，当遭遇金融危机时，很多企业作出了降低薪酬和缩减福利的决策，以求员工与企业共渡难关。

3）技术环境

如果整个产业环境推崇科技创新的话，由于科技创新有着更高的商业价值，自然会影响企业的薪酬激励导向，使企业倾向于以基于技能的薪酬体系为主，鼓励更多的高科技人才加入企业，长时间服务于企业。

4）社会环境

在社会因素中，影响薪酬水平的因素主要有：地区差异与行业特点、劳动力市场的供需关系和价格水平、现行工资率、相关法规等。

企业所在区域和行业特点对企业薪酬水平的影响很大，众所周知，发达地区的企业人才竞争激烈，同时企业的整体支付能力较高，因此薪酬水平也显然偏高，而欠发达地区有企业支付能力的问题，物价水平偏低，所以薪酬水平也相应偏低。

同时，社会环境中的文化因素也会影响大家对薪酬的态度与评价，如在很长一段时间内，中国的大多数企业都使用统一的薪酬结构，工人实行 8 级工资制、技术人员实行 16 级工资制、行政人员实行 26 级工资制，当时大家并没有对这种刻板的薪酬模式产生任何困惑和不公平感，从某种意义上，这就是文化的影响力。

2. 企业因素

企业因素中主要包含企业经营情况、企业薪酬政策和企业文化等因素。

企业经营情况是影响薪酬水平的最直接的因素。显然，经营情况好的企业，处于较高的利润水平，可维持较高的薪酬率，而经营状况较差的企业，考虑到人力成本支出的因素，迫于成本的压力，常常只能提供较低的薪酬水平。

企业薪酬政策是企业利益分配机制的最直接的体现，薪酬政策是指企业对利润积累和薪酬分配之间的偏重关系，处于发展期的企业一般偏重于利润的积累，限制薪酬的发放，将利润累积起来用于企业更大规模的发展；而处于鼎盛期的企业为了吸引更多的人才，便倾向于提供高于市场的薪酬水平，提高企业的外在形象。

企业文化是企业分配思想、价值观、目标追求、价值取向和制度的土壤，企业文化不同，必然会导致观念和制度的不同，从而会影响到薪酬模型和分配机制，间接地影响薪酬水平。例如，一个劳动密集型的企业会更偏重于利用显性薪酬来激励员工，而技术密集型企业、事业单位则更喜欢用晋升等非显性薪酬来激励员工。当然，随着社会的发展，这一因素也在发生着变化，薪酬激励越来越不作为一种单一的激励机制存在，而更多的是和晋升等方式结合起来使用。

3. 员工个人因素

员工的能力、知识水平、所接受的培训、价值观以及工作态度等都可能影响着对企业的价值，使企业根据员工的个人素质提供不同的薪酬水平。英国《每日邮报》的报道称，英国科学家发现，外形英俊的男子比缺乏吸引力的男子可以找到更好的工作和赚得更多报酬。伦敦吉尔德霍尔大学研究人员指出：长相一般的秘书比起漂亮的秘书，收入要少15%。研究还发现，被认为缺乏吸引力的男子较英俊的同事少赚15%；姿色较差的女子亦较美丽的同事少赚11%。肥胖对男性的薪酬没有影响，但女性却因肥胖受损失，所得报酬较减肥的同事少5%。

薪酬设计的内容

一、薪酬设计的概念和要求

所谓薪酬设计，就是一个组织针对所有员工提供的服务来确定他们应当得到的薪酬总额、薪酬结构以及薪酬形式的一个过程。不论是对于企业而言，还是对于员工而言，薪酬设计都是一个比较敏感的问题，是决定双方是否合作、和谐度如何的主要因素，因此组织的薪酬设计必须要兼顾公平性、有效性和合法性三大目标。公平性主要是员工的一种主观感知，是员工对企业的薪酬管理系统以及管理过程的公平性、公正性的看法和评价，员工的感知对象包括了个人薪酬与企业外部劳动力市场薪酬状况、与企业内部不同职位上的人以及类似职位上的人的薪酬水平之间的对比；有效性则指组织的薪酬管理制度能在多大程度上帮助企业实现既定的经营目标；合法性涉及薪酬的法律属性，是指企业的薪酬管理系统和管理过程是否符合国家的相关法律规定。

薪酬对组织的重大意义要求企业的薪酬设计必须注意以下四个方面的要求。

1. 外部竞争性

员工作为劳动力市场上交易的个体，自然会按照市场交换原则追求自身利益的最大化，因而他们会不自觉地将本人的薪酬与外部劳动力市场上从事类似工作的员工所获得的薪酬进行对比，从而产生满意感或者失衡感，如果他们感觉自身的薪酬水平低于外部劳动力市场的水平，便可能蠢蠢欲动，产生跳槽的动机。

因此企业在制定薪酬决策时，最好不要闭门造车，应该事先进行薪酬调查，争取避免员工产生强烈的不公平感。

2. 内部一致性

所谓的内部一致性，就是组织内部不同职位（或者技能）之间的相对价值比较问题。在组织内，员工常常把自己的薪酬与比自己等级低的职位、等级相同的职位以及等级较高的职位上的人所获得的薪酬进行对比，然而根据对比结果判断企业支付给自己的薪酬是否公平合理。内部一致性与否会影响员工的工作态度、晋升愿望、工作岗位轮换倾向以及与其他员工合作的心意，从而影响对企业的承诺度。组织可以通过职位评价来强化员工对薪酬的内部公平性的认可。

3. 可变薪酬的激励性

设计可变薪酬的出发点是实现薪酬的激励性，将薪酬与员工的个人绩效挂钩，但是如果组织的绩效薪酬有名无实、流于形式的话，便会使薪酬的激励性大打折扣，因为既然不论工作表现如何，都会获得同等的薪酬，员工自然会作出不努力的选择，以追求个人利益的最大化。关于如何实现可变薪酬的激励性，企业可以适当采用绩效加薪以及其他绩效奖金等方式，根据业绩水平的不同支付给员工有差别的绩效薪酬。

4. 薪酬设计过程的公平性

有的企业以暗箱操作的方式进行薪酬设计，员工对于薪酬制度的制定过程一无所知，缺乏必要的知情权；有的企业采取薪酬保密制度，要求每个员工对自己的薪酬水平严格保密，也不能打探其他员工的薪酬收入，这两种做法都违背了薪酬设计过程公平性的原则，往往会导致员工对企业的薪酬制度不信任，而公开、透明的薪酬决策制定与执行过程，则容易使员工对企业的薪酬决策产生认同感，接受起来更为容易。所以，在薪酬设计的过程中，薪酬控制和薪酬沟通是必不可少的。

二、薪酬设计的工作内容

薪酬设计是一项复杂的工作，包括了如下四项工作内容：薪酬体系设计、薪酬水平设计、薪酬结构设计和薪酬管理政策设计。

1. 薪酬体系设计

企业在进行薪酬设计时，首先要明确企业确定员工基本薪酬的基础是什么，这便是与薪酬体系设计有关的工作。

　　国际上通行的薪酬体系主要有三种，即职位薪酬体系、技能薪酬体系以及能力薪酬体系。其中，职位薪酬体系是以工作和职位为基础的薪酬体系，而技能和能力薪酬体系则是以人为基础的薪酬体系。三种薪酬体系的比较如表1-1所示。

表1-1　三种薪酬体系的比较

项目	职位薪酬体系	技能薪酬体系	能力薪酬体系
薪酬结构	以市场和所完成的工作为基础	以市场和经过认证的技能为基础	以市场和能力开发为基础
价值评估对象	报酬要素（运用记点法进行岗位评价）	技能模块	能力
价值的量化	报酬要素的权重、各等级的点值	技能水平	能力水平
转换方法	赋予反映薪酬结构的点值	技能认证以及市场定价	能力认证以及市场定价
薪酬提升	职位晋升	技能的获得	能力的开发
管理者的关注点	员工与工作的匹配；员工的晋升与配置；通过工作安排、薪酬预算来控制成本	有效地利用技能；为员工提供培训；通过提供培训和相关认证以及工作安排来控制成本	确保能力能够带来价值增值；提供能力开发的机会；通过提供认证以及工作安排来控制成本
员工的关注点	寻求晋升以增加个人收入	寻求技能提高以增加个人收入	寻求能力改善以增加个人收入
实施程序	职位分析 职位评价 薪酬调查	技能分析 技能认证 薪酬调查	能力分析 能力认证 薪酬调查
优点	组织向员工传达了清晰的期望；员工会产生进步的感觉；根据工作的价值来支付薪酬	持续性学习；灵活性；人员精简	持续学习；灵活性；水平流动
缺点	潜在的官僚主义 灵活性不足	潜在的官僚主义 对成本控制能力要求较高	潜在的官僚主义 对成本控制能力要求较高

2. 薪酬水平设计

薪酬水平是指组织中各职位、各业务部门以及整个企业的平均薪酬水平，薪酬水平决定了企业薪酬的外部竞争性。影响企业薪酬水平设计的主要因素有：同行业或地区中竞争对手支付的薪酬水平、企业的支付能力和薪酬战略、社会生活成本指数、雇佣方与被雇佣方的力量对比等。

3. 薪酬结构设计

薪酬结构是指在企业内部，一共有多少个基本薪酬等级以及相邻的两个薪酬等级之间的薪酬水平差距。也就是说，企业的薪酬等级一共有多少个阶梯，相邻的两个阶梯之间的差距有多大。组织的薪酬结构传达出了企业对职位和技能价值的看法，一般而言，员工对组织的薪酬结构是十分关注的，他们会从中分析组织推崇的价值观，根据自己对薪酬的期望规划出未来的努力方向。

4. 薪酬管理政策设计

薪酬管理政策涉及如下几个方面：企业的薪酬成本与预算控制方式、企业的薪酬制度、企业的薪酬规定、员工薪酬的保密与否等。制定薪酬管理政策时需要实现两个目标：其一，最大限度地保障员工对组织薪酬系统的公平性看法；其二，薪酬系统有助于组织使命以及员工个人目标的达成。目前国内很多企业仍然实施薪酬保密政策，要求员工对他们的薪酬三缄其口。但是美国企业的经验却证明，薪酬保密并不是值得推崇的薪酬管理政策，目前美国企业在薪酬方面已经变得非常公开了，这是因为薪酬公开有助于改善劳资关系，加强企业与员工之间的信任感，此外，美国劳资关系委员会已经明确规定，企业必须让员工有在工作场所谈论薪资的自由，这种自由是受保护的。其实，相互比较是人的天性，即使企业实施薪酬保密政策，也难以阻隔员工之间关于薪酬信息的互动，一旦员工发现自己的薪酬水平欠缺公平，便会对企业产生强烈的不信任感，影响今后的工作产出。既然如此，企业还不如索性不再强制薪酬的保密性，这反而能凸显企业薪酬管理的公平性和透明度，容易达成可信赖的劳资关系。

成功开展薪酬设计的七个原则

1. 战略导向原则

战略导向原则强调企业设计薪酬时必须从企业战略的角度进行分析，制定的薪酬政策和制度必须体现企业发展战略的要求。企业的薪酬不仅仅只是一种制度，它更是一种机制，合理的薪酬制度驱动和鞭策那些有利于企业发展战略的因素的成长和提高，同时使那些不利于企业发展战略的因素得到有效的遏制、消退和淘汰。因此，企业在设计薪酬时，必须从战略的角度分析哪些因素重要，哪些因素不重要，并通过一定的价值标准，给予这些因素一定的权重，同时确定它们的价值分配即薪酬标准。

2. 经济性原则

薪酬设计的经济性原则强调企业在设计薪酬时必须充分考虑企业自身发展的特点和支付能力。它包括两个方面的含义，从短期来看，企业的销售收入扣除各项非人工（人力资源）费用和成本后，要能够支付起企业所有员工的薪酬；从长期来看，企业在支付所有员工的薪酬，以及补偿所用非人工费用和成本后，要有盈余，这样才能支撑企业追加和扩大投资，获得企业的可持续发展。

3. 体现员工价值原则

现代的人力资源管理必须解决企业的三大基本矛盾，即人力资源管理与企业发展战略之间的矛盾，企业发展与员工发展之间的矛盾，以及员工创造与员工待遇之间的矛盾。因此，企业在设计薪酬时，必须要能充分体现员工的价值，要使员工的发展与企业的发展充分协调起来，保持员工创造与员工待遇（价值创造与价值分配）之间短期和长期的平衡。

4. 公平性原则

公平理论对企业的薪酬设计有重要的影响，薪酬设计方案是否公平直接决定着员工的主观心理感受，以致影响员工的工作态度和动机。

1）内部公平

内部公平的原则主要应实现两点：第一，员工所付出的努力、所作出的贡献以及所取得的业绩要与自己所获得的报酬对等；第二，组织内部承担相同工作或能力相当的人，他们的报酬应该是相差无几的。

员工一般会首先将自己对企业的"投入"和从企业获得的"回报"进行比较，并且习惯于将自己现在的工作努力程度和所获得的回报，同以往的努力程度与所获得的回报进行对比，如果回报相对提高了，员工便会产生公平感，否则就会不满意。

除了自身进行纵向对比外，员工还倾向于在企业内部进行横向对比，将自己的"回报/投入"比率与其他同事的"回报/投入"比率进行对比，如果自己的比率等于或高于大多数同事，他们便会产生较强的公平感。

需要注意的是，人总有主观高估自己能力与付出的倾向，因此，即使组织的薪酬制度符合客观公平的原则，员工也可能不认可这种公平，认为自己的投入没有像其他员工那样得到对等的回报。因此，在实现内部公平原则方面，企业只需要尽力而为，而不是百分之百必须保证让每一个员工满意。

2）外部公平

员工先是社会人，尔后才是企业人，因此他们会不自觉地将自己的报酬与企业外部从事类似工作的人的报酬进行对比，根据对比结构，或者产生公平感，或者产生不公平感。因此，企业在进行薪酬设计时还要眼光向外，参考薪酬调查结果制定本公司的薪酬设计方案。

5. 合法原则

薪酬政策必须符合国家和当地政府制定的有关法律、法规。比如，我国颁布的《劳动法》、《最低工资保障法》，在深圳经济特区还有《劳动合同条例》、《劳动用工条例》等规定。有的企业主在员工管理方面，一味追求"我的地盘我做主"，或者以无薪的方式强制要求员工周末加班，或者恶意拖欠员工的工资，或者不按照法律规定为员工交纳社会保险，结果引起了劳资纠纷，与员工对簿公堂，影响了企业正常的运营管理。

6. 效率优先原则

按照激励理论的观点，企业支付给员工的薪酬，并不是越多越好，并不是越多员工便会越积极努力，并不是越多员工便会越认可企业，最高明的薪酬方案是把钱花在刀刃上，组织用于薪酬支出的每一分成本都实现了较好的收益率。比如，有的企业注重福利管理，以对员工的感情投资为重，每月为当月员工积极庆贺生日，在举办酒会的那天，公司领导会亲自出席，真诚地向员工表达企业的祝福。这种充满人情味的小额福利，一般不需要较多的资金投入便可以获得较高的员工回报。

7. 不宜过度激励原则

有的企业主奉行"有钱能使鬼推磨"的原则，为了鼓励员工加倍努力工作，不惜重金下注，为员工提供了远远高于市场平均水平的薪酬福利待遇，以为这样便能发挥出最好的激励效果。深圳的一家民营公司通过猎头公司聘请了一位职业经理人担任总经理职务，这位经理人曾有任职外企的工作经验，所以民营公司的老板对该经理人特别信任，完全授权他人、财、物的控制权。新的总经理到任后，在薪酬管理方面进行了一系列大胆的改革，普遍增加了员工工资，为员工购买了社会保险，还为部分骨干人员购买了商业保险。公司为员工提供了多项特色福利，员工士气大涨。

然而改革 1 年后，由于公司的人力资源成本大幅度上升，增长率超过了40%，而同期经营业绩的增长率却仅为 10%，导致公司积重难返。面对如此形势，总经理只好下调了大家的工资，减少了福利支出，结果员工倍感失落，对公司的未来前景悲观失望起来，结果年底大量骨干人才抽身而去。

工资、福利的增长应该是一个循序渐进的过程，只有逐步增加才能实现较好的激励效果。而那名职业经理人突然之间将员工的薪酬提高到一个较高的水平，没有预测企业的经营前景，结果导致深圳的那家民营企业出现了"加薪悲剧"。企业在制定薪酬改革方案时，最好参考如下两个薪酬增长原则：

第一，企业员工工资总额的增长，要低于同期营业收入的增长；

第二，企业员工人均工资的增长，要低于同期公司利润的增长。

日本商界的一句著名格言正体现了这一原则："你不能贿赂你的孩子完成家庭作业，也不能贿赂你太太去做晚饭。自然，你也不能贿赂你的员工为公司工作。"

薪酬体系设计的流程

第一步：全面考察公司现状，明确公司的经营发展战略以及薪酬管理的原则。

（1）收集公司现阶段的各项资料，包括组织结构、各部门设置的出发点及其职能、员工的考核标准和奖惩制度的关联度等。

（2）分析公司现行薪酬体系的结构框架，包括工资总额构成及在各职能部门间的分配比例，确定各部门工资最高、最低以及平均水平，全面分析组织工资构成，明确员工入职时间、学历等因素与工资的关系等。

（3）了解目前公司的工资政策线、薪酬定位和薪酬目标。

第二步：进行工作分析，撰写职位说明书。

职位说明书可以为包括薪酬管理在内的整个人力资源管理提供有价值的基础信息，所以工作分析是一项非常重要的基础性工作。如果公司已有现成的职位说明书，可以将原有的拿出来作归类，并根据公司的战略导向及新政策要求再作分析。

为了建立公平合理的、体现内部一致性的薪酬制度，职位说明书必须充分体现公司的战略导向，使员工对职位的责任、贡献及所需努力大小等重要内容有统一理解。工作分析最好能由高层牵头，在组织内部找出各职能部门的专业人员代表，以职位为对象，通过多渠道收集并分析与职位有关的资料，如职位和任职者概况、工作概述、工作职责、内外部关系、工作条件、必要的资格条件等信息，最后形成简明而有系统的职位说明书。

第三步：开展职位评价的工作。

职位评价是工作分析的自然结果，以职位说明书为依据，进行职位评价是为了解决薪酬设计的内在公平问题。职位评价主要是根据若干报酬因素——受教育程度、工作知识、工作经历、工作责任、工作努力程度、工作难度、工作条件——建立起一个涵盖组织中所有岗位的等级序列，为进行薪酬调查建立统一的职位评估标准，消除不同公司间由于职位名称不同，或即使职位名称相同但实际工作要求和工作内容不同所导致的职位难度差异，使不同职位之间具有可比性，为确保工资的公平性奠定基础。

职位评价的方法有许多种：工作排序法、职务分类法、因素比较法、因素计点法、海氏三要素评估法等。这些方法都是基于报酬因素来量化排列的。

第四步：进行薪酬调查。

进行薪酬调查的目的是为了实现薪酬外部竞争性的原则，所以公司在确定工资水平时，需要参考劳动力市场的工资水平。公司既可以自己组织人力、物力进行薪酬调查，也可以在自身条件允许的情况下，委托比较专业的咨询公司进行相关调查。完整的薪酬调查报告，主要包括以下三部分内容：

（1）基本情况概述，包括所采取的调查方式、所调查公司的常规数据、所调查的每个职位的简要职位说明、报告概览等。

（2）薪酬调查的数据，要有上年度的薪资增长状况、不同薪酬结构对比、职位薪酬水平（包括所调查职位的按职级、职能和地区分别归类的薪酬范围，即薪酬最高和最低值、以平均数或百分位数来分类的薪金数额，以及竞争性薪酬组合，即固定薪酬和浮动薪酬的比重关系）、奖金和福利状况、长期激励措施以及未来薪酬走势分析等。

（3）福利与人力资源实务，包括薪酬管理、绩效管理、招聘和留任、员工培训和职业发展、人工成本管理和税收影响、福利管理等。薪酬调查的结果，是根据调查数据绘制的"薪资线"。在职位等级—工资等级坐标图上，薪资线是利用所收集到的各公司关于各标准价值的职位的薪资，通过回归分析及"最小平方方法"所得到的一条集中趋势线。从这条线，某家公司可以直观地找出其薪酬水平与同行业相比处于什么位置。另外，还应在适当的时期，针对不同层次的员工和不同职群的员工进行内部调查，掌握其满意度及需求动向。

第五步：为组织进行薪酬定位。

对同行业的薪酬数据进行分析后，下一步的工作便是根据公司的自身情况选用不同的薪酬水平。影响公司薪酬水平的因素有两个方面：

（1）从公司外部看，宏观经济运行情况、行业特点和竞争态势、劳动力市场人才供应状况甚至外币汇率的变化，都会对组织的薪酬定位和工资水平有不同程度的影响。

（2）从公司内部看，组织的盈利能力、支付能力、人员的素质要求是决定薪酬水平的关键因素。此外，公司所处的发展阶段、人才稀缺度、招聘难度、品牌影响力也是重要影响因素。

在薪酬设计中25P、50P、75P专用术语，指的是假如有100家公司（或职位）参与薪酬调查的话，薪酬水平按照由低到高排名，它们分别代表着第25位排名（低位值）、第50位排名（中位值）、第75位排名（高位值）。一个采用75P策略的公司，需要雄厚的财力、完善的管理、过硬的产品相支撑。因为薪酬是刚性的，一旦公司的市场前景不妙，降薪对于公司的发展将有着毁灭性打击，导致公司的留人措施变得异常困难。

第六步：薪酬结构设计。

组织在确定人员工资时，需要综合考虑三个方面的因素：①职位等级；②个人的技能和资历；③个人绩效。在工资结构上与其相对应的，分别是职位工资、技能工资和绩效工资。一般将前两者合并考虑，作为确定一个人基本工资的基础。确定职位工资，需要对职位作评估；确定技能工资，需要对人员资历作评估；确定绩效工资，需要对工作表现作评估；确定公司的整体薪酬水平，需要对公司盈利能力、支付能力作评估。

一般最合理也最复杂的工资结构制度是采用职能工资制（职能资格等级工资），根据员工的职务执行能力，按资格等级确定工资，它综合了职位工资与年资工资，前面所作的职务评价为其提供依据。薪酬的构成除了合理的基本工资外，还应注重其他有机的组成成分及其比重，这与各职群的职能有所不同，比如对于营销部门，宜采用"基本工资＋提成"的薪酬结构；对于行政管理部门，则宜采用"基本工资＋浮动工资"的薪酬结构；对于生产技术工人，则宜采用计量制。

第七步：薪酬体系的实施和修正。

在确定薪酬设计方案时，需要对企业的总体薪酬水平作出准确的预算。该测算最好同时由财务部与人力资源部来做。因为财务部门并不清楚具体工资数据和人员变动情况。人力资源部需要建好工资台账，并设计一套比较好的测算方法。在制定和实施薪酬体系过程中，及时的沟通、必要的宣传或培训是保证薪酬改革成功的因素之一。

从本质意义上讲，劳动报酬是对人力资源成本与员工需求之间进行权衡的结果。在适当的时期，或者定期，公司有必要对员工薪酬需求及满意度情况进行调查，借以了解员工对目前公司薪酬管理调整的真实观点及对未来薪酬管理调整的想法。因此，公司需要设计相应的调查问卷，该问卷通常由被调查者基本信息、对薪酬的评价、薪酬改进建议等三部分组成。这项调查结果可用来确定公司薪酬体系的基本组成。

薪酬设计的九个误区

1. 缺乏清晰的薪酬战略

薪酬战略全面考量了薪酬管理的内外部制约因素，以及企业进行薪酬体系设计和运行的基本原则和纲要。但是很多企业都存在薪酬战略不清晰的问题，即管理人员仅仅知道必须向员工支付薪酬，对于支付的理由、根据、方式以及数量标准却没有概念。这便为企业的薪酬管理带来如下潜在问题：如不同职位序列之间的薪酬水平失衡、不同人员的薪酬组合错位、动态薪酬与静态薪酬的比例失调。

2. 薪酬理念缺失

薪酬理念明确了企业在薪酬管理方面所倡导的价值，是企业薪酬体系的灵魂。但是一些企业在薪酬体系设计的过程中，却根本没有薪酬理念给予指导，如薪酬设计人员在确定薪酬支付因素的时候非常困惑，常常无法正确选择薪酬体系应该倾斜的重点对象，付酬因素选择不当，或者付酬因素权重设置不合理。

薪酬理念缺失会导致薪酬体系缺乏内部一致性，这种薪酬体系或造成一系列的薪酬沟通障碍，导致相关人员在向员工解释薪酬体系的时候自相矛盾，无形中增加了企业运营管理过程中的人工成本，对企业造成负面影响。

3. 薪酬体系与组织结构不匹配

基于职位的薪酬设计、基于技能的薪酬设计、基于能力的薪酬设计和基于绩效的薪酬设计是典型的薪酬体系，有的企业单独使用一种，有的企业根据不同员工群体采用不同的薪酬体系，但是对于那些以职位为基础进行薪酬体系设计的企业，常存在薪酬体系与组织结果不匹配的现象，比较典型的情形是企业的组织结构因业务发展或其他的因素频繁调整，员工的工作职责和工作内容也经常随之变动，以致以职位为基础的薪酬体系滞后于组织结构的变动，无法正确体现员工的工作价值。

对于采用直线职能制、组织结构比较稳定的企业，宜采用以职位为主、以能力和绩效为辅的薪酬体系；对于以矩阵制为主，经常进行项目制运作的企业，则最好采用以能力为主、以职位和绩效为辅的薪酬体系。

4. 薪酬定位不准

薪酬定位是薪酬设计的关键环节，是确定薪酬体系中的薪酬政策线、等级标准和等级范围的基础。薪酬定位明确了企业的薪酬水平在市场上的相对位置，决定了企业在劳动力市场上的竞争力，直接体现了企业薪酬水平的外部竞争性，是衡量企业薪酬体系有效性的重要特征之一。然而很多企业在进行薪酬设计时常会出现薪酬定位不准的问题，如在实施薪酬调查的过程中选择了错误的劳动力市场以及错误的参考对象，导致薪酬定位错误，薪酬水平或者过高，或者过低。如果企业的薪酬定位不准的话，会对企业的人工成本支出水平、人员结构、人员流动性等造成严重影响，并可能带来员工满意度下降、内部管理成本加大等潜在弊端。

5. 薪酬结构比例失当

薪酬结构是各薪酬单元的比例分配，薪酬单元可分为如下三类：静态薪酬（基本工资）、动态薪酬（绩效工资、奖金等）和人态薪酬（即福利性薪酬，如福利、津贴等）。企业的薪酬结构比例失当主要表现在：一是薪酬结构残缺，如只有静态薪酬却没有动态薪酬和人态薪酬——薪酬结构残缺会导致企业的薪酬体系在运行的过程中缺乏足够的灵活性，无法满足大多数员工在薪酬方面的不同需求；二是各类员工或员工群体的薪酬单元组合比例失调——薪酬单元的组合比例失调，如固定工资比例过高、绩效工资比例过低则限制了薪酬的激励作用。

6. 薪酬等级范围过窄

薪酬等级范围是指同一薪酬等级最高薪酬与最低薪酬之间的跨度，是衡量薪酬体系是否具有足够弹性和延展性的重要标志之一。薪酬等级范围过窄具体表现在，通过企业的薪酬体系，无法有效区别同一等级内的职位差异、人员差异和业绩差异。薪酬等级范围过窄导致员工薪酬的提升空间很小，在以职位为基础的薪酬体系中，容易出现员工之间因为职位晋升而进行恶性竞争的现象。同时，随着外部环境中不确定因素的逐渐增多，企业不得不加快组织结构调整的频率，而过窄的等级范围则削弱了薪酬体系对组织内部结构调整的适应性。

7. 薪酬等级重叠度过小

薪酬等级重叠度是指相邻等级范围的重叠程度，这是衡量薪酬等级弹性和延展性的重要标志。企业在进行薪酬设计时，常会平抑了低等级的最高薪酬水平，抬升了高等级的最低薪酬水平，从而导致薪酬等级重叠度过小。如果薪酬等级重叠度过小的话，在以职位为基础的薪酬体系中，容易出现员工之间因为职位晋升而进行恶性排挤竞争的现象，同时也会削弱薪酬体系对组织内部结构调整的适应性。

8. 动态薪酬没有发挥激励作用

薪酬结构中的动态薪酬在设计时一般都与企业的经营业绩、团队业绩或者个人业绩相关联，属于一种实现企业与员工之间风险共担、利润共享的制度安排，具有较强的激励效用。然而一些企业在现实中发放动态薪酬时，却违背了动态薪酬的本质原则，或者绩效工资和奖金的发放没有与绩效考核结果挂钩，或者动态薪酬的发放虽然与绩效考核结构挂钩，但是绩效考核结果却不是实际绩效的真实反映。这两种做法都会严重影响员工的工作积极性，使薪酬体系的激励作用无法得到有效发挥。

9. 薪酬调整相对滞后

薪酬调整主要有两种形式：一是根据市场薪酬水平的变化趋势、组织的发展情况、经营管理模式的调整以及战略重心的转移对薪酬体系进行调整；二是根据职位、个人能力和个人业绩的变化等对员工个人的薪酬水平进行调整。薪酬调整在薪酬设计的过程中非常重要，但是很多企业的薪酬调整都相对比较滞后，一些企业的薪酬体系在实施后的几年内都没有根据内外部环境的变化及时进行调整。比如，有的企业主要采取的是以职位为基础的薪酬体系，他们的职位管理制度非常不完善，当职位的职能范围发生变化后，并没有及时地对职位的相对价值重新进行评估，也没有重新确定薪酬等级和薪酬标准，使现行的薪酬体系出现了不适应性，最终导致企业的薪酬水平与市场水平严重背离，企业的薪酬基础失效。

现代薪酬管理的发展趋势

对企业来说，薪酬是一把双刃剑：使用得当能够吸引、留住和激励人才，可以卓有成效地提高企业的实力和竞争力，而使用不当则会给企业带来危机。

毫无疑问，建立全面、科学的薪酬管理系统，对于企业在知识经济时代培育核心竞争能力和竞争优势、获得可持续发展具有重要意义。为了开展有效的薪酬设计，企业应该时时关注薪酬管理的最新发展趋势，以使组织的薪酬设计跟上时代的步伐。目前，现代薪酬管理逐渐出现了以下发展趋势。

1. 趋势一：全面薪酬的兴起

薪酬不仅仅是指纯粹货币形式的报酬，还包括非货币性的报酬，也就是在精神方面的激励，如优越的工作条件、良好的工作氛围、培训机会、晋升机会等，这些方面也应该很好地融入到薪酬体系中去。公司给受聘者支付的薪酬应包括内在薪酬和外在薪酬两类，两者的组合，被称之为"全面薪酬"（TotalCompensation）。

外在薪酬主要是指为受聘者提供的可量化的货币性价值。比如，基本工资、奖金等短期激励薪酬；股票期权等长期激励薪酬；退休金、医疗保险等货币性的福利，以及公司支付的其他各种货币性的开支，如住房津贴、俱乐部成员卡、公司配车等。

内在薪酬则是指那些给员工提供的不能以量化的货币形式表现的各种奖励价值。比如，对工作的满意度，为完成工作而提供的各种方便的工具，培训的机会，提高个人名望的机会，吸引人的公司文化，相互配合的工作环境，以及公司对个人的表彰、谢意等。

如何科学地把握全面薪酬的两个方面，使它们有机统一起来，是企业经营者经济面临的一个难题。一般来说，外在激励由于是可量化的，它们可以通过市场竞争来达到一个平均的水平。关键是企业要能适时地了解和掌握市场上本行业内各种岗位的各种薪酬方式的平均水平；否则，把握和控制自己公司的薪酬待遇水平就失去了依据。薪酬高了则增加企业成本，低了又吸引不来人。内在的激励虽然是非货币化并难以量化的，但有一部分内容也反映在市场竞争之中，可以通过市场进行了解，如培训机会、公司名望等；还有一部分内容则完全要靠公司自身不断地培育和积累，如公司文化、工作环境、公司对个人的名誉表彰等。

2. 趋势二：薪酬设计方案凸显"以人为本"的理念

传统的、以等价交易为核心的雇员薪酬设计方案，正在被"以人为本"的人性化的、以对雇员的参与和潜能开发为目标的管理方案所替代。这种薪酬设计方案的实质是将薪酬管理作为企业管理和人力资源开发的一个有机组成部分，作为一种激励的机制和手段，其基本思路是将企业的工资计划建立在四个原则的基础之上：薪酬、信任、缩减工资分类和基于业绩，目的是通过强化薪酬的激励功能，增加雇员对企业的认同感和承诺度。

与传统管理机制相比，基于人本思想的薪酬设计方案鼓励员工参与和积极贡献，强调劳资之间的利润分享。其主要的实现措施包括：

（1）将员工视为企业的合作者，建立员工与企业共担风险、共享利润的薪酬设计方案。

（2）采用技能薪酬体系和绩效薪酬体系。

（3）增加员工薪酬方案中奖励和福利的比例，使之超出基本薪酬数额。

（4）减少员工的基本薪酬，增加员工的可变薪酬，员工的可变薪酬主要取决于对企业的贡献。

3. 趋势三：宽带型薪酬结构与扁平型组织结构相得益彰

所谓的"宽带型薪酬结构"，是指对多个薪酬等级以及薪酬变动范围进行重新组合，从而变成只有相对较少的薪酬等级以及相应较宽的薪酬变动范围。这种薪酬结构与组织结构的扁平化趋势是一致的，其主要特征是：

（1）增加专业人员、管理人员和领导者的工资差距，即减少公司薪酬等级（Salary Rank）。传统的薪酬体系的等级一般都有 10~20 个薪酬等级，而宽带薪酬体系设计一般只有 5 个或者 7 个薪酬等级。

（2）薪酬标准在某一薪酬类别的不同等级中差距比较大，特别是专业技术人员的工资等级间的差距更大，一般最高档与最低档相差 1 倍以上，即增大了薪距（薪资全距，Salary Range）范围和增多了薪级（调薪幅度，Salary Grade）数量，从而每个员工都拥有了广泛的提薪空间。

（3）职务和薪酬等级主要取决于员工的专业水平，晋升和加薪与技能水平成正相关，等于是加大了知识技能对薪酬水平的影响力。

之所以推崇宽带薪酬结构，是因为与传统薪酬结构相比，宽带薪酬具有如下优点：

（1）减少了工作之间的等级差别，打破了传统薪酬结构所维护和强化的等级制，从而有利于企业提高效率以及创造学习型的企业文化，同时也有助于企业保持自身组织结构的灵活性，提高了适应外部环境的能力。

（2）有助于提高员工的创造力，使其获得全面发展。通过实施宽带薪酬结构，抑制了一些员工仅为获取高一等级的工资而努力工作的倾向，引导员工将注意力从职位或薪酬等级的晋升转移到个人发展和能力的提高。

（3）驱动良好的工作绩效的实现。宽带薪酬结构尽管对员工的晋升激励有所下降，但是由于这种薪酬模式将薪酬与员工的绩效紧密结合起来，赋予了上级对优秀员工给予加薪奖励的权力，等于是在激励员工方面表现地更为灵活。

（4）有利于职位轮换，培育组织的跨职能成长和开发。在传统的等级薪酬结构中，员工的薪酬水平是与其所担任的职位严格挂钩的。由于同一职位级别的变动并不能带来薪酬水平上的变化，且这种变动使得员工不得不学习新的东西，从而会造成工作的难度增加，因此员工在很大程度上不愿意接受职位的同级轮换。而在宽带薪酬下，由于薪酬的高低是由能力来决定而不是由职位来决定的，员工乐意通过相关职能领域的职务轮换来提升自己的能力，以此获得更大的回报。

（5）对于一些非专业化的、无明显专业区域的工作岗位和组织，宽带薪酬结构尤为适用。宽带薪酬结构应用起来比较灵活，它只是划分一个工资范围，具体工资收入可根据员工的业绩情况进行弹性处理。

4. 趋势四：薪酬设计的差异化

薪酬设计的差异化，首先是薪酬构成的差异化，过去计划经济时代的那种单一、僵化的薪酬构成已经不再适应现代企业的需要，取而代之的是多元化、多层次、灵活的薪酬构成。其次是专门人员薪酬设计专门化。例如，营销人员在公司里作用巨大，专业人员的排他性比较强，临时工身份特殊等，在设计这些人员的薪酬时不应该采取和其他部门人员相同的薪酬体系。比如，很多公司除了设计统一的薪酬体系外，一般还会制定以下薪酬制度：销售人员薪酬制度（包括销售人员提成办法）、技术人员薪酬制度、经理人员（包括高层管理者）薪酬制度（一般对于企业的职业经理人和知识型员工都要求实施年薪制度）等。

5. 趋势五：员工激励长期化、薪酬股权化

长期的员工激励计划日益受到关注。长期激励的薪酬计划是相对短期激励计划而言的，它是指企业通过一些政策和措施引导员工在一个比较长的时期内自觉地关心企业的利益，而不是只关心一时一事。其目的是为了留住关键的人才和技术，稳定员工队伍。长期激励的薪酬计划的主要方式有：员工股票选择

计划（ESOP）、资本积累项目（Capital Accumulation Programs）、股票增值权（Stock Appreciation Rights）、限定股计划（Restricted Stock Plans）、虚拟股票计划（Phantom Stock Plans）和股票转让价格（Book Value Plan）等。

长期计划的实施对象主要有两类：一是企业高层管理人员，因为对经营者的激励和行为约束更有助于企业的长期发展；二是一些高科技企业，为了防止员工一旦有了新的发明创造之后，脱离原有的企业，自立山头，对科技人员实施长期激励计划。其常用的做法是向有发明成果的科技人员转赠企业股权，对新技术带来的利益进行永久性分成。

6. 趋势六：薪酬制度逐渐透明化

关于薪酬的支付方式到底应该保密还是透明，这个问题一直存在比较大的争议。一些研究者认为，如果将激励作为薪资管理的目的，雇主就应该明智地征求雇员的意见，根据大多数员工的意愿来选择是否采取保密薪酬系统。

从最近的管理实践来看，越来越多的人支持薪酬的透明化，因为毕竟保密的薪酬制度使薪酬应有的激励作用大打折扣。而且，实行保密薪酬制的企业经常出现这样的现象：强烈的好奇心使得员工通过各种渠道打听同事的工资额，从而使刚制定的保密薪酬很快就变成透明的了。既然保密薪酬起不到保密作用，那就不如直接使用透明薪酬。

实行薪酬透明化，实际上是向员工传达了这样一个信息：公司的薪酬制度，没有必要隐瞒，薪酬高的人有其高的道理，低的人也自有其不足之处；欢迎所有员工监督其公正性，如果对自己的薪酬有不满意之处，可以提出意见或者申诉。透明化实际是建立在公平、公正和公开的基础上的，具体包括以下几个做法：

（1）允许员工参与薪酬的制定，在制定薪酬制度时，除了各部门领导外，也应该有一定数量的员工代表。

（2）开展职务评价时，尽量采用简单方法，使之容易理解。

（3）发布文件详细地向员工说明公司薪酬的制定过程。

（4）设立一个员工信箱，随时解答员工在薪酬方面的疑问，特别委派人员处理员工投诉。

7. 趋势七：实行弹性福利制度

公司在福利方面的投入在总成本里所占的比例是比较高的，但这一部分的支出往往被员工忽视，认为不如货币形式的薪酬实在，公司往往有一种吃力不讨好的感觉；而且，员工在福利方面的偏好也是因人而异的，有可能公司所提供的福利无法对某些员工产生激励性。基于如上两个问题，弹性福利制度逐渐走俏——弹性福利制度又称为"自助餐式的福利"，即员工可以从企业所提供的一份列有各种福利项目的"菜单"中自由选择其所需要的福利。

弹性福利制度强调的是让员工依照自己的需求从企业所提供的福利项目中来选择组合属于自己的一套福利"套餐"。每一个员工都可以有自己"专属的"福利组合。

8. 趋势八：组织日益重视薪酬调查和薪酬信息

近年来，薪酬调查受到企业的广泛关注。通过薪酬调查，企业可以了解劳动力市场的需求状况，掌握各种类型人才的价格行情，从而制定正确的薪酬策略，有效地控制企业的人力成本。

通过薪酬调查得到的薪酬信息包括两个方面的内容：

（1）外部信息：主要是指相同地区和行业，相似性质、规模的企业的薪酬水平、薪酬结构、薪酬价值取向等。外部信息主要是通过薪酬调查获得的，它能够使企业在制定和调整薪酬方案时，有可以参考的资料。

（2）内部信息：主要是指员工满意度调查和员工合理化建议。满意度调查的功能并不一定在于了解有多少员工对薪酬是满意的，而是了解员工对薪酬管理的建议以及不满之处到底是在哪些方面，进而为组织制定更合理的薪酬制度打下基础。

第二章

战略性薪酬设计

为什么要实施战略性薪酬设计

IBM 的薪酬改革

20 世纪 70 年代至 80 年代早期，IBM 公司一直是行业中的佼佼者。但是到了 20 世纪 80 年代后期，它逐渐进入危机时期，因为公司原有的薪酬制度无法体现以绩效为导向的价值观和企业文化。公司原来的薪酬系统有四个特点：

第一，与薪酬的外部竞争性相比，它更为强调薪酬的内部公平性。为了避免公司内部关系紧张，公司会把市场营销经理和生产经理的薪酬水平定在同一档次上，而并不去考虑在外部市场上两种工作的薪资水平是否相同。

第二，原有的薪酬系统严重官僚化，系统中一共包含 5 000 多种职位和 24 个薪资等级。

第三，管理人员在给手下雇员增加工资方面的分配自主权非常小。

第四，单个雇员的工资收入大部分都来源于基本工资，只有很少的部分是与利润和股票绩效等此类风险性因素联系在一起的。

从 20 世纪 90 年代中期开始，IBM 公司结合公司的战略规划，实施了战略性的薪酬管理，使薪酬制度在多个方面都发生了根本性的改变：

第一，在薪酬水平确定方面，强调市场驱动性，注重外部竞争性。从 1994—1995 年，公司一改从前单一的工资结构（对非销售人员），根据工作类别实行差别薪酬结构和绩效预算。

第二，减少工作岗位，在更宽的等级差别上进行职位评价。放弃了原有的计点要素工作估计系统和传统的薪资等级，用 3 个要素（技能、领导能力需求和工作范围）代替了原来的 10 个要素，薪酬制度中仅剩下不到 1 200 种职位和 10 个变动范围更大的薪资等级。

第三，加强对管理者的管理。把薪资决策方面的权力分散到管理人员身上，赋予他们以根据员工的个人工作绩效支付不同工资的权力。

第四，对利益相关者给予高回报。到1997年，全世界范围内的IBM员工都有10%或更多的现金报酬与绩效相挂钩。新系统中只有3个绩效评价等级，高绩效等级的员工比低绩效等级员工的奖励高2.5倍左右。

第五，实施裁员与福利改革。同许多其他大公司一样，通过削减雇员数量来达到降低成本的目的。该公司的雇员人数已经从20世纪90年代初期的40多万人下降到了大约30万人左右。公司还废除了家长式福利制度，引导员工培养全新的工资待遇理念，并通过浮动工资计划、认购公司股份和期权计划以及建立在绩效基础上的加薪计划来实现。

案例分析

为了把20世纪90年代初的IBM公司从一个行动迟缓的巨人变成一个精干的赢家，新总裁路·郭士纳除了缩减企业规模和重组企业外，还改变了IBM的企业文化、共同价值观以及员工的态度和行为方式，进而转变了公司的报酬体系。IBM公司的薪酬制度的改变表明了薪酬管理如何被用来支撑公司的战略目标，使公司的文化更好、更快、更有竞争力。通过对IBM公司在20世纪90年代的振兴与新的战略薪酬制度的制定和实施的历史回顾，不难看出以下几点：

（1）薪酬战略是企业战略的重要组成部分，它的根本点应立足于企业竞争优势的获得，因此薪酬体系应该随着企业战略的改变而改变。

IBM公司曾经注重薪酬的内部一致性（完善的工作评价方案、薪酬决策时明显的等级差别、不裁员政策等）。当其在大型主机电脑市场占据主导地位并赢得高额利润时，这种薪酬方案对公司的贡献很大。到了20世纪80年代末，电脑行业变化迅速，而"内部一致性"策略却并未能对这种变化作出灵敏的反应。后来，IBM经过一番调整后，把重点放在成本控制（激励工资）和承担更大的经营风险上，并且比以前更加重视顾客（产品与服务的领先），这种调整适应了经营战略的变化。

一般而言，企业和薪酬战略之间的联系越紧密或彼此越适应，企业的效率就会越高。战略是指企业所选择的方向，企业在选择做什么和不做什么的过程中确立了其战略。薪酬管理的战略性选择与竞争优势是相互联系的。从业务部门的层次来看，这种选择变成"我们应该如何赢得和保持竞争优势？我们怎样才能在这些经营中获胜？"从职能或制度的层次来看，这种选择变成了"整体薪酬如何帮助我们赢得并保持竞争优势"，当运用这种薪酬模型进行分析时，我们要确定企业的薪酬目标以及四项基本薪酬决策：

内部一致性：同一工作性质和技能水平之间的差距如何在薪酬体系上得到体现？

外部竞争力：整体的薪酬水平应定位在什么水平来与同行相抗衡？

员工的奉献：确定加薪的依据，是个人或团队的业绩还是员工知识、技能的提高？

薪酬管理：薪酬决策在多大程度上向所有的员工公开和透明化？谁来负责设计和管理薪酬制度？

基于以上几个问题的所有决策，相互交织形成一个完整的格局，形成了企业的薪酬战略，IBM 公司也正是在这些方面成功地实施了薪酬战略的调整。成功的薪酬体系，可支持公司的经营战略，能承受周围来自社会、竞争对手以及法律等各方面的压力，它的最终目标是使企业赢得和保持竞争优势。

（2）绩效工资和非传统的报酬方式是未来薪酬制度发展的一个重要趋势。

郭士纳在改革薪酬制度时，推行了一种与过去完全不同的理念。实行完全的绩效工资制，而不论员工的忠诚度和资历如何。绩效工资制是一种差别工资制，也就是说，将公司所有的薪酬支出都建立在市场的基础上，员工个人收入的增加会因市场的变化以及自己各不相同的工作绩效而呈现出不同的工资水平，员工的奖金也建立在业务绩效以及个人的贡献基础上，并且实行的股票期权奖励也会建立在个人的关键性技能以及公司的竞争风险基础上，随着后者的变化而不同。特别值得一提的是，在股票期权奖励上，郭士纳做了三个重大改革：

第一，扩大公司股票期权的授予范围，1992 年有 1 294 名员工获得公司股票期权，到了 2001 年有 72 494 名员工被授予了公司股票期权，而且授予非高层经理的股票期权数量是高层经理所获得数量的 2 倍。

第二，对高层经理实施更加直接的、建立在股票基础上的工资待遇制度，股权激励构成高级经理薪酬最大的一部分。

第三，高级经理必须将自己的钱投入到公司的股票中，才能够被授予股票期权。股票期权在 IBM 公司除了可以扮演通向公司外部的连接器外，还为大多数 IBM 人提供了一个统一的激励性工资待遇的机会——一个主要由公司的整体运营情况而决定的机会。正如郭士纳所说："我希望 IBM 人都能够像一个股东那样思维和行动——能够感觉到来自市场的压力，并充分利用资产和制定战略以便为公司创造竞争优势。"

从实践和理论发展的角度来看，根据员工绩效的提高程度来支付报酬的方式和非传统的报酬方式（替代性报酬）越来越受到重视。传统的报酬方案以职位说明书、工作评估为基础，工资结构关注于建立秩序、强化等级和指导员工行为。在将来（许多企业现在已经如此），薪酬制度的重点从依据职位付酬转移到依据员工的贡献来付酬。企业关注鼓励参与和承担义务、论功行赏。非传统报酬方式或替代性报酬方案主要包括了能力或技能薪酬和计点奖励、团体激励和利益分享等。

（3）在薪酬管理中兼顾整体利益，对管理人员进行充分授权，这些举措体现了公司战略和公司文化的要求。

如果薪酬制度与企业的新战略不吻合，那么组织就无法实现成功转型。遵循 IBM 公司原来的薪酬制度，高级经理的奖金发放主要依据他们在各自部门所作出的工作业绩。如果本部门的业绩非常优秀，即使整个公司做得很差，也不会对部门的奖金发放产生什么影响。这种薪酬模式助长了以小我为中心的企业文化。从 1994 年开始，IBM 公司对此进行了巨大变革。所有高级经理的奖金全部建立在 IBM 公司的整体绩效基础上。换句话说，无论是主管服务集团的高级经理还是主管硬件集团的高级经理，其奖金不仅取决于他们自己所在集团的业绩，也将取决于整个 IBM 集团的业绩状况。IBM 公司还在全公司范围内引进"浮动工资"制，以此来告诉员工，如果公司能够成功地扭转乾坤，那么他们中的每个人都会从中获得奖金回报。这些措施让所有人都明白：如果他们能够齐心协力地与同事一起努力工作，他们就会获得很高的回报。对公司整体利益的关注激发了员工的团队合作精神，有力地塑造了全新的企业文化。

当 IBM 公司被分解成若干小的、分散的部分时，报酬的集中确定机制就不再合乎时宜了。于是，分散单位的管理人员被充分授权，他们可以灵活地制定薪酬预算，然后确定新进人员的工资水平、工资增长速度、上调工资的时间，并根据报告给他们的情况作出所有其他同报酬有关的决定。应用这种新制度时，管理人员扮演着参与和沟通的角色。因为他们在薪酬管理实践中，每天都要与员工进行相互作用。他们既要准备好向员工解释公司的薪酬制度，又要将员工的要求进行衡量和传达，从而确定是否需要调整。对管理的参与和义务的承担激活了管理人员的工作热情，从而在基础层次上有利于薪酬制度的贯彻和完善，使企业的战略目标得到实现。

企业战略是企业的经营方向和发展目标，它决定着企业将向何处去、要做什么、在哪个市场提供什么产品和服务、最终要发展到多大规模等问题。由于企业的人力资源战略和薪酬战略最终都是服务于企业战略的，所以从某种意义上来看，企业的战略便决定了企业的薪酬支付方式和结构。由于薪酬关乎员工激励问题，是决定企业与员工能否同舟共济的关键因素，因此如果企业的薪酬设计方案与企业的发展战略严重相左，将会对企业实现预定的战略目标产生恶劣的影响，使企业在发展之路上困难重重。IBM 公司在 20 世纪 90 年代遭遇的坎坷便说明了这一点。因此，企业的薪酬设计方案一定要匹配企业的战略，实施有效的战略性薪酬设计。

所谓的战略性薪酬，是指薪酬方案能提高员工的工作积极性并促使其个人发展，同时使员工的努力与组织的目标、理念和文化实现完美匹配。战略性薪酬将企业薪酬体系的构建与企业的发展战略有机结合起来，使企业薪酬体系成为实现企业发展战略的重要杠杆。

战略性薪酬除了关注为企业所有员工提供一般意义上的薪酬激励外，还强调为企业战略瓶颈部门和核心人力资源设计出有重点、有区别的薪酬体系与薪酬政策，以便为企业整体发展提供战略支撑。

战略性薪酬设计需要回答以下几个方面的问题：

★薪酬设计的目标是什么——薪酬战略如何为企业的经营战略提供支持？当企业面临着战略环境的变化时，应该如何调整自己的薪酬设计体系？

★如何基于战略构建企业的薪酬体系？

★如何实现薪酬的内部一致性——在企业内部，如何对不同职位和不同的技能或能力支付不同的薪酬？

★如何实现薪酬的外部竞争性——在整个行业内，企业的薪酬水平应该处于哪一个层次？

★如何确定基本薪酬调整的依据——或者基于个人或团队的绩效，或者基于个人的知识、经验增长以及技能的提高，或者基于生活成本的变化？还是根据员工的不同表现以及业绩状况制定不同的绩效奖励计划？

★如何建立绩效与薪酬之间的动态调整关系？

★如何管理薪酬系统——应该由谁来设计和管理薪酬体系？薪酬管理的透明度和公开性应该是如何的？

★如何实施薪酬预算——如何提高薪酬成本的有效性？如何提高薪酬投入的高回报性？

关于为什么实施战略性薪酬设计，从企业薪酬管理的现实来看，是因为企业的薪酬管理存在以下几个问题。

1. 除了薪酬水平存在问题外，很多企业的薪酬结构存在着很多痼疾

中国企业的薪酬水平普遍较低，除了绝对数较低外，薪酬水平之间的差距较小也是一个问题。美国薪酬设计专家爱德华·海曾提出了一个"职务的现状构成"的概念，界定出职务责任因素、智能因素和解决问题的能力的因素，根据前者与后两者之间影响力的对比与分配，将企业中的职务分为三种类型："上山"型，如公司总裁、销售部经理等；"平路"型，如会计、办公室职员等；"下山"型，如市场分析、科研开发工程师等，并据此向确定薪资水平。而中国企业的薪酬实践，与上述职务类型走向正好相反，是"低级职位领先"型，"中级职位匹配"型，"高级职位落后"型。其实，为低端职务支付高薪根本没有战略意义，原因在于：

（1）低端职务人员众多，总成本相当大。

（2）市场上此类人员的供给大于需求。

（3）这类员工的替代成本很低。

（4）这类员工对企业的贡献有限。

而对于企业来说，市场上供不应求、替代成本很高而贡献率相对较大却难以获取的高端职务人员，其薪酬却相对职务特性较低。著名经济学家周其仁曾指出，中国拥有世界上最廉价的企业家——最低工资，但有世界上最昂贵的企业制度——大量亏损。这便说明中国企业的薪酬设计问题，不单是水平问题，更主要是结构问题。

2. 薪酬设计缺乏统一的指导思想和设计基础

薪酬设计人员在制定薪酬计划时，不是先考虑薪酬设计方案的目标和指导

思想，而是一开始就着手进行具体的设计，在薪酬的单元构成、水平差异等问题上反复斟酌，耗费大量时间。由于薪酬设计没有统一的指导思想和原则，或者直接照搬书本上的薪酬体系，或者索性借鉴其他企业的做法，将企业自身特点、发展目标、经济实力以及市场地位等问题则抛诸脑后，更谈不上制定薪酬战略或者薪酬战略与企业战略的匹配或整合了。

3. 薪酬体系不够系统性

企业的薪酬制度并不是始终保持不变的，而是往往会经历三番四次的薪酬改革，在每一次改革的时候，企业一般都会制定出不同的薪酬制度，有的制度是为了解决眼前的问题，有的制度则是对原有制度的局部调整，如提高工资水平、增减福利项目等，而没有对薪酬制度作出全盘考虑，结果导致工资、奖金和福利比例失衡，忽略了三者之间的关联性。还有一个问题是，企业薪酬制度往往是由不同的人制定的，这也是导致企业的薪酬制度结构设计不够系统化的原因之一。

4. 薪酬体系难以吸引优秀人才加入企业

有的企业本来有为优秀员工加薪的愿望，但是一涉及加薪的事情，那些资格较老的员工尽管业绩不优秀，但也要求获得同等数额的工资增长，企业往往出于稳定人心和节约成本的考虑，便会取消对员工加薪的决定，从而导致企业的薪酬水平在劳动力市场上没有竞争力，一些有追求的员工逐渐出走企业，企业也很难在劳动力市场上招聘到优秀的人才。

5. 薪酬制度与企业的经营战略错位

有的企业将自己的战略定位为成为市场上的领先者，但是薪酬水平却处于中等水平；有的企业将增加股东的长期利益作为战略目标之一，但是体现在薪酬管理上，却只注重奖励短期经营业绩，这使公司的很多高管目光短视，常常不自觉地放弃或忽视了一些对于企业发展有着决定性影响的工作，如新市场的开拓、新技术研发、经营创新与管理变革等；有的企业在理念上强调企业的整体业绩、团队合作，但实际上却往往过分强调员工的个人业绩考核与激励，行为与理念出现严重错位。

由此可见，在如今变革激烈的经营环境中，薪酬设计的作用和影响已经超越了人力资源管理乃至企业管理框架的局限，直接影响着企业经营战略本身，而实施战略性薪酬设计是企业成功实现整体经营发展战略的必然要求。在实践中，很多企业都通过加强薪酬战略与组织战略目标之间的联系，从而让企业在发展壮大之路上更加顺利。比如，早期的亚马逊书店，在人员招聘方面，意欲雇佣那些有进取心、聪明、善于思考的员工，希望他们愿意投入到公司的长期成功中去。因此，公司设计了符合这种人才招聘战略的薪酬体系——亚马逊为员工提供了相对较低的基本工资，取消了短期激励措施，但慷慨地面对员工实施股票期权计划——当然，这种薪酬体系对于成就亚马逊非常有帮助。

战略性薪酬设计的五个驱动因素

战略性是指具有战略意义的，主要是在目前条件的基础上对外部环境的适应和充分利用，战略视角着眼于那些有助于组织获取和保持竞争优势的最佳选择。战略性薪酬体系设计就是整合了各种资源，从而有助于形成企业的核心能力，而其本身也成为企业的一种独特能力，能够帮助企业获取竞争优势。在开展战略性薪酬体系设计前，企业需充分考虑以下五个问题。

1. 企业的薪酬设计方案是否匹配企业的战略

薪酬设计方案必须能够驱动公司战略的实施与达成，能够与业务战略有机结合起来，从而有效推进公司战略和业务经营战略的实现。人力资源部需要通过选择一系列报酬策略来帮助组织赢得并保持竞争优势。例如，如果企业今年的销售策略是提高销售量，关于销售人员的薪酬收入，就要提高销售量的影响力；如果销售策略是提高利润收入，对销售员的考核就要注重毛利率指标；如果销售部门的主要使命是推广新产品，就要适当提高固定工资比例和新产品销售的提成系数。

此外，企业处于不同的发展阶段也有着不同的经营战略，因此，企业的薪酬策略也不能一成不变，而是要亦步亦趋地紧紧跟随着企业的经营战略——企业在初创期，宜于采取长期激励的方式；在发展期，可以适当提高奖金的比例；步入成熟期后，最好将短期激励和长期激励结合起来；渐入衰退期后，则要注重节约人工成本。

2. 企业的薪酬是否具有外部竞争力

与外部同等职位进行薪酬比较，是员工的天性，如果员工觉得自己的薪酬水平相对较低，便会产生不满意感，如果觉得自己的薪酬水平相对较高，就会产生满意感。员工对薪酬的满意度会影响员工的工作效率。此外，企业在进行外部招聘的时候，报酬是吸引人才与否的主要因素，应聘者会倾向于薪酬较高的企业。所以，薪酬水平直接决定着企业对人才的吸引力，企业应该定期进行薪酬调查，及时根据外部市场水平调整组织的薪酬水平，这样才可能吸引高素质人才加入企业。

3. 企业的薪酬制度是否体现了内部公平性

由于追求公平的心理作祟，在薪酬比较方面，员工不仅惯于和外部企业同等职位进行比较，还喜欢在内部进行比较，特别是与同等职位、同等职级的人进行比较，如果发现自己干得多，拿得少，自然就会不满意；如果干得少了，拿得和别人一样多，干得多的人也会不满。正是基于员工的这种心理，很多企业推崇"不患寡而患不均"的文化，以致绩效考核制度成为一纸空文，难以发挥实效。平均主义思想对企业的伤害力非常大，所以企业应该规避平均文化，实施科学的价值评价，建立有效的职位评估系统和绩效考核系统，将薪酬分配与价值贡献关联起来，使分配的依据能够说服员工。

4. 企业的薪酬分配制度是否节约成本

企业的薪酬水平越高，越容易吸引优秀人才加入企业，但是企业在确定薪酬水平时还要充分考量企业的经营情况和支付能力，要根据企业的实力、人才的可获得性等具体条件确定企业的薪酬标准，争取实现薪酬支付的高投资回报率。

此外，企业薪酬设计也最好不要只提供物质报酬，应该配合可发挥较强激励效用的非物质报酬，实施全面薪酬战略，为员工提供一个可选择性和有吸引力的薪酬包。在薪酬支付上，也要对不同的人才类型制定不同的薪酬标准。核心人才、通用人才可以提供市场领先策略，辅助性人才提供跟随市场薪酬策略，而对独特人才可以采取合作的形式，这样，人力成本的投入才能有科学、合理的回报。在企业成本中，人工成本占有很大的比例，这大比例的投入能否起到作用，直接影响最终财务战略目标的实现。

5. 企业的薪酬设计方案是否能体现高执行力

即使是最好的薪酬设计方案，但是如果在执行方面出了问题，前面所有的工作也不过是无用功，因此，薪酬设计方案确定后，企业便要严格按照制度来执行，而不能朝令夕改、有始无终。为了有效监督方案的被执行力，最好建立有效的执行机构，保证薪酬方案公平、公正地实施。

战略性薪酬设计的影响因素

1. 环境层面

对于企业外部不断变化的社会和商业环境，企业分配制度一方面要积极去适应，关注竞争对手的薪酬动向，以确保自身薪酬体系的外部公平性和竞争性；另一方面必须在企业内部营造响应变革和支持变革的气氛。因为员工一向对变革抱抵制态度，如果在薪酬分配上不倡导变革，不对员工响应变革的行为给予鼓励，不对员工阻碍变革的行为给予处罚，则变革就只会处于重重阻力中乃至中途夭折。

在这一方面，联想公司的薪酬管理可以为我们提供有益借鉴：

2002—2003，面对戴尔公司直销的来势汹汹，联想准备调整业务战略，实施战略转型，大力发展面对大客户的直销业务。然而，当时联想公司的薪酬体系只适应渠道销售业务，在其人才结构上，也是以管理开拓渠道客户的人才见长，拥有大客户谈判沟通经验、开拓能力、适合做直销的人才不足。联想公司一方面从原有人才中挑选总监、经理，让他们急速提升，另一方面需要从外部市场吸引人才。但从外部吸引的人薪酬远远高于原有内部的人，吸引外部人才就打破了原来的薪酬平衡，可能引起内部冲突。

为了有效解决这个问题，联想公司开始按行业、客户、渠道等类别，重新梳理内部岗位，评估岗位价值。同时，到外部市场挑选 15~20 家可能是人才来源的目标公司进行参照。通过具体数据分析，联想改变了原来的点状薪酬体系，引入带宽式薪酬解决方案，使同一级别的人，有一个薪酬带宽和变化幅度，即根据相关绩效、经验、胜任能力等多种指标，把岗位分为多个级别，每个级别又有多个层次，如第 7 级可有 7 + 、7、7 - 等。这种更具包容性的"带宽、带级"式薪酬设计，使外部竞争性和内部公平性保持一致。

经过了两年的过渡期，从业绩上看，通过薪酬战略，联想公司顺利地推进了公司发展大客户的直销业务战略。

2. 战略层面

企业战略定义了其核心竞争力，使企业明确自身需要搭建什么样的架构，如何去吸引和培养人才。薪酬设计必须以之为依据。

1999—2001，屈云波先是为科龙做营销咨询，后来加入科龙担任营销副总经理。在此期间，科龙正在进行战略转型，意欲由生产导向型企业转变为营销导向型企业，在薪酬设计方面，屈云波成功地利用薪酬战略助力企业的战略转型。1999 年以前，科龙的营销、营销支持、研发以及行政四个系统，不分职务系列，所有人员只要职位级别一样，薪酬就一样，以致大家都不愿到一线去做营销。屈云波加入科龙后，薪酬向营销系统倾斜，在岗位价值序列中，营销排第一，营销支持系统排第二，研发排第三，行政排第四。薪酬政策调整后，科龙内部人员纷纷希望到营销系统去，很快把科龙由生产导向型企业转变为营销导向型企业。

3. 文化层面

企业的文化和价值观是战略决策和是非判断的基点，可以明确公司倡导什么、反对什么。只有当它被每一位员工所认同时，企业内部才能创造一种共同语言。而与员工利益关系密切的薪酬分配就可以强化和传递这一文化和价值观：一是从各种分配形式的设计方面来考虑，如公司强化绩效导向的文化，则奖金的设置比例要大；如公司强化能力导向的文化，则基本工资的设置比例要大。二是从考核与分配的结合方面来考虑，如公司强调员工之间的团队协作，则考核要素中应加大团队协作的考核权重。

4. 薪酬制度体系层面

制度是战略与理念落实的载体，在战略指引下，制度设计的方向会更明确，制度的存在也才会有意义。在企业文化和战略层面分析得出所期望的态度和行为，制定薪酬制度时要将各分配制度与这些期望挂钩，以避免孤立地考虑单个制度，这样各项薪酬制度的体系组合才能发挥整体效用。

体现战略性的薪酬制度体系需要满足以下要求：

（1）激励措施和企业的实际运营绩效、结果相联系。

（2）通过薪酬制度，清晰明确地表达出组织支持的态度和行为，以及组织期望的个体的绩效和结果。

（3）将期望的内容和获得奖励的途径等信息传达给所有参加薪酬计划的员工，并保证彼此之间达成共识。

（4）定期对薪酬制度是否实现了预定目标、取得了预期结果进行评估和检查。

（5）薪酬设计者必须与相关员工充分沟通，开放相关的薪资信息，这将使薪酬制度执行起来更加有效。

5. 工作方法层面

工作方法是将薪酬战略性政策转换成实践的有用技术。技术是制度设计时运用的方法而不是出发点，如果没有技术会很难设计出能够有效运作的制度，也会给制度的落实带来困难。因此仍需从战略层面来考虑制度的设计。

无论薪酬战略的类型如何，只要遵循了某一特定的设计方法，往往更易实现——当薪酬计划满足了设计初始时所设定的目标时；当薪酬计划有助于实现和企业文化以及战略性业务目标相关的结果时；当薪酬计划能够和组织的特定需要、经营哲学以及运营环境相吻合时——可见，即使具体的技术性制度编制也仍要受到环境、战略和文化的影响，如工作分析、工作评价、动态管理等。

薪酬设计与企业发展战略

世界上任何事物的发展都存在着生命周期，企业也不例外。企业生命周期如同一双无形的巨手，始终左右着企业发展的轨迹。一个企业要想立于不败之地，必须掌握企业生命周期的变动规律，并及时调整企业的发展战略，面向市场推动该企业的稳定、健康发展。因此从某种意义上来看，企业所处的生命周期便决定了企业的发展战略，根据生命周期理论，企业发展战略可以分为成长战略、稳定战略以及紧缩战略。

美国的一名人力资源专家在1987年最先把"匹配"的概念引入薪酬战略研究领域，认为薪酬战略的理论基础是权变理论：即薪酬战略要根据环境和企业战略的变化而变化。

1. 薪酬设计与成长战略

处于成长期的企业，往往会关注市场开拓、产品开发、创新以及合并等内容，在这一类企业工作的特点是，员工承担着较大的压力和风险，但同时也有可能在未来的日子里获得较高的回报。因此，对于成长战略而言，与之相应的薪酬战略一般是：企业与员工共担风险，员工通过分享企业未来的成功来帮助企业实现预定的目标，同时员工也有可能在未来从企业获得较高的回报。涉及具体操作层面就是，企业在短时期内提供水平相对较低的固定薪酬，但比较倚重奖金或股票期权等计划，从而使员工有机会通过长期服务于企业而获得丰厚的回报。很多 IT 企业都倾向于采取这种薪酬战略。2005 年，百度公司刚刚赴美国纳斯达克上市，创始人李彦宏就采用了这种薪酬战略，他把一些创业骨干以相对较低的薪酬吸引到百度来，但是实施股票期权计划，从而使百度很好地度过了现金短缺的过渡期，公司既得到了高素质人才，创业伙伴也获得了丰厚的长期回报。百度的一位高级管理人员曾经在某公司任副总裁，年薪为 60 万元，他到百度任职以后，薪酬低于从前的水平，但却获得了期权。后来，这位高级管理人员的股票价值最高时达到了 4 亿元。

2. 薪酬设计与稳定战略

定位为稳定战略的企业往往处于较为稳定的环境中，企业的增长率较低，企业维持竞争力的关键在于能否维持自己已经拥有的技能。因此，这类企业主要是在自己已经占领的市场中选择出自己能做得最好的部分，然后不断加强这个最好的部分。当企业处于稳定发展阶段时，从薪酬设计角度来看，企业对于薪酬的内部一致性、薪酬管理的连续性以及标准化有比较高的要求。因此，体现在薪酬结构上，企业往往不强调企业与员工之间的风险共担，较为稳定的基本薪酬和福利所占的比例较大。这种企业的薪酬水平一般与市场持平或者略高于市场水平，但是从长期来看，由于企业发展较为稳健，这类企业的薪酬水平在长期不会有太大的发展。

华为公司在从创业走向成熟的过程中，其薪酬战略也随着企业生命周期的变化而改变，在其初创时，由于企业处于生长期，企业主要通过高薪吸引英雄式的技术和营销人才，同时让这些骨干把获得的分红拿来购买公司内部股票，此举不仅能保留人才，构建公司的研发、营销等体系，而且公司不必支付巨额的现金薪酬。经过十几年的发展，华为公司已经构建了较好的研发平台，逐渐进入了稳定发展期，此时，华为便放弃了过去那种高薪招聘英雄式人才的模式，而是在薪酬总额相对不变的情况下，以不太高的薪酬招聘数量众多的各种研发人员，使企业的薪酬模式为企业的发展战略提供支持。

3. 薪酬设计与紧缩战略

紧缩战略往往与裁员、剥离以及清算等联系在一起，处于紧缩期的企业一般会严格控制薪酬成本支出，将企业经营业绩与员工的收入紧密联系在一起。体现在薪酬设计上，这类企业除了稳定薪酬部分所占的比重外，还往往会实现员工持股所有权计划，以鼓励员工与企业共担风险。

薪酬设计与竞争战略

竞争战略是指企业和对手竞争时所采取的经营战略，企业要想在激烈的市场竞争中取得成功，需要有正确的竞争战略来为企业指引前进的方向，但是企业的生存与发展不仅仅取决于竞争战略方向的正确与否，还取决于竞争战略能否得到有效的执行。员工作为企业战略执行力的载体，其行为决定着企业执行力的效果，进而决定着企业竞争战略实施的效果。

薪酬可以说是激励手段中最直接、最有效的方式，是企业激励员工的重要手段，企业为了有效地达成预定的竞争战略，应该制定相应的薪酬战略，依据薪酬战略的规划，通过构建科学合理的薪酬体系来引导员工的行为，使其行为有助于企业竞争战略的实现。

薪酬战略与竞争战略可以说是惺惺相惜的关系。一方面企业竞争战略通过驱动薪酬战略决定了薪酬激励的具体内容；另一方面薪酬战略可以帮助和引导企业通过有效利用内外资源，加强和规范员工的行为，构成对竞争战略的有效支撑，从而促进竞争战略的实现。

波特将竞争战略分为三种类型：成本领先战略、差异化战略和集中战略，三种竞争战略具有不同的组织特征，相应地，薪酬设计也表现出较大的差异性。

1. 薪酬设计与成本领先战略

所谓的成本领先战略，就是低成本战略，即与竞争对手相比，企业所生产的产品质量大体相同，但以低于竞争对手的价格向客户提供产品。推行成本领先战略的企业强调将成本控制至最低点，严格控制研发、生产、采购、销售等活动，同时注重生产效率的不断提高和工作专业化的设计。在薪酬水平方面，这种企业会密切关注竞争对手所支付的薪酬情况，建议这类企业的薪酬水平既不要低于竞争对手，也不要高于竞争对手，最好在一定的范围内控制薪酬成本的支出。薪酬结构宜于以固定薪酬、短期薪酬为主，建立基于成本的薪酬决定机制，实行中央集权式的薪酬管理制度。

2. 薪酬设计与差异化战略

采取差异化战略的企业，注重通过使产品或服务在质量、设计、品牌形象等方面都具有独特性来提升竞争力。这类企业一般处于一个不断成长与创新的环境中，强调对员工创造力的开发和激励，倾向于与员工建立长期的合作关系以留住核心人才，对员工的培训投资所占的比例也比较大。与这种战略相应，企业的薪酬水平应以劳动力市场上的通行水平为基准，并且最好高于市场水平；薪酬结构应强调变动薪酬、长期薪酬，宜于采取分权式的薪酬管理制度。

3. 薪酬设计与集中战略

定位为集中战略的企业，他们只生产经营单一的产品和服务，或者只将产品和服务指向特定的地理区域、特定的客户群。推行集中战略对企业的专业技术化水平要求较高，需要企业在特定的技术领域保持恒久的领先地位，因此对员工的主动性和创造性要求都极高。这类企业的薪酬一般都会向技术人员倾斜，往往给技术人员支付超过市场薪酬水平的效率薪酬，以提高技术人员的工作积极性和创造性。在薪酬结构设计上，企业侧重选择股票期权等长期薪酬激励方式；同时，企业在福利和保险等非经济薪酬方面也非常慷慨，以吸引和留住优秀的技术人才。一般而言，追求集中战略的企业都以顾客满意为中心，因此，这类企业的薪酬系统往往会根据客户的满意度来对相关员工实施奖励。

全面薪酬战略的内涵

全面薪酬战略是目前发达国家普遍推行的一种薪酬支付方式，它源自20世纪80年代中期的美国。当时，美国公司处在结构大调整时期，许多公司将相对稳定的、基于岗位的薪酬战略转向相对浮动的、基于绩效的薪酬战略，使薪酬福利与绩效紧密相关。由此，提出了"全面薪酬战略"的概念。

一、全面薪酬的分类

所谓的"全面薪酬",是指企业支付给员工的薪酬分为外在激励和内在激励两大类。

1. 外在激励

外在激励主要是指企业为员工提供的可量化的货币性价值,如基本工资、奖金等短期激励薪酬;股票期权等长期激励薪酬;失业保险金、医疗保险等货币性的福利,以及公司支付的其他各种货币性的开支,如住房津贴、俱乐部成员卡、公司配车等。

2. 内在激励

内在激励是指那些给员工提供的不能以量化的货币形式表现的各种奖励价值。比如,对工作的满意度、为完成工作而提供的各种顺手的工具(比如好的电脑)、培训的机会、提高个人名望的机会(比如为著名大公司工作)、吸引人的公司文化、相互配合的工作环境,以及公司对个人的表彰、谢意等。又如,全球最大的家居用品零售宜家便在企业内实施了全面薪酬福利体系,体现在内在激励方面,公司在内部积极向员工公开职位空缺信息,促进员工思考和衡量自己的能力与未来的发展,学会管理自己的职业发展。宜家中国区的高级管理人员曾说:"我们认为员工应该在实践中学习,所以如果我们有主管申请经理的职位,尽管他的知识结构和储备可能没有达到理想状态,但他的潜力很大,宜家还是比较愿意给他机会的。"

二、全面薪酬战略的特点

与传统薪酬战略相比,全面薪酬战略具有如下几个特点:

★全面薪酬战略强调市场敏感性而不是内部一致性;

★全面薪酬战略实施与绩效为基础的可变薪酬计划,而不是年度定期加薪;

★员工与企业是风险分担的伙伴关系;

★将员工的工作转化为弹性贡献机会;

★员工在组织里是横向的流动,而不是垂直的晋升;

★员工在工作中不断提高自身就业的能力;

★强调团队的贡献而不是个人的贡献。

三、全面薪酬战略的薪酬构成特点

全面薪酬的上述几个特点完全反映在了薪酬构成方面。

1. 基本薪酬应和竞争性劳动市场保持一致

在企业支付能力允许的情况下，企业的基本薪酬水平应该与竞争性劳动市场保持一致，这样才有助于组织获得高质量的人才。同时，企业还要利用基本工资来强调那些对于企业具有战略重要性的工作和技能，从中体现出企业的人才理念。

2. 可变薪酬充分体现灵活性和激励性

在全面薪酬战略中，可变薪酬占据着重要的角色，因为，相对基本薪酬而言，企业更容易通过调整可变薪酬来反映组织目标的变化。全面薪酬战略的一个重要特征便是：当员工作出有利于企业战略目标实现的绩效时，企业可以为这种贡献提供灵活的奖励，而当企业经营不利时，可变薪酬有利于企业控制成本开支。

3. 弹性福利计划取消针对性不强的福利计划

在实施传统薪酬战略时，企业实施福利计划往往只是为了单纯地追随其他的企业，而全面薪酬战略革新了这一福利理念：企业的福利计划需与绩效紧密相关，强调着企业经营目标的实现。也就是说，福利不再是基本薪酬和可变薪酬的替代者，而是对这两个核心要素的一个补充。在实施全面薪酬战略后，很多企业用利润分享计划或缴费基准制养老金计划取代了收益基准制养老金计划，许多针对性不强的福利计划逐渐被弹性福利计划所取代。

全面薪酬战略的五种关键要素

美国全面报酬学会所谓的"全面报酬"，是指雇主能够用来吸引、保留和激励员工的各种可能的工具，包括员工认为他们从雇佣关系中能够获得的各种有价值的东西。它是雇主为了换取员工的时间、才智、努力以及工作结果而向原告提供的各种货币性和非货币性的收益，是能够有效吸引、激励和保留优秀人才，从而达到理想经营结果的五种关键要素的有目的的整合。这五种关键要素包括：薪酬、福利、工作和生活的平衡、绩效管理与赏识和认可、开发和职业发展的机会。通过这些要素，全面报酬从多个角度体现了员工的价值和贡献，将多种激励方式有机地整合在一起，使之成为支持组织战略实现和应对变革挑战的有力工具，在组织和员工之间形成一种特殊的积极关系，最大限度地调动员工的积极性、提升员工的敬业度，使员工全身心投入工作，从而实现组织的战略目标。

1. 薪酬

薪酬仍然是全面薪酬战略的主要内容，它是企业向员工支付的用来换取其提供的服务（时间、努力、技能等）的薪资。在全面薪酬战略中，薪酬包括：基本薪酬、浮动薪酬（浮动薪酬直接与绩效相关，它是一次性的）、短期奖励薪酬（短期奖励薪酬针对 1 年或 1 年以内的特定绩效提供奖励的一种薪酬计划）以及长期奖励薪酬（典型的长期奖励薪酬包括股票期权、绩效股份以及现金奖励）。

从赫兹伯格的保健—激励双因素理论上分析，全面薪酬战略下的薪酬更具有保健性，如微软就创造性地采用基于能力的工资体系以及以认股权为核心的薪酬模式，真正激发出货币性薪酬中具有激励性的一面。

通过基于能力的工资体系，微软为技术人员和管理人员提供了两条平行的加薪途径。微软为每个工作类别设立了"技术级别"，这种级别用数字表示，既反映了员工在公司的表现和基本技能，也反映了经验类别，员工的工资水平主要由技术类别所决定。比如，微软针对开发人员界定出 15 个级别，新进本科毕业生的起点技术级别是 9 级或 10 级，每年对开发人员进行测评以决定晋升情况，一般需要 6~18 个月才可以升 1 级。这种薪酬体系由于发挥出了薪酬的激励导向作用，有助于企业灵活地适应内外部环境的变化，并获取难以被模仿的竞争优势。

2003 年，经过薪酬改革后，微软开始将期权激励方式从受限股票转变为股票期权，从而成为全球第一家用股票期权来奖励普通员工的企业。微软很多员工从这种薪酬方式中获益颇丰，据统计，在微软公司靠股票期权跻身百万富翁行列的员工数以千计。

2. 福利

关于福利的范畴，全面薪酬战略下的福利主要包括两类：

（1）社会保险：包括了失业保险、工伤保险、社会保险和残障保险。

（2）集体保险：包括医疗保险、牙医保险、视力保险、处方药、精神健康、人寿保险、意外事故死亡险、残疾保险、退休保险和储蓄计划等。

微软实施全面薪酬战略后，在为员工提供福利方面表现得十分人性化。比如，细心体贴的生日祝福、全家总动员的家人体验日、免费的体育锻炼卡等措施都增强了员工的归属感和对企业的忠诚度。更具特色的是，公司特地在员工子女所在的幼儿园中安放了摄像设备，员工可以在线看到孩子，减少了因担心孩子而分心的时间；同时还规定男性员工也可以有1个月的"产假"，以便照顾自己的妻子和婴儿。

微软的办公环境也非常优美，整个建筑格局就像一所大学一样，不仅如此，在西雅图，微软每一位员工都有自己独立的办公室，其装修、布置和摆设由员工全权负责。加州硅谷的两位计算机奇才，他们很愿意到微软工作，但是他们却不喜欢微软总部的冬天，为了说服这两位奇才留在微软，微软特意为其在硅谷建立了研究院。

3. 工作与生活平衡

工作是为了生活，还是生活是为了工作？关于工作与生活的哲学，越来越多的职场人士倾向于前者，即工作是为了充分地享受生活，而不是放弃生活。在这种背景下，企业不得不满足员工工作与生活的平衡，所谓的"工作与生活的平衡"，是指企业为了帮助员工在工作和家庭中都取得成功而提供相关的支持活动，如一系列组织管理实践、政策、计划以及理念。比如，企业允许员工享受弹性工作时间安排、远程工作、非全日制工作、更短的日工作时间或周工作天数等，此外，还为员工提供诸如儿童看护、老人看护、洗车、购物等各类服务。

4. 开展绩效管理，有赏识和认可奖励计划

绩效管理保证了组织、团队以及个人所付出的努力协调一致，有助于企业实现经营目标和战略规划。由于绩效直接关乎着企业的薪酬，而高层次的知识型员工更希望通过绩效管理来肯定自己的价值，所以绩效管理是全面薪酬战略的一项必不可少的内容。

赏识与认可计划是与绩效管理紧密相关的，它是指对员工表示感谢，或者对员工的行动、努力、行为或绩效给予特别的关注。赏识与认可满足了员工对自己的努力受到欣赏和重视的内在心理需要，有助于强化那些组织所期望的行

为，从而为企业战略规划的实现提供支持和帮助。

5. 培训和职业发展机会

企业与员工之间的契约早已从传统的终身雇佣制转变为长期就业能力的培养，因此，一家公司仅仅为员工提供高薪，却没有为员工提供培训与职业发展的机会，也很难留住有着较高成就期望的优秀人才。培训与职业发展机会具体形式有如下三种：

（1）各种学习机会。比如，公司为员工报销学费；新技术培训；参加研讨会、会议以及虚拟教育；自我开发工具和技术；在职学习；在更高的职位上轮换；为获取特定技能而休学术假。

（2）组织内或组织外得到指导和辅导的机会。包括：领导力培训；在个人专长领域之外参加会议或发表演讲的机会；让当地专家了解的机会；正式或非正式的导师计划。

（3）组织内或组织外取得进步的机会。包括：实习；成为专家的助手；海外工作派遣；内部职位空缺公告；职位晋升；职业阶梯和通道；接班计划；提供整个职业生命周期中确定的、受人尊重的上下阶梯。

2007年，中华英才网举办的第六届中国大学生心目中最佳雇主企业的评选结果显示：有77.5%的人择业时对"个人发展和晋升空间"十分专注，48.5%的人注重较高的收入，45.8%的人希望有较多的培训机会，38.1%的人希望有一个良好的工作环境。由此可以看出，除了直接的货币薪酬外，职业生涯的发展、较多的培训机会等诸多因素已成为员工关注的焦点。微软除了致力于把技术过硬的技术人员推到管理者的岗位外，还提供给员工很多培训和交流的机会，来鼓励团队与团队之间、人与人之间的知识和文化的共享。在微软内部，有一个技术节，这是一个内部员工交流和分享经验的盛会，他们把技术节看作是一个扁平化的社交场所，研究部门有机会接触公司内部所有对技术感兴趣的人——包括盖茨本人，通过营造轻松自在的交流氛围来减少相互间的信息传递障碍。关于员工培训方面，微软建立了"卓越软件培训部"，通过这个平台每周对员工进行90分钟的技术与流程管理培训，鼓励他们在项目管理、软件设计、开发及测试等领域建立起"学习组"，以便为公司培养出一批熟悉软件开发流程、同时擅长项目管理的人才。

第三章

成功实施薪酬设计的关键：
组织机构设置与岗位设计

组织机构设置与岗位设计管理工作概述

一、组织机构设计的工作内容

（一）设计内容

（1）部门构成。

（2）各组织机构的职责、职位和职权。

（3）人员构成。

（二）设计要点

（1）确定部门构成和部门间的隶属关系和协作关系。

（2）按部门业务确定部门职责。

（3）明确部门内的职位，再授予相应职权。

（三）什么是组织系统图

组织系统是指企业内部各个有机组成要素以一定结构形式联结构成的有机整体。

组织系统图可以分为组织机构图和岗位图。

（四）组织机构图

组织机构图是指确定各部门构成和对工作任务如何分工、如何分组、如何协调合作而形成的组织内部各部门、各层次之间的一种相对稳定关系模式的图形。

（五）岗位图

岗位图是指描述在特定的组织中，各工作岗位之间相互分工、相互协调联系并具有相对稳定性工作任务关系的模式图。

二、组织机构设计的工作原则

设计组织机构要从垂直分工和水平分工两个方面的合理性、统一性和灵活性以及提高工作效率、效益等方面综合考虑，并遵循以下一般原则。

（一）精简原则

精简原则是指组织机构设计要与组织目标任务相适应，根据承担的任务设置组织机构，包括管理层次和执行层次两个层面的机构设计。

1. 管理层次

管理层次要与垂直分工的精细程度相适应，便于管理层内部各部门和各岗位之间的沟通和联络。

设计管理层时，部门划分要做到精细适当，有明确的职责和足够的工作量。部门规模要做到每个部门的规模（即人员配备）与承担的任务相适应，没有人浮于事的现象。

一个组织整体只有结构合理、比例恰当、人员精悍，才能有效率。如果机构重叠、臃肿，必然会人浮于事、权责不清，难以达到有效沟通和联络。精简的重点应该突出"精"，以精求简、精干高效。简而不精、势单力薄，既不利于实现组织建设的目的，也不利于组织任务的完成。

2. 结构层次

一个企业内部组织机构除设计管理层的部门构成外，还要依据企业承担任务的性质和任务量设计执行层的部门构成。设计时，要充分考虑执行层部门之间水平分工有利于生产工艺流程的顺畅运行，又要充分考虑部门之间垂直分工有利于生产管理的高效指挥。执行层的机构设计只有达到精简高效，才能保证企业所承担任务的顺利完成。

（二）权责对等原则

权力和责任是管理事物的两个方面。权责对等原则是指组织中确定的职权和职责必须对等，即每一管理层次上的各个职位既要赋予其具体的职位权限，又要规定与该职位权限相对应的职责范围。

这一原则要求职权与职责相对应，不允许职权大于或小于职责；职责职权要形成规范，使各职位之间的权力责任关系清晰、指挥明确，以减少组织中的重复、抵消、推诿、扯皮、争权、卸责等权责不清的现象，提高组织的工作效率。

（三）统一指挥原则

统一指挥原则是指组织机构设计必须使组织内部的各系统和个人在完成任务的过程中服从一个上级的命令和指挥，以达到协调统一。

统一指挥原则要求指挥命令系统明确，即上下级之间的权力、责任和联系渠道必须明确，一个下级只能接受来自一个上级的决策和命令，不能政出多门，上级对下级不得越级指挥。"多头领导"和"政出多门"是造成权责不清、管理混乱的主要根源，因此一定要杜绝。

（四）灵活性原则

组织机构设计应该使组织内部的部门和机构最大限度地发挥其主观能动性，同时可以根据内外条件的变化，自行调整部门内部的各项工作，而不会牵动组织机构的变化，这就要求必须在设计组织机构的过程中，增强整体机构稳定条件下的内部灵活性。

这一原则要求集中统一管理必须与各管理层次和各部门的分权相结合，分工与协作相结合，使相对静态的组织机构与变化的动态环境相适应。

（五）效率效益原则

效率效益是设置组织机构的最根本准则。效率是组织机构合理协调的标志，效益则是设置组织机构的目的，规定了组织活动必须达到一个什么样的目标。这一原则要求所设计的组织机构必须有运转效率，而组织活动的最终结果必须实现一定的效益。

（六）管理范围原则

管理范围原则是指管理范围的有限性决定了确定管理范围时要视不同的组织与管理者及被管理者的具体情况而定。

这一原则要求确定管理范围时必须分析影响管理范围的直接因素与间接因素，以使主管人员能确定一个适合自己的管理范围，避免主管人员的能力过剩或能力不足。

（七）目标明确和分工协作原则

1. 目标明确原则

任何一个组织，都有其特定的目标，组织机构是为实现组织目标而设置的。组织机构的调整、合并、增加、减少都应以是否对实现组织目标有利作为衡量标准，而不能有其他标准。所以，在设计组织机构时，一定要先明确组织目标是什么，每个分支机构的分目标是什么，以及每个人的工作目标是什么，根据目标来设置相应的机构。即因事设立机构、设立职位、配备人员，而不能因人设职位、因职位"找"事，即先把人调进来，然后再"找"事安排职位，设立机构。这种做法，使该加强的组织机构加强不了，"无事可做"的组织机构取消不了，将会出现"有人无事干"、"有事无人干"的怪现象。这是一种"先请菩萨后搭庙"的做法。这种做法就会产生机构臃肿、人浮于事之类的问题。

2. 分工协作原则

组织目标的实现，要靠这个组织中的全体成员共同努力，这就要求这个组织必须坚持分工协作原则，把组织目标分解并落实到各个部门、各个层次和各个成员，这就是分工。分工规定各个部门、各个层次和各个成员的工作内容、工作范围，即明确干什么的问题。

有分工还必须有协作。为了确保组织目标的实现，组织内各部门、各岗位之间都必须进行协作。协作就是要规定各部门、各层次和各岗位相互之间的关系，协调配合的方法。如果组织内各部门、各岗位不协调一致，相互间的力量就会削弱和抵消，组织的职能将受到严重削弱。

（八）弹性原则

组织机构要富有弹性，要根据客观情况的变化实行动态管理。组织是整个社会环境的一部分，组织与社会环境关系的密切程度，受社会的政治、经济、文化等因素的制约。组织内的各种因素也在不断变化，因此，组织机构既要有相对稳定性，不要轻易变动，又必须随组织内部和外部条件的变化，根据长远目标作出相应的调整，使组织机构具有弹性。墨守成规、长期不变的管理机构，不符合组织机构设计的弹性原则，它抑制职工的积极性与创造性。组织机构的弹性原则要求组织要定期分析社会环境、人的因素及技术因素的变化，对管理进行适当的调整与改进，这样才能使组织适应不断变化的情况。

三、组织分析方法

组织机构设计要根据组织的自身工作性质来定。设计组织机构并不是目的，而是一种手段，是通过组织机构设计借以实现组织任务目标为目的的。所以，切不可以为了设计组织机构而设计组织机构，而必须以通过组织分析方法为出发点进行组织机构设计。

（一）工作分析法

工作分析方法是以实现组织基本目标为依据，用科学的方法，分析组织工作的内涵和工作过程及结果，明白组织该做什么工作，哪些工作必须加强，哪些工作可以取消，按照实际需要拟出一个组织工作机构系统，而不是抽象地编制机构规划，只有彻底从工作角度分析组织机构设计的必要性和关键点，才能找出影响组织本身成绩的因素，才能有根据地增加、减少或合并组织机构。

（二）决策分析法

一个组织需要设立哪些机构，除通过工作分析法进行设计外，第二个方法就是运用决策分析法进行设计。也就是说，要根据一个组织作出决策的性质、内容、涉及范围，来决定机构的数量和级别。一般来说，可从以下四个因素进行考虑：一是决策的性质。凡属政策性决策、全局性决策、长远性决策的，都要由高层主管经过研究后作出。二是决策的内容。凡属涉及组织发展、员工切身利益、企业总体规划、整体生产安排等大范围的决策，也应由专业性的高级主管作出。三是决策的实施时间。凡属需要较长时间才能实施的决策，也要由企业高层机构作出。四是决策的实施难易程度。凡属较易实施的，实施对象直接针对基层管理人员的决策，可由基层机构作出和实施。在设计组织机构时，要依据影响决策的四个因素全面综合考虑组织机构的设置和职责。

（三）关系分析法

现代组织机构之间有上下级关系和平行关系，但平行关系尤为重要。一个组织要依据专业和分工确定其机构，平行协调显得更加重要。因此，上下关系和平行关系都要分析。关系分析不仅对确定组织机构是必不可少的，而且在分派人员时，也是必要的，只有分析机构之间的关系，才能使机构设计合理，避免机构重叠、臃肿，才能促进组织机构设计成功。因为机构不是目的，而是工具，通过分析，才能看出一个组织需要什么样的机构，需要什么形态的机构，也只有根据这些组织分析方法，才能建立起有效的组织机构。

四、岗位设计工作内容

岗位就是指从事具体工作的位置。这里所说的工作，是指特定的具体岗位的工作。只有某种特定工作需要专人来完成时，才有必要设置相应的岗位。这里所说的位置，是指通过特定分工协作开展工作的位置，即从事具体工作的人员与其他相关人员通过协作开展工作的位置。岗位不是独立的，总是相互联系的，是分工协作体系中的一个环节，它的作用，就是以其特定的工作保证整个分工协作体系的正常运行。因此，人们在固定岗位上工作，也就是通过完成具体工作任务进入组织的分工协作体系，使组织得到有效运转。在企业中，员工通过在各自的工作岗位上完成任务，来保证企业经济效益的实现。

五、岗位设计工作原则

岗位设计也就是工作设计，即在完成组织机构设计的基础上，再把单位的总任务合理分解、排序，形成员工的责任和任务，将这些责任和任务经过分类、整理、规范，落实到一定的岗位上，以利于整个组织顺利有效运转。根据组织需要，规定某个岗位的责任、任务、权力，再根据该岗位在组织中与其他岗位的关系进行岗位工作设计。岗位设计有五大原则。

（一）分工原则

分工原则是岗位工作设计的第一个原则，分工的思想源于亚当·斯密的劳动分工，它是指并非让一个人完成全部工作，而是将工作划分为若干个步骤，由一个人单独完成其中的某一个步骤，也就是说，个人专门从事某一部分的活动而不是全部活动。经典的分工原则认为，劳动分工是增加生产效率的一个不尽源泉，分工越细，专业化水平越高，责任越明确，效率也就越高。

（二）职权原则

所谓职权对等原则是指职责与权力必须相等。在进行岗位设计时，既要明确规定每一管理层次和各个部门的职责范围，又要赋予其完成职责所必需的管理权限。职责与职权必须协调一致，要履行一定的职责，就应该有相应的职权，这就是职权原则的本质。只有职责，没有职权或权限太小，则其职责承担者的积极性、主动性必然会受到束缚，实际上也不可能承担起应负的责任；相反，只有职权而无任何职责，或职责小于职权，将会导致滥用权力和"瞎指挥"，产生官僚主义等。因此，在实际的岗位设计中应尽量避免这两种倾向。科学的岗位设计应该使职务、职责和职权对等，彼此互相促进、互相制约、形成规范、纳入章程，使无论什么人，只要担任这项岗位工作就应该自觉遵从。

（三）统一指挥的原则

统一指挥原则是指在企业厂长（经理）负责制下，企业里的每个岗位都要有人指挥并对企业负责，企业里的每个人都应知道谁对岗位负责，哪些人应该对自己的岗位负责，每一个人只能接受一个上级的指挥并对该上级负责。这样，上下级之间领导与被领导的关系清楚，上级指挥下级的指挥和执行的程序不易发生混乱。实行统一指挥原则，上下级之间联系单一，彼此之间较易熟悉对方的情况，有利于提高工作效率。同时，由于严格实行"一元化"领导，能够有效避免"政出多门"以及大家都负责但又都不负责的混乱现象。但是，这一原则在执行过程中也存在着一定的缺点，比如，容易造成企业内部各部门或各生产单位之间缺乏横向联系和企业领导盲目武断瞎指挥的问题。对此，需要从两个方面加以弥补：一是企业在统一指挥原则下，上级对下级授权，允许下级在工作上进行必要的横向联系，下级将其行动的结果及时报告上级。这样不但不会削弱统一指挥原则，而且有助于这一原则的贯彻实施。当然，上级向下级授权必须适度合理。因为授权过小，一方面上级难免事必躬亲，缠身于琐碎事务，影响领导职能的发挥；另一方面又束缚下级的手脚，不利于工作的开展。但是授权过大，容易出现因下属阳奉阴违而使该部门或整个企业失控的局面，轻则会影响企业的正常生产经营活动，重则会使该部门乃至整个企业亏损或破产。二是为了避免上级领导的瞎指挥和下级在执行任务过程中的阳奉阴违，必须使上下级从实现企业利益角度共同对企业总目标负责，上级对实现企业总目标负有责任，下级为实现企业总目标必须做好本职工作，谁完不成任务谁负责。实施统一指挥原则，还可以通过经济的、行政的、思想工作的手段加以保证。

（四）合理管理幅度原则

合理管理幅度原则是指在企业内部各级管理层次上，一个指挥、监督或管理人员能够领导人员的合理数。如果一个人领导或监督的人员过多，会因为不能进行有效管理而降低领导质量和降低被管理人员的工作效率；若领导或监督的人员过少，又会因浪费领导才能而浪费人才。那么，一个领导、监督和管理人员的管理幅度究竟应该有多大？有人做过调查，认为一个管理人员管辖人数的合理幅度在 1~24 人之间。一个管理人员的管理幅度受该管理机构的层次、面对问题的种类、管理人员的自身才能和上级领导授权大小等因素的影响。比如，管理机构层次越高，管理的幅度应该相对较小，一个企业的科长直接领导下的人员要比一个车间主任管理的人员要少得多，因为比较复杂的重大问题往往集中在企业高层，因此，高层领导人直接领导的人员不宜过多，而基层多属于日常事务，基层领导人可以多领导一些人员。

（五）部门划分原则

部门划分实质上是组织分工原则的细化，部门划分原则是指将组织中的全部工作经过专业化分工而分解落实到各部门中去。建立部门可依据所开展工作的职能、所提供的产品或服务、所设定的目标顾客、所覆盖的地理区域或将投入转换为产出的过程等因素。部门是构成中间管理层组织的基本单位，部门的划分应有利于组织目标的实现。

然而，问题是在部门化的组织中常常会出现各部门追求部门自身利益而看不到全局利益的情况，这尤其以职能划分的部门表现最为突出，没有一个职能部门能对最终结果负全部责任，每一个职能部门的成员很少了解其他职能部门的人在干些什么，不同职能部门间利益和视野的不同会导致职能部门之间产生矛盾，而各自又极力强调自己部门的重要性。

组织机构设置与岗位设计管理工作设置模板

一、职能型企业的组织机构设置模式

职能型企业的组织机构设置模式如图 3-1 所示。

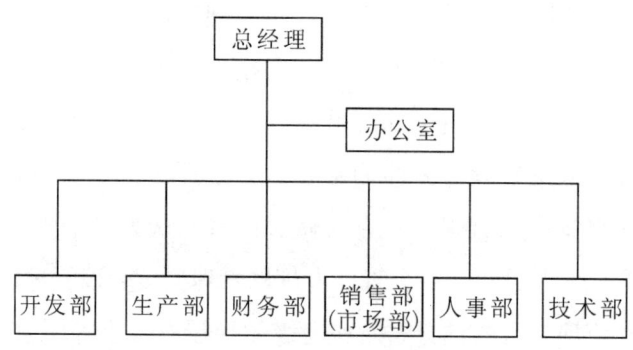

图 3-1　职能型企业的组织机构

二、垂直功能型企业的组织机构设置模式

垂直功能型企业的组织机构设置模式如图3-2所示。

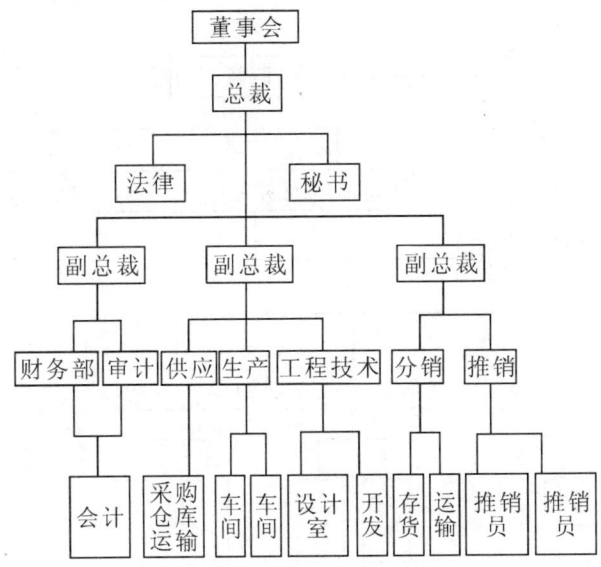

图3-2　垂直功能型企业的组织机构

三、事业分部型企业的组织机构设置模式

事业分部型企业的组织机构设置模式如图3-3所示。

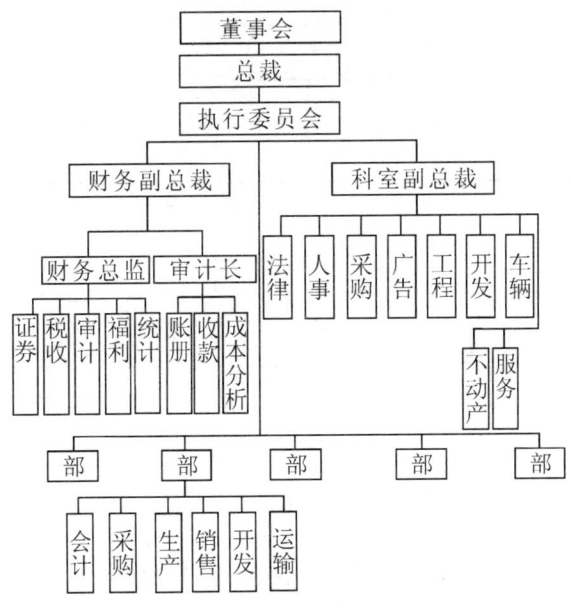

图3-3　事业分部型企业的组织机构

四、分部结构型企业的组织机构设置模式

分部结构型企业的组织机构设置模式如图3-4所示。

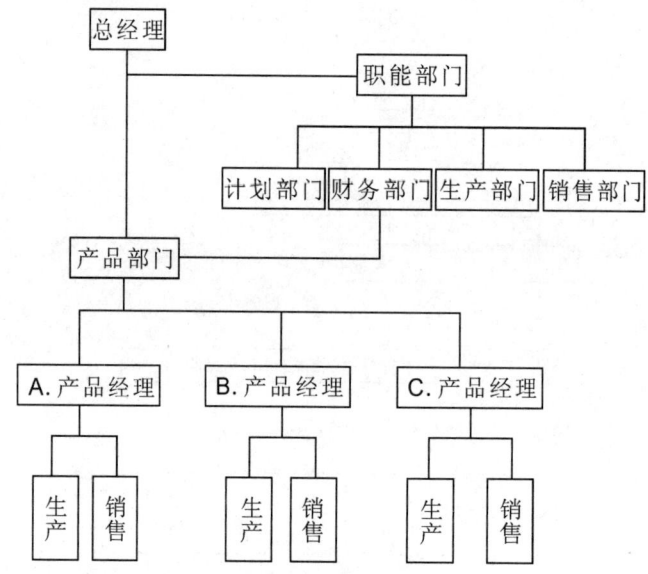

图3-4　分部结构型企业的组织机构

五、职能分部型企业的组织机构设置模式

职能分部型企业的组织机构设置模式如图3-5所示。

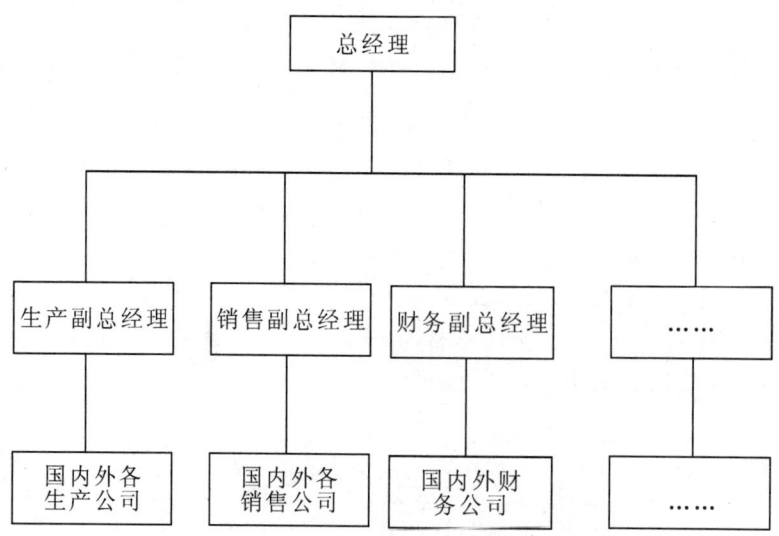

图3-5　职能分部型企业的组织机构

六、产品分部型企业的组织机构设置模式

产品分部型企业的组织机构设置模式如图 3-6 所示。

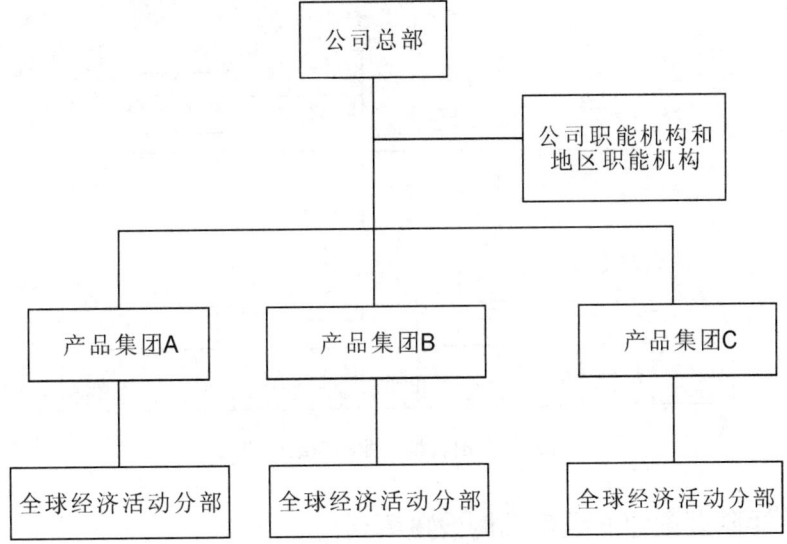

图 3-6　产品分部型企业的组织机构

七、地区分部型企业的组织机构设置模式

地区分部型企业的组织机构设置模式如图 3-7 所示。

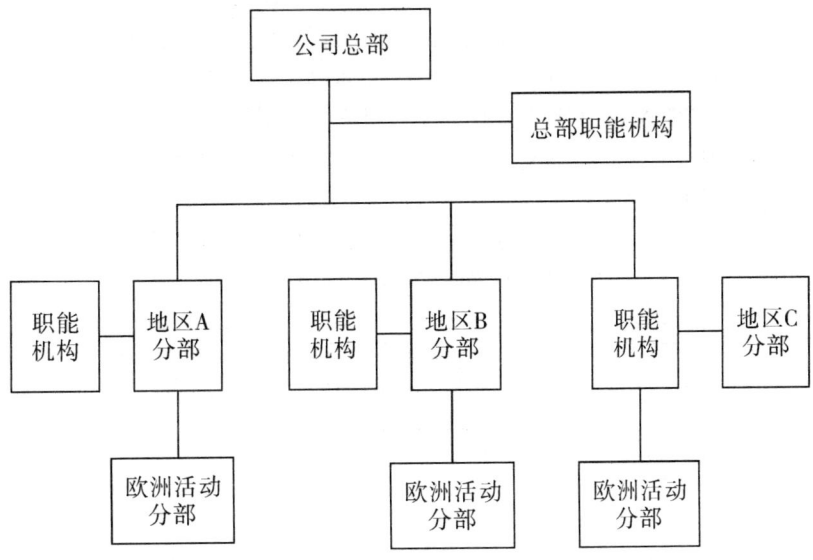

图 3-7　地区分部型企业的组织机构

八、混合型企业的组织机构设置模式

混合型企业的组织机构设置模式如图3-8所示。

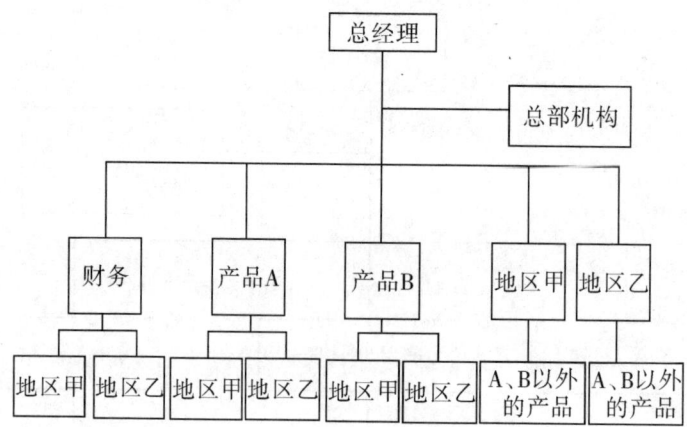

图 3-8　混合型企业的组织机构

九、矩阵型企业的组织机构设置模式

矩阵型企业的组织机构设置模式如图3-9所示。

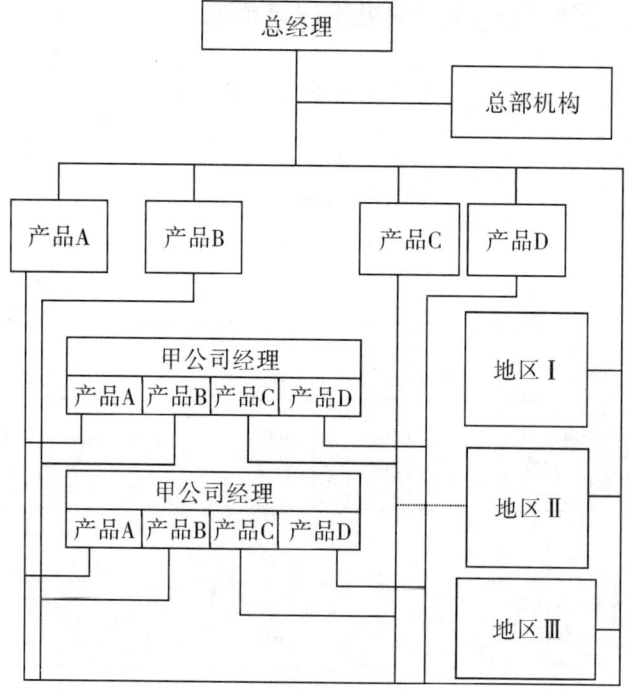

图 3-9　矩阵型企业的组织机构

十、大型集团型企业的组织机构设置模式

大型集团型企业的组织机构设置模式如图 3-10 所示。

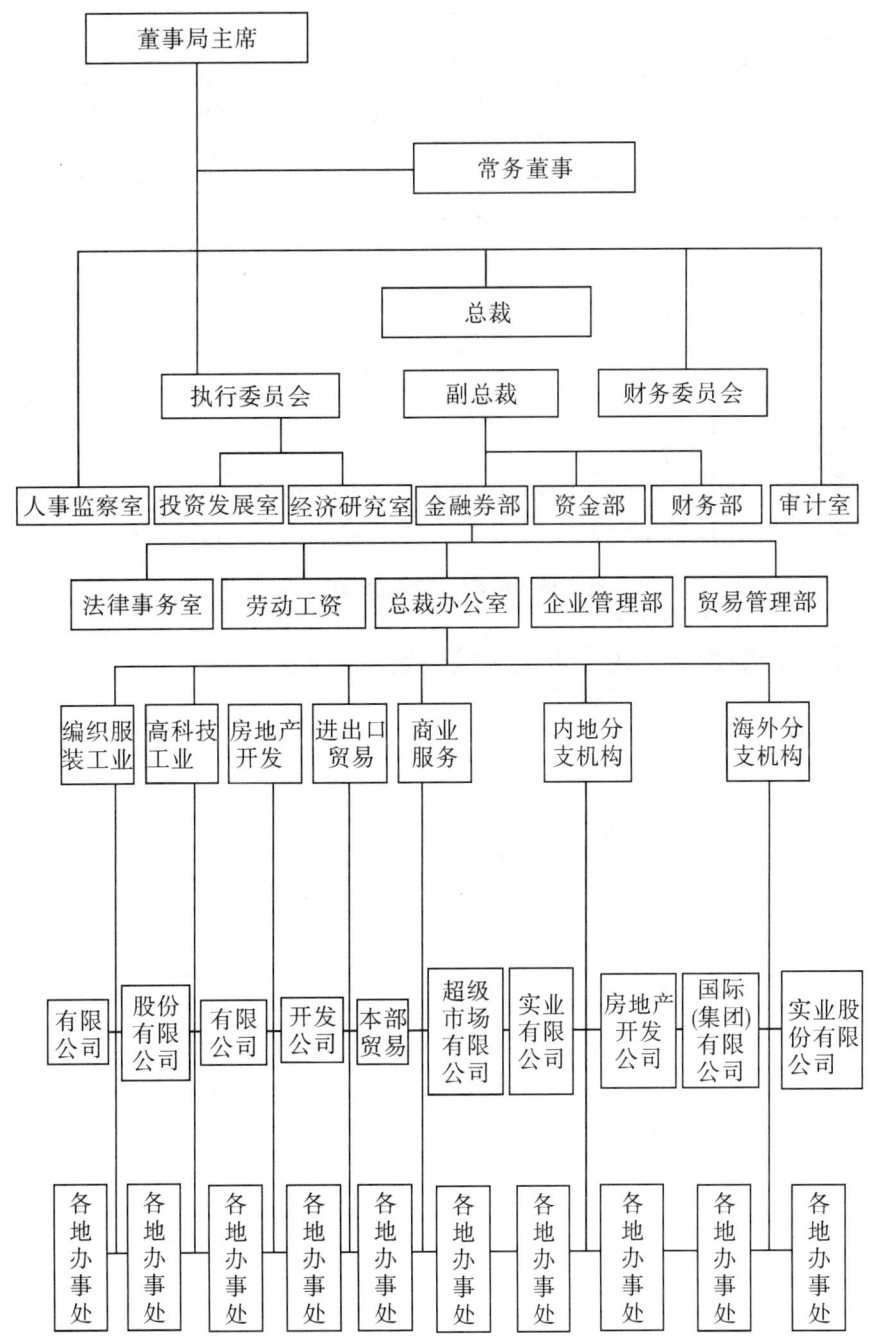

图 3-10　大型集团型企业的组织机构

十一、贸易型企业的组织机构设置模式

贸易型企业的组织机构设置模式如图 3-11 所示。

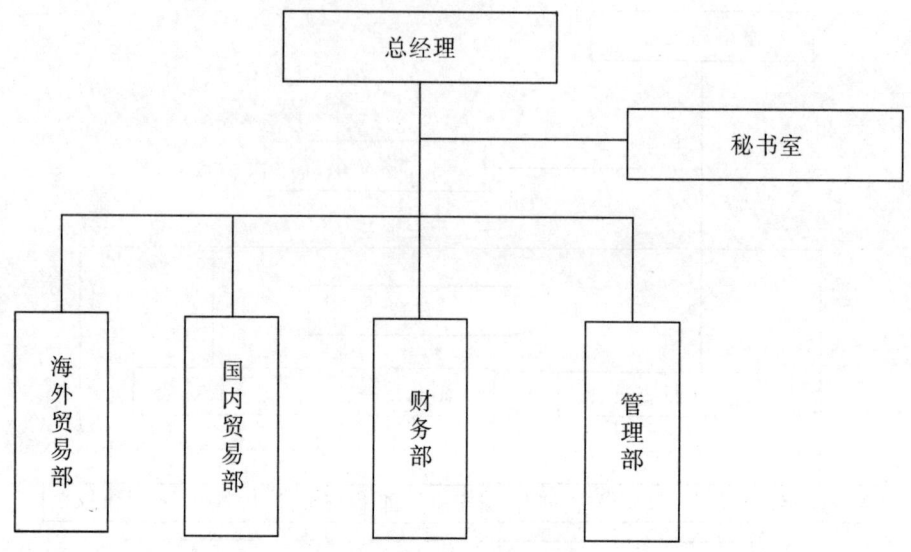

图 3-11　贸易型企业的组织机构

十二、小型企业的组织机构设置模式

小型企业的组织机构设置模式如图 3-12 所示。

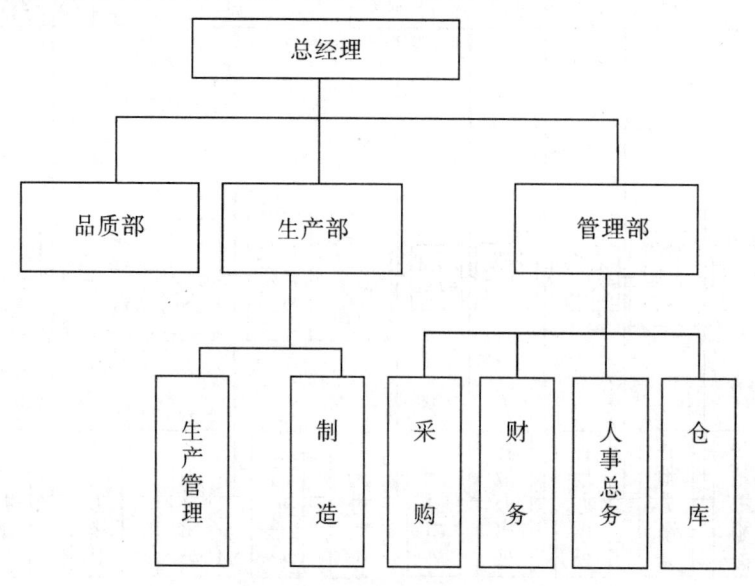

图 3-12　小型企业的组织机构

十三、大型企业的组织机构设置模式

大型企业的组织机构设置模式如图 3-13 所示。

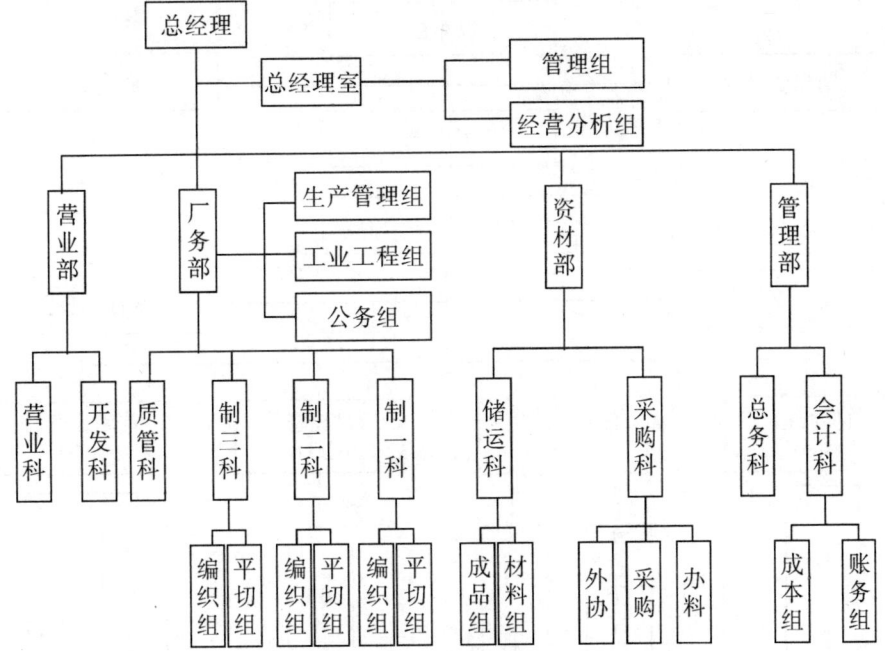

图 3-13　大型企业的组织机构

十四、综合型企业的组织机构设置模式

综合型企业的组织机构设置模式如图 3-14 所示。

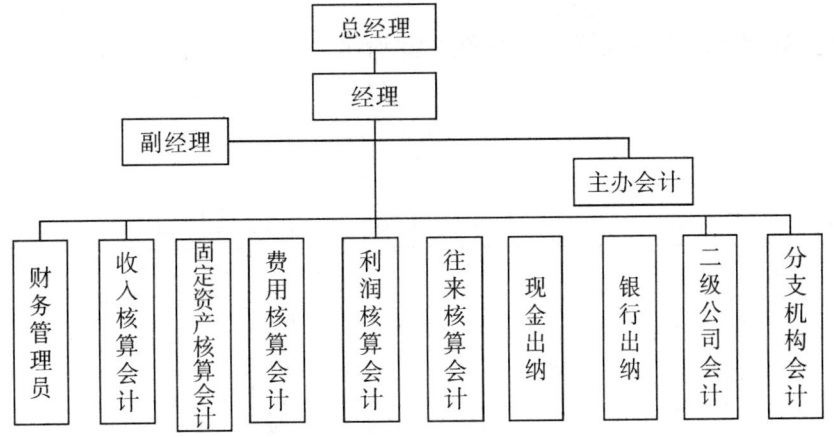

图 3-14　综合型企业的组织机构

十五、研发型企业的组织机构设置模式

研发型企业的组织机构设置模式如图 3-15 所示。

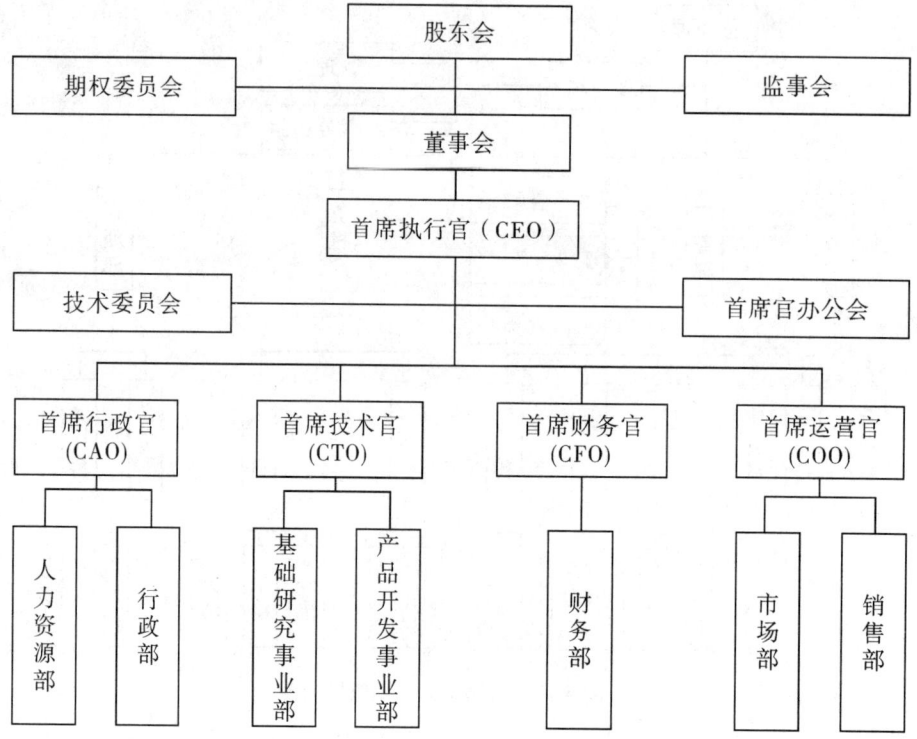

图 3-15　研发型企业的组织机构

十六、企业高层管理岗位设置模式

企业高层管理岗位设置模式如图 3-16 所示。

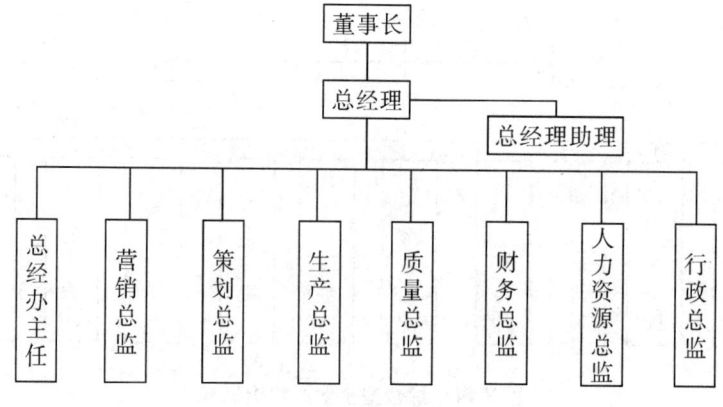

图 3-16　企业高层管理岗位

十七、企业行政系统岗位设置模式

企业行政系统岗位设置模式如图 3-17 所示。

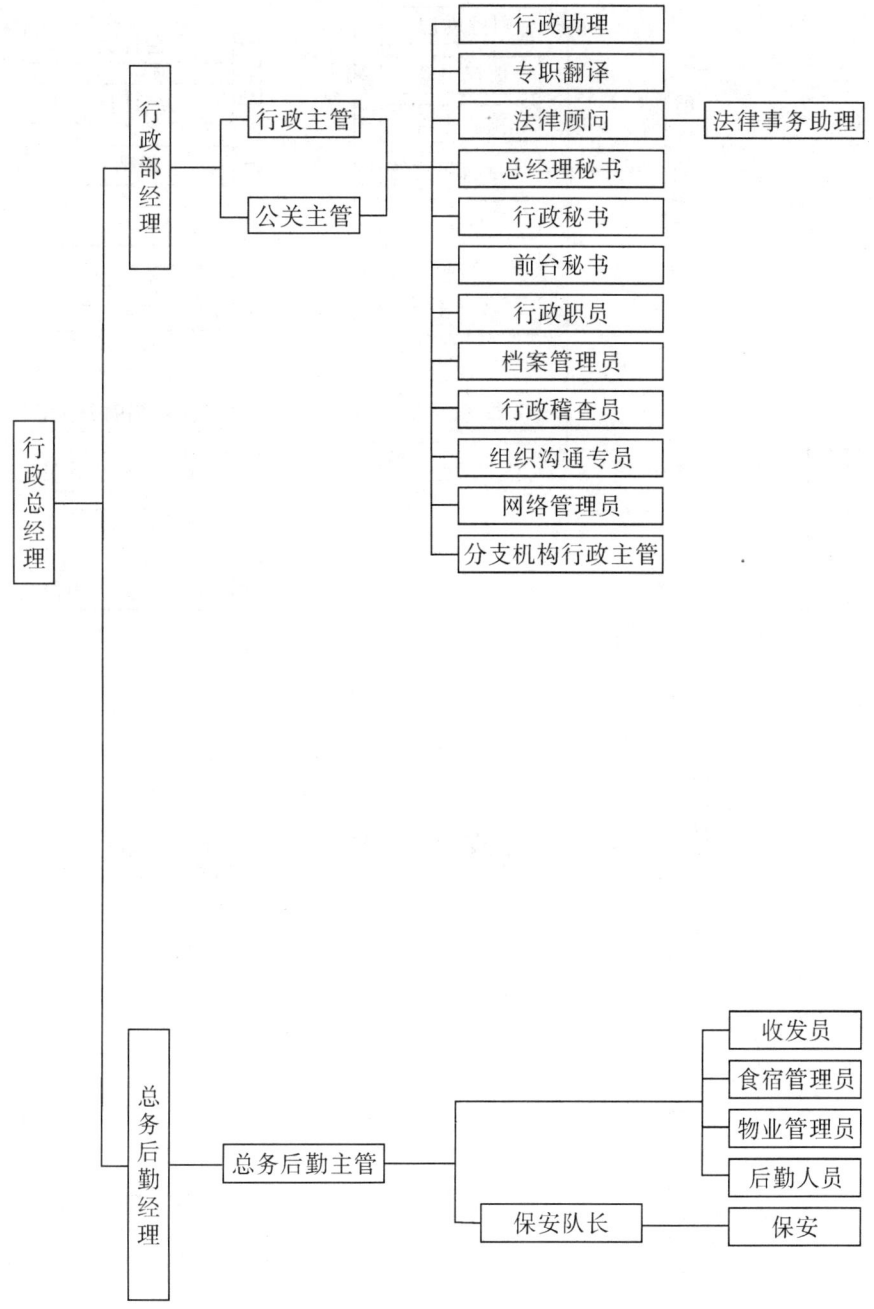

图 3-17　企业行政系统岗位

十八、企业财务系统岗位设置模式

企业财务系统岗位设置模式如图 3-18 所示。

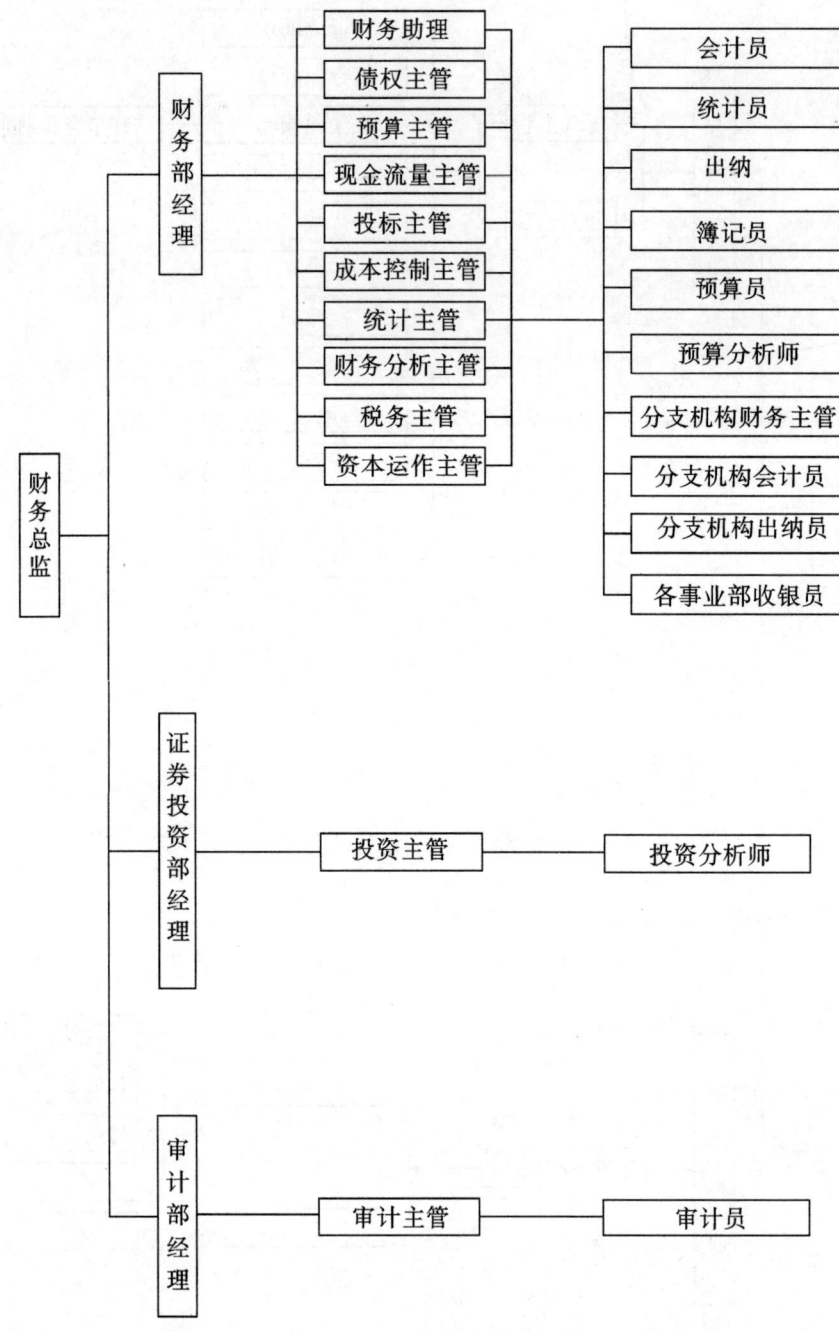

图 3-18　企业财务系统岗位

十九、企业人事系统岗位设置模式

企业人事系统岗位设置模式如图 3-19 所示。

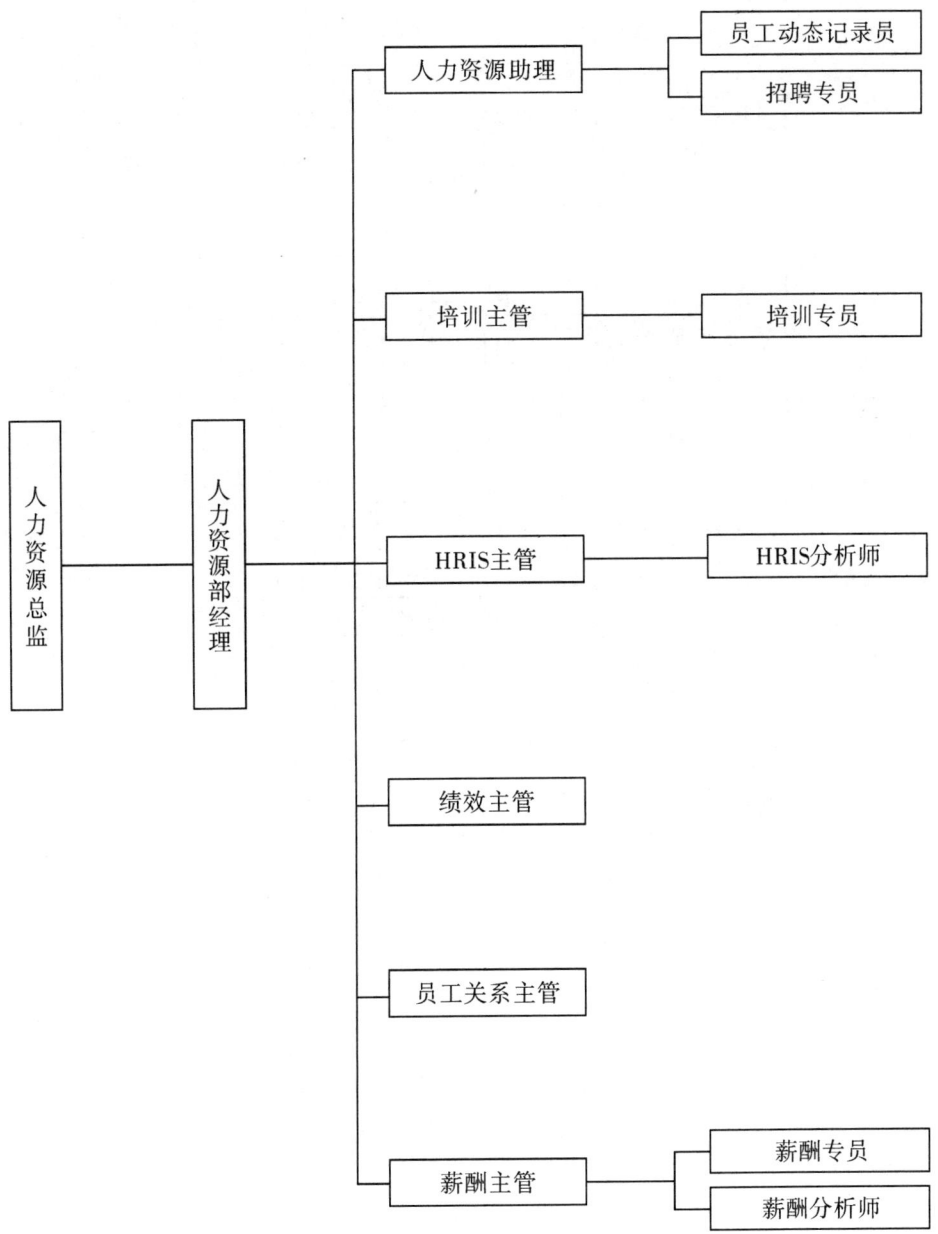

图 3-19　企业人事系统岗位

二十、企业生产系统岗位设置模式

企业生产系统岗位设置模式如图3-20所示。

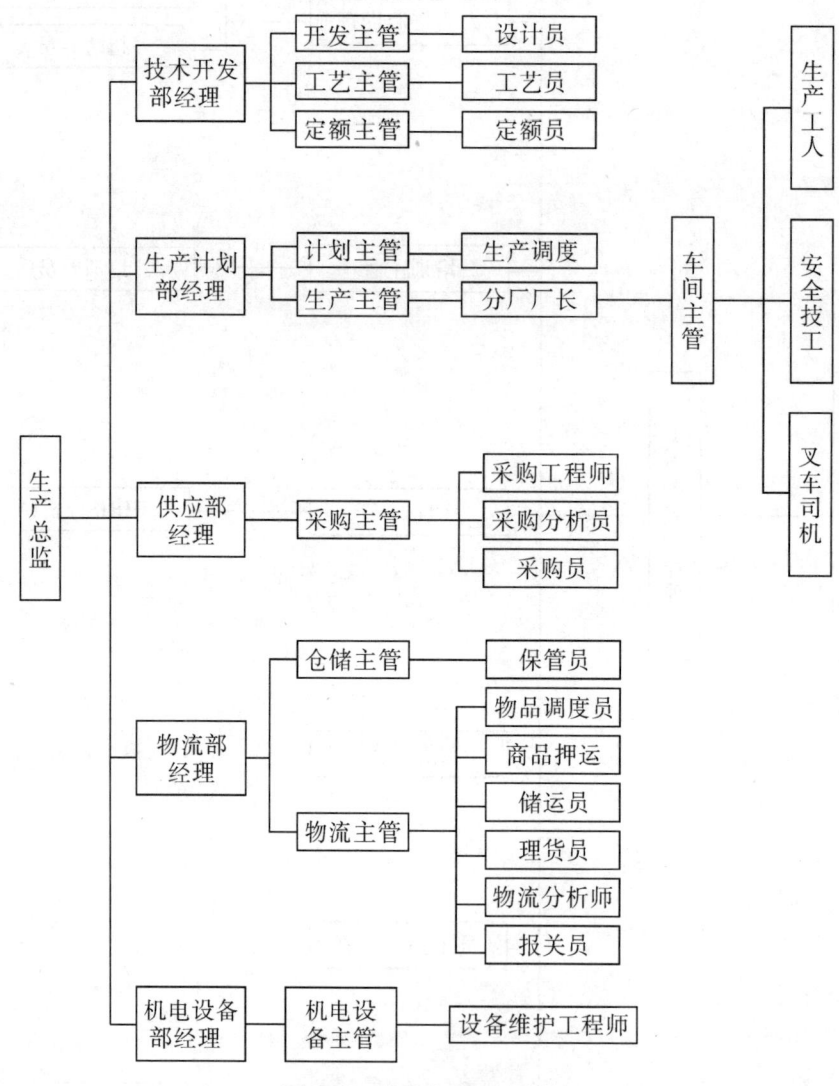

图 3-20　企业生产系统岗位

二十一、企业规划系统岗位设置模式

企业规划系统岗位设置模式如图3-21所示。

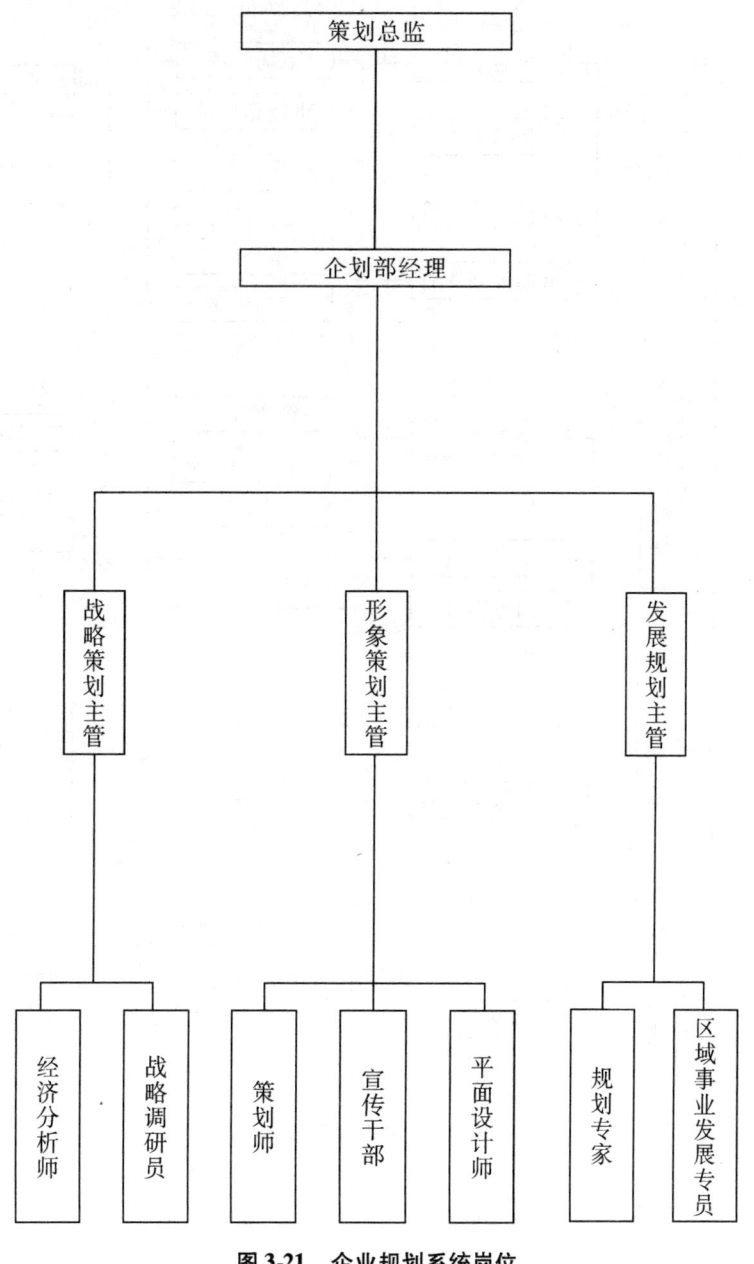

图3-21 企业规划系统岗位

二十二、企业营销系统岗位设置模式

企业营销系统岗位设置模式如图 3-22 所示。

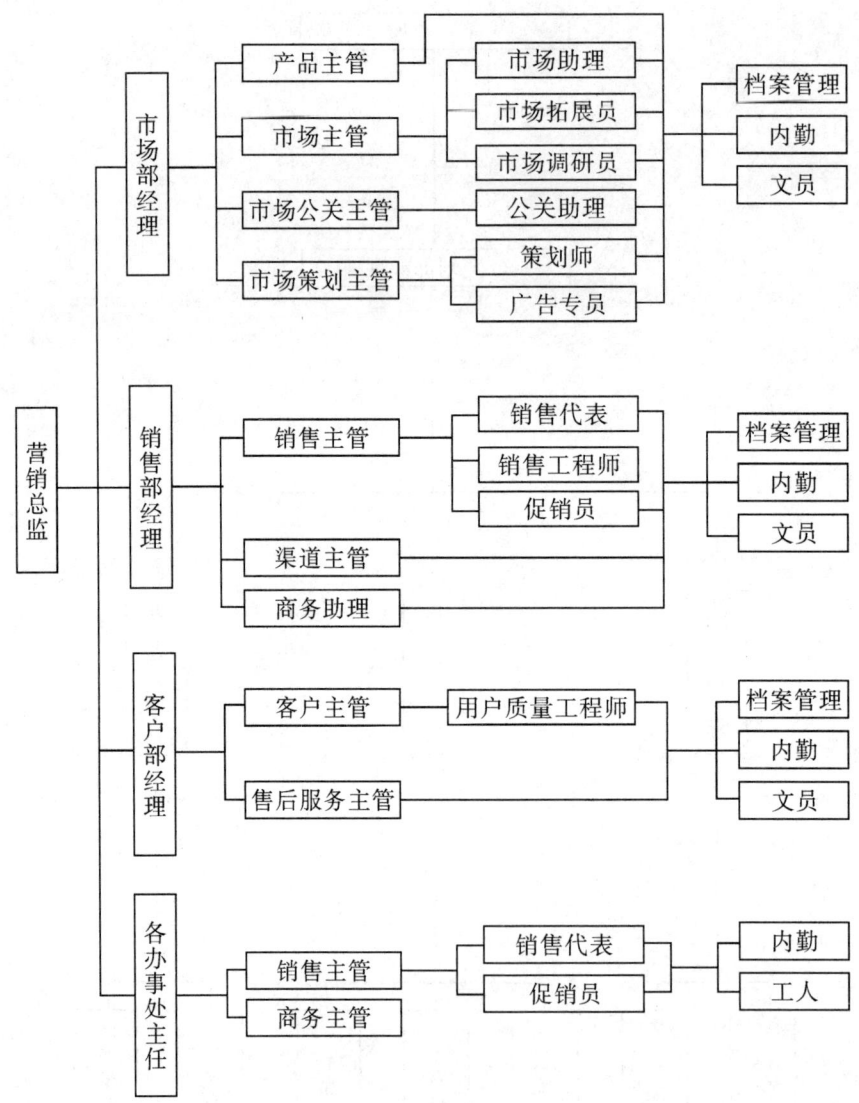

图 3-22 企业营销系统岗位

组织机构设置与岗位设置管理工作流程设计

一、组织机构设置管理工作流程设计

组织机构设置管理工作流程见表3-1。

表 3-1　组织机构设置管理工作流程

流程名称	组织机构设置管理工作流程	编码		监控者	总经理
		执行者	各部门、人力资源部、企划部		
行为实施环节	各部门	企划部	人力资源部	总经理	董事会

二、岗位设置工作流程设计

岗位设置工作流程见表3-2。

表 3-2　岗位设置工作流程

流程名称	岗位设置工作流程	编码			
		执行者	人力资源部	监控者	人力资源总监
行为实施环节	人力资源部	人力资源总监		总经理	

| 管理行为 | 流程起始 → 明确岗位分析目的 → 确定信息收集方法 → 选择分析对象 → 建立分析小组 → 制定分析规范 → 选择信息来源 → 选择岗位分析人员 → 分析工作因素 → 信息条理化 → 编制《职位说明书》 → 制作应用文件 → 培训使用者 → 调整修订应用文件 → 流程结束 | 否　审核　是 | 否　是　审批 | | |

三、人员编制工作流程设计

人员编制工作流程见表3-3。

表3-3　人员编制工作流程

流程名称	人员编制工作流程	编码			
		执行者	各部门、人力资源部	监控者	人力资源总监
行为实施环节	各部门	人力资源部		人力资源总监	总经理

四、申请增加编制管理工作流程设计

申请增加编制管理工作流程见表3-4。

表3-4 申请增加编制管理工作流程

流程名称	申请增加编制管理工作流程	编码			
		执行者	各部门、人力资源部	监控者	人力资源总监
行为实施环节	各部门	人力资源部	人力资源总监		总经理

五、申请用人管理工作流程设计

申请用人管理工作流程见表3-5。

表3-5　申请用人管理工作流程

流程名称	申请用人管理工作流程	编码			
		执行者	各部门、人力资源部	监控者	人力资源总监
行为实施环节	各部门	人力资源部		人力资源总监	总经理

第四章

薪酬设计的前提：绩效管理

员工绩效考核管理工作概述

一、建立企业绩效考核系统工作要点

建立企业绩效考核系统工作要点如图 4-1 所示。

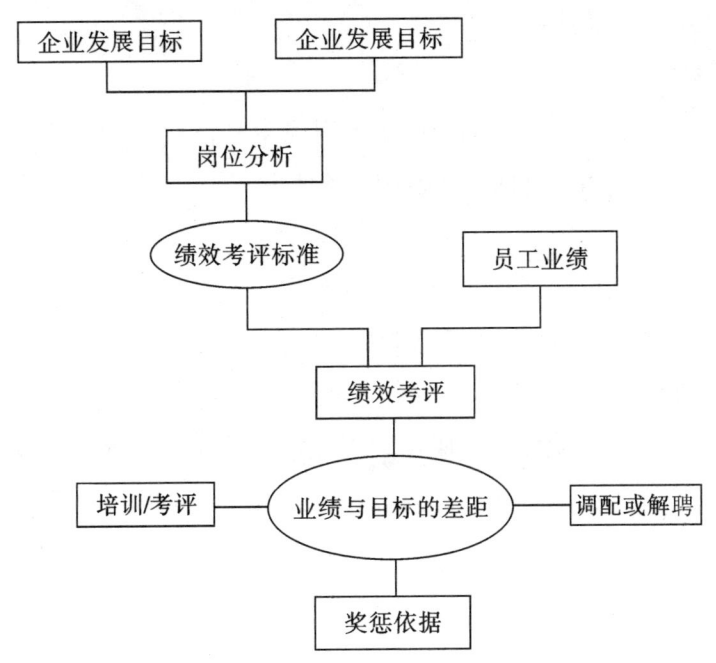

图 4-1　绩效考评系统

要建立良好的绩效考评系统，必须做到以下几点：

（1）确立企业的事业目标及其对人力资源管理的要求。

（2）进行工作分析，确定各项工作的职责和责任，并以此为基础制定相应的绩效考评标准。选择恰当有效的考评方法评价员工的工作表现和工作成果。

（3）在评价之前对员工说明对其工作成果的期望。

（4）建立与工作绩效相关的反馈机制。

（5）评价绩效考评系统对达到既定目标的有效程度、对绩效考评系统作必要的修订。

二、绩效考核工作的内容

企业对员工的考评要从多方面、多角度着眼进行立体、多维的考评，主要包括五个方面：品德、能力、工作态度、工作业绩以及个性适应。

1. 品德

这主要是指职业道德，包括纪律性、责任感和积极性等方面。

2. 能力

这主要是指专业能力，主要包括专业知识、业务技术、组织管理、开拓创新、能力开发、发展潜力等方面。

3. 工作态度

这主要是指员工在企业中的出勤情况以及奉献精神。对员工进行工作态度考评时要剔除员工自身以外的影响因素和条件。

4. 工作业绩

这主要是指对员工工作质量和数据的考评，主要包括工作方法、成本、服务意识、部门主要工作目标以及完成效率等方面。

5. 个性适应

这主要是指对员工就任某一职位是否与他的人品、性格、能力相适应。个性适应的考评主要涉及两个层次的内容：一是人与工作的适应程度，即人的个性、能力与工作要求是否适应；二是人与人的适应程度，即合作者的人际关系和合作关系是否协调。

三、绩效考核工作的任务

绩效考评作为人力资源管理的一项重要内容，可以为各项人事决策提供客观依据，是人力资源管理不可缺少的一个环节。其主要作用有以下几个方面。

1. 有助于提高企业的劳动生产率和竞争力

衡量生产力的传统方式是考察员工工作成果的数量和质量、有没有按工作程序办事、上下班是不是守时，以及出勤率、事故率等指标的高低。人力资源管理理论则认为，衡量生产力的主要因素应该是员工的招聘、培训、任用、激励和绩效考评，并以绩效考评为核心。现在，许多西方企业已经清楚地认识到员工的工作绩效对公司生产力和竞争力所产生的重大影响，纷纷加强了员工绩效管理，把提高员工工作绩效、增强各部门的产出效率，看做是增强本公司生产力和竞争力的重要途径。根据翰威特公司对美国上市公司的一项调研，具有绩效管理系统的公司在利润率、现金流量、股票市场业绩、股票价值以及生产率方面，明显优于那些没有绩效管理系统的公司。表4-1列出的是该项调研的数据结果。

表4-1 绩效管理对企业经济效益的影响

指　标	没有绩效管理系统	有绩效管理系统
全面股东收益	0.0%	7.9%
股票收益	4.4%	10.2%
资产收益	4.6%	8.0%
投资现金流量收益	4.7%	6.6%
销售实际增长	1.1%	2.2%
人均销售额	126 100 美元	169 900 美元

资料来源：《绩效管理对企业组织成功的影响》（翰威特公司）。

2. 为员工的薪酬管理提供依据

工作绩效考评结果最直接应用于为企业制定员工报酬方案提供客观依据。根据员工的实际业绩，即工作成果决定其薪酬水平的高低；根据该员工业绩变化情况确定是否再予以提薪。对于绩效好的员工，当然应给予奖励，感谢他们对公司所作的努力与贡献，同时激励他们能有更好的表现。将该员工与其他从事同类或相似工作的员工在业绩和报酬方面进行比较，管理者及其下级的绩效就可以大大地展现出来，按绩效付酬理念就顺理成章。但是对于绩效差的员工，也应了解其中的原因。

3. 为员工的职务调整提供依据

员工的职务调整包括员工的晋升、降职、调岗，甚至辞退。绩效考评结果能客观地对员工是否适合该岗位作出明确的评判，为人事决策提供依据或信息。

4. 为培训工作提供方向

培训开发是人力资源工作的重要内容。培训开发必须有的放矢，才能收到事半功倍的效果。通过绩效考评，可以发现员工的长处与不足、优势与劣势，从而根据员工培训的需要制订具体的培训措施与计划。一般来说，员工在工作上是否有好的绩效，可以从能力、动机及其他因素中加以判断。因此，企业在发现员工绩效不佳的时候，应该去发觉其背后的问题所在，如果员工的能力不够，则应该给予充分且适当的培训，以增进员工的知识与技能。

5. 有助于员工更好地进行自我管理

绩效考评强化了工作要求，使员工责任心增强，明确自己怎样做才能更符合企业对他的期望。通过考评发掘员工的潜能，可以让员工明白自己适合干什么。绩效考评可以使员工明确自己工作中的成绩和不足，促使他在以后的工作中发挥长处，努力改善不足，使整体工作绩效进一步提高。如果员工的动力不足，可以建立出一套良好的激励制度激发员工改进绩效的动机；如果是其他外在因素造成员工的绩效不好，如工作场所的环境干扰，工作所需要的设备不足，则应协助员工排除障碍，使员工有更好的工作环境以实现自己的工作目标。

绩效考评能反映员工的贡献程度。目前，绝大多数企业的绩效考评制度，都是一张表单适用所有部门及人员，而表单的内容往往只是几个的粗略问题和选项，这些制度和表单设计上的不完善，造成绩效考评制度常常流于形式，缺乏可信度和效用度。因此，如何根据不同的工作性质，制订出合理的制度，以真实反映出员工的绩效高低，成为目前企业管理者亟待解决的问题。由此可知，一套完善的绩效考评制度，不仅能鉴定出个别员工的贡献程度，还能找出造成员工绩效不佳的原因。

员工绩效考核管理工作规范化制度

一、企业绩效考核制度范例

现举某企业绩效考核制度范例，用以说明考核制度的内容与适应范围、考核应遵循的原则、管理职能、考核的等级、考核的主要内容及考核标准、考核的方法程序、考核结果的处理等相关内容。

（一）考核制度的内容与适应范围

第一条，本制度规定了管理人员的考核原则、考核的内容及标准、考核的方法步骤及考核结果的处理等。

第二条，本办法适应于企业中层干部、专业技术管理人员以及管理岗位上的干部和员工。

（二）考核应遵循的原则

第三条，公开公平的原则。

对管理人员的考核要有明确的考核标准、程序和考核责任者，考核标准要公平合理，并予以公开。

第四条，实事求是的原则。

对每个管理人员的所有考核内容和项目均要客观地进行评价，要做到"用事实说话、用数据说话"，要与考评核准相对照，不能在人与人之间比较，更不能主观臆断。

第五条，直接考核的原则。

对管理人员考核时，必须由所在单位的直接领导组织相关人员进行考核，任何人不准擅自修改。

第六条，反馈的原则。

为起到管理人员考核的教育作用，对考核结果要反馈到被考核者本人，影响被考核者，考核者应就考核结果作出说明解释，肯定成绩，指出不足和今后努力方向。

第七条，利益相关原则。

为使管理人员的考核具有约束作用，鼓励管理人员不断进取，对考核结果，要在管理人员日常管理工作中予以体现，特别是在管理人员的配置、晋升、分配、奖励中要充分体现。

（三）管理职能

第八条，中层正职领导的考核工作，由人力资源部组织。

第九条，中层副职（含主任科员）的考核工作，属直属单位的由人力资源部组织。

第十条，科员及中层管理的干部、专业技术管理人员、管理干部、管理岗位上的员工的考核工作，由各单位组织。

（四）考核的等级

第十一条，A 类。卓越级（各项工作完成出色，成效显著）。

第十二条，B类。优秀级（积极主动地完成各项工作任务，取得较好成效）。

第十三条，C类。较好级（能较好地履行职责，完成本职工作）。

第十四条，D类。一般级（基本能够完成本职工作）。

第十五条，E类。较差级（经常完不成本职工作或工作表现较差）。

（五）考核的主要内容及考核标准

第十六条，工作成绩。

按照企业给各单位下达的考核目标衡量管理人员个人在年度内实际完成的工作成果，包括工作质量、工作数量、工作效益等。

第十七条，工作能力。

根据本人实际完成的工作成果及各方面的综合素质考核本人的工作技能、水平，包括基础能力、业务能力、创新能力等。

第十八条，工作态度。

由单位根据管理人员本人平时的表现予以评价，包括约束性、协调性、主动性、责任感、自我发展的期望等。

第十九条，考核标准分三类：中层管理人员考核标准、专业技术管理人员考核标准和各类管理人员考核标准。

（六）考核的方法程序

第二十条，考核每年组织一次，自1月1日至12月31日为考核期，次年1月份进行综合评定。考核表每年12月20日由总部及直属单位到人力资源部领取。

第二十一条，根据年度考核表的要求按月填写此表，年底将考核表交所在单位主管，中层管理人员、直属单位的副职交人力资源部，制造本部所属单位的中层副职交综合管理部。

第二十二条，各单位成立考核小组，成员由党、政正副职、工会主席、一定数量的员工代表组成，负责组织本单位对管理人员的考核工作，300人以下的单位员工代表不少于6人，300人以上的单位员工代表不少于总人数的2%。

第二十三条，考核小组成员应具备的条件：

（1）事业心、责任心强，工作认真负责，有开拓创新精神，热心考核工作。

（2）坚持原则，大公无私，办事公道，作风正派。

（3）熟悉被考核对象的情况，具有一定实际工作经验。

第二十四条，考核小组根据管理人员的业绩和平时表现，对照考核标准进行综合打分。然后按照分数、比例、等级分别排序，并写出明确的考核意见。

第二十五条，根据考核分数将本单位的管理人员按 A、B、C、D、E 予以划分，比例分别为 10%、20%、50%、15%、3%～5%，评定结束后报人力资源部，并存入本人业绩档案。

第二十六条，考核结果需以适当方式公布，中层管理人员由分管领导谈话，其他人员由单位党政主要领导谈话，指出不足和今后努力方向。

（七）考核结果的处理

第二十七条，考核结果作为管理人员职务晋升、奖励、分配、培训以及接续和终止劳动合同的依据。

第二十八条，经考核定为 A、B 类的管理人员可作为晋升高一级职务的必要条件之一；经考核定为 A、B 类的专业技术人员在评聘技术职务时，同等条件下优先推荐。

第二十九条，经考核定为 A 类的人员，各单位在制定奖励相关政策时应予以体现。同时，根据工厂的效益情况年终给予一次性奖励。

第三十条，经考核定为 D 类的人员，主管领导应向被考核人员提出戒勉。被考核者无资格参加本年度各类先进个人评比，且无资格参加次年技术职称的晋升；经考核定为 D 类的管理人员，视其情况可调整其工作岗位或降职使用。

第三十一条，考核定为 E 类人员，属管理人员的予以降职和免职，其他人员则调离原岗位进行培训或下岗，必要时可解除或终止劳动合同。

二、中层管理人员绩效考核制度范例

现举某厂中层管理人员绩效考核制度范例，用以说明中层管理人员的绩效考核内容、考核标准和考核方法。

中层管理人员年度考核表见表4-2。

表4-2　中层管理人员年度考核表

姓名：＿＿＿＿＿ 单位：＿＿＿＿＿ 职务：＿＿＿＿＿
考核期限：　　年　月　至　年　月 （注：本表装入个人业绩档案，不得丢失）

填写考核表说明

（1）填表范围为现职中层管理人员。

（2）填写时间：每年 1～12 月。

（3）填写的内容作为综合评价的依据。

（4）"年度主要目标完成情况"是指根据工厂的年度方针目标分解到各单位后，管理人员年度应承担的目标和任务，按项列出。

（5）"月度工作大事记录"要求记录本岗位月度最关键、最重要的两件大事。

（6）"年度创新工作"要求承担项目完成后据实填写。

（7）"上一级领导确认"是指在项目完成的次月 6 日内完成确认，不可过期确认。总部各部长由厂长及分管领导确认，各室主任由部长确认，直属单位由分管的一级部的部长确认。制造本部副总经理由总经理确认，各单位行政中层由总经理或副总经理确认，党群中层干部由党委副书记确认。

（8）"年度职责范围内的工作失误、差错、违章、违纪记录"，由主管部门实事求是填写，不得隐瞒。

（9）"综合评价"中层正职及直属单位副职时，由人力资源部组织；制造本部副职由综合管理部组织。

（10）"分管领导意见"由厂级领导填写具体意见。

（11）"审核"是指各单位正职由厂长和党委书记填写审核意见。

---

1. 年度主要目标完成情况

年度主要目标见表4-3。

表4-3　年度主要目标

项　　目	目　标　值	目标完成时间、效果	上一级领导确认

2. 月度工作大事记录

月度工作大事见表4-4。

表4-4　月度工作大事

事　　项	时　　间	上一级领导确认

3. 年度创新工作记录

年度创新工作见表4-5。

表4-5　年度创新工作

顺序	项　目	效果（效益）	完成时间	上一级领导确认

4. 年度职责范围内的工作失误、差错、违章违纪记录

年度职责范围内的工作失误、差错、违章违纪记录见表4-6。

表4-6　年度职责范围内的工作失误、差错、违章违纪记录

事　项	时　间	填写人

5. 管理人员年度考核评分表

管理人员年度考核评分表见表4-7。

表4-7　管理人员年度考核评分表

考核目标		考核标准					得分
	遵章守法	不能认真贯彻落实各项规章制度，本单位或本人有严重的违纪现象或工伤事故超标	贯彻执行各项规章制度不力，本单位或本人有违纪现象	基本上能贯彻执行各项规章制度，平时有检查和督促，本单位无一人出现违纪和工伤事故	能认真贯彻执行各项规章制度，平时有检查和督促，本单位无一人出现违纪和工伤事故	能认真贯彻执行各项规章制度，平时检查和督促有力，本单位无一人出现违纪现象和工伤事故	实得分
工作态度15分	分值5	0	1	2	3～4	5	
	政策性与原则性	经常不按政策和原则办事，独断专行	偶尔不按政策和原则办事，大事相互间不协调和不商量	基本上能按政策和原则办事	政策性与原则性较强	严格按政策与原则办事	实得分
	分值5	0	1	2	3～4	5	
	事业心与责任感	不热爱自己的事业，事事见异思迁，工作较消沉，经常完不成任务	事业心不强，对本职工作缺乏责任心，遇事推诿	工作勤恳，办事扎实，有事业心，能够保质保量地完成自己的工作任务	热爱自己的事业，责任感较强，本职工作完成得较为出色	对事业倾注自己的全部精力，责任感很强，力图将自己的工作做得最好	实得分
	分值5	0	1	2	3～4	5	

— 101 —

考核目标		考核标准				得分
组织协调能力	常常无计划地组织单位工作，关键时刻无措施	能制订一些计划来组织单位工作，但计划不合理	经常制订计划在前，而且计划较合理	能详细地制订单位计划，且计划合理，措施得当	能得心应手地把握全局，计划非常合理，措施得力	实得分
分值5	1	2	3	4	5	
决策和分析判断能力	非常主观且带偏见，不善于听取别人意见，决策失误较多	对事情有时不能恰当地分析，所作决策有时有失误	能正确分析事情和形势，所作决策基本上无失误	能合理分析事情和形势，指导性较强	能果断地分析和判定失误，决策正确	实得分
分值5	1	2	3	4	5	
管理和专业知识	常常需要别人的帮助和指导，无先进的管理经验	掌握简单的管理和专业知识，但不能适应岗位要求	掌握足够管理和专业知识，无需别人指导	专业和管理知识较丰富，但也掌握相关知识	全面掌握知识且运用较好	实得分
分值5	1	2	3	4	5	
创新能力	从没有创新的建议	偶尔对工人提出创新建议	年度内在管理上提出3项创新的建议并组织实施	年度内提出4～5项创新建议并组织实施	年度内创新建议5项以上，且实施效果较好	实得分
分值20	0	1～5	6～10	11～15	16～20	
用人授权能力	任人唯亲，对下层不按权限、程序授权	基本上不任人唯亲，用人有失误	不任人唯亲，但用人有失误	任人唯贤，善于用人	任人唯贤，人尽其才	实得分
分值5	0	1		3～4	5	
人际关系能力	不善于同周围的人沟通，经常传达错误信息	不善于同周围人的沟通，信息来源较少，传达信息尚可	善于同周围的人沟通，信息来源多且传达准确	善于同周围的人沟通与合作，准确传达信息，值得信赖和依赖	精于同周围的人沟通和合作，在增进了解和传达信息方面有出色表现	实得分
分值5	1	2	3	4	5	

工作能力45分

（续表）

考核目标	考核标准					得分
目标完成情况	没完成规定目标	基本上完成规定目标	规定目标完成较好	比规定目标完成得多	比规定目标完成得既好又多	实得分
分值15	0	1～3	4～7	8～10	11～15	
工作效益	较差	一般	平均水平	良好	突出	实得分
分值10	1	2～3	4～5	6～7	8～10	
工作质量	工作质量很差，让上级部门无法接受	有时工作质量较差	工作质量基本上让上级满意	工作质量较好，高于平均水平	工作质量好，无可挑剔	实得分
分值5	0	1	2	3～4	5	
工作效率	所布置的工作从不检查，大部分工作出现到期完不成	所承担的工作虽能检查，但出现到期完不成的情况	基本上能按期完成工作任务	保证到期完成工作任务且无差错	所承担的工作一般都是提前完成，且无差错	实得分
分值5	0	1	2	3～4	5	
员工素质发展	无目标，无措施，无提高	有目标，有措施，但提高不大	目标明确，措施较好，明显提高	目标定位高，配套措施完善，素质有较大提高	目标高，措施得力，提高很大	实得分
分值5	0	1	2	3～4	5	
总分数	工作态度		工作能力		工作成绩	

（左侧纵栏：工作成绩40分）

6. 所在单位综合评价

所在单位综合评价见表4-8。

表4-8　所在单位综合评价

层　　次	在相应栏内画√号
同级部门评价（10%）	
直接下属评价（20%）	
直接上级评价（50%）	
人力资源部评价（15%）	
客户评价（3%～5%）	

7. 分管领导意见

分管领导意见见表4-9。

表4-9　分管领导意见

领导签字	年　　月

8. 审核

审核见表4-10。

表4-10　审核

领导签字	年　　月

三、一般管理人员年度绩效考核系统范例

现举某厂一般管理人员年度绩效考核系统范例，用以说明一般人员年度绩效考核内容和考核范围、考核内容、考核方法，见表4-11。

表4-11　一般管理人员年度绩效考核表

姓名：_____

单位：_____

职务：_____

考核期限：　　年　　月　至　　年　　月

（注：本表装入个人业绩档案，不得丢失）

填写考核表说明

（1）填表范围。除产品设计和产品、工艺以外的技术人员，管理岗位上的人员（含管理岗位上的员工）。

（2）填写的时间。每年1～12月。

（3）填写的内容作为综合评价的依据。

（4）"年度主要目标完成情况"是指根据工厂的年度方针目标分解到各单位后，二次分解到年度应承担的目标和任务，按项列出。

（5）"月度工作大事记录"要求记录本岗位上月度最关键、最重要的大事两件。

（6）"年度创新工作"要求项目完成后据实填写。

（7）"上一级领导确认"由单位分管领导确认签字，必须在项目完成的次月6日内完成确认，不可过期确认。

（8）"年度职责范围内的工作失误、差错、违章、违纪记录"要求由单位主管领导实事求是地填写，不得隐瞒。

（9）"所在单位综合评价"是指各单位组织有关人员按照管理人员年度考评标准进行评定，并按比例作出评价。

（10）"本单位审核意见"是指由各单位将年度考评表收齐，由单位主管领导填写具体意见。

（11）"审核"由制造本部或归口一级部分管领导填写考评意见。

1. 年度主要目标完成情况

年度主要目标完成情况见表4-12。

表 4-12　年度主要目标完成情况

项　　目	目　标　值	目标完成时间、效果	上一级领导确认

2. 月度工作大事记录

月度工作大事记录见表4-13。

表 4-13　月度工作大事记录

事　　项	时　　间	上一级领导确认

3. 年度创新工作记录

年度创新工作记录见表4-14。

表 4-14　年度创新工作记录

顺序	项　　目	效果（效益）	完成时间	上一级领导确认

4. 年度职责范围内的工作失误、差错、违章违纪记录

年度职责范围内的工作失误、差错、违章违纪记录见表4-15。

表 4-15　年度职责范围内的工作失误、差错、违章违纪记录

事　　项	时　　间	填写人

5. 一般管理人员年度考核评分表

一般管理人员年度考核评分表见表4-16。

表 4-16　一般管理人员年度考核评分表

考核目标		考　核　标　准					得分
工作态度25分	责任心	消极被动不负责任	有时责任心强，但多数情况下缺乏责任心	有一定的责任心并敢于对自己的工作负责，知错就改	责任心强，能清楚地知道自己的责任，并勇于负责	对任何事情都强烈地付诸行动	实得分
	分值5	0	1	2~3	4	5	

（续表）

考核目标		考 核 标 准					得分
工作态度25分	积极性	不管怎样督促也不上进，工作挑挑拣拣，避难就易	遇问题和困难，就垂头丧气，不出成果	不知疲倦，不断进取，对工作不挑不拣	求知欲极强，并把得到的知识用于实践，弥补自己工作的不足之处。永不满足，努力提高自己素质	勇于挑战，不畏困难，为实现目标接近权力	实得分
	分值5	1	2	3	4	5	
	原则性	原则性差，是非不分，常常拿原则做交易	原则性较差，有时为了情面放弃原则	一般情况下，能坚持原则，但不能硬碰	原则性较强，是非分明，能开展批评与自我批评	原则性强，敢于硬碰，能够同各种违法乱纪现象作不懈的斗争	实得分
	分值5	0	1	2~3	4	5	
	协作精神	不推不动，只求自己方便合适	只考虑本职工作，对其他事情不闻不问	理解领导意图，主动为领导分担责任，帮助同事解决问题	充分理解群体目标，乐意为群体目标的实现作贡献	不惜牺牲自我通力合作	实得分
	分值5	1	2	3	4	5	
	纪律性	组织纪律性差，有违法乱纪行为	组织纪律性较差，规章制度执行不严，偶有违纪现象	有一定组织纪律性，能遵守党纪国法和各项规章制度	组织纪律性强，自觉遵守党纪国法和各项规章制度	组织纪律性强，模范遵守党纪国法和各项规章制度，并督促其他人遵守	实得分
	分值5	0	1	2~3	4	5	

（续表）

考核目标		考 核 标 准					得分
	专业知识	缺乏本职专业理论知识	对本职专业理论知识只有粗浅了解	一般性掌握本职专业知识	掌握本职专业理论知识，具有一定深度	系统全面掌握本职专业理论知识，对某些问题有独立见解，是本专业的行家	实得分
	分值5	1	2	3	4	5	
	本职业务能力	本职业务能力差，难以胜任本部门日常工作	本职业务能力较差，在具体指导下能处理日常工作	本职业务能力一般，能独立处理本部门日常工作	本职业务能力强，能独立处理较复杂的业务工作，是业务骨干	本职业务能力强，能妥善解决本部门关键复杂的业务问题，事业带头人	实得分
	分值5	1	2	3	4	5	
工作能力35分	创新能力	很少有创见，消极，不愿打破现状	少有创见，多半墨守成规	有创见，能改进自己的工作。年度创新2项	富有创见，多智谋，态度积极。年度创新3项	不断改进自己，推动创新工作。年度创新4项	实得分
	分值10	1	2～3	4～5	6～7	8～10	
	决断能力	无魄力，优柔寡断，缺乏主见	魄力小，遇事迟疑，不能当机立断	有一定魄力，能对一般问题作出决断，决断偶尔有失误	魄力较大，能在较复杂的情况下作出正确的决断	魄力大，有战略眼光，能把握时机，作出高明的决断	实得分
	分值5	1	2	3	4	5	
	劝说能力	谈话说服力差，态度生硬，缺乏谈话技巧，难以被别人接受	谈话说服力较差，不善疏导，有时不易被别人接受	谈话说服力一般，有一定疏导技巧，尚能被别人接受	谈话说服力较强，态度诚恳，善于疏导，说服效果较好	谈话说服力强，谈吐亲切和蔼，语言诙谐幽默，富有魅力，能自然有技巧地说服别人	实得分
	分值5	1	2	3	4	5	

（续表）

考核目标		考核标准					得分
工作能力35分	书面表达能力	书面表达能力差，文章结构零乱不规范，语病和错别字多	书面表达能力较差，文章不够通顺，有语病	有一定书面表达能力，文字通顺表达清楚，较少语病	书面表达能力好，文章结构合理，文字简洁	书面表达能力很好，结构严谨，文字流畅、简练、生动，文章质量高	实得分
	分值5	1	2	3	4	5	
工作成绩40分	目标完成情况	没有完成规定目标	基本完成规定目标	规定目标完成较好	比规定项目完成得多	比规定项目完成得既多又好	实得分
	分值10	0	1～2	3～4	5～7	8～10	
	工作效益	没有完成工作目标，工作成绩甚微，常处于落后状态	基本上完成规定目标，工作成绩平常，起色不大，年管理创新2万元	规定目标完成较好，工作有一定成绩，能较好地完成任务，年管理创新5万元	比规定目标完成得多，工作成绩较大，能扭转被动局面，年管理创新8万元	比规定目标完成得既多又好，工作成绩大，能开创新局面，年管理创新10万元	实得分
	分值10	0	1～2	3～4	5～7	8～10	
	工作质量	工作质量低劣，经常出现差错	一般能完成工作，质量处于平均水平	能完成任务，工作质量比较好，设计水平一般	按期完成任务，工作质量较高，产品设计结构合理。无重大差错	提前完成任务，工作质量突出，技术水平出众。无差错	实得分
	分值10	0	1～2	3～4	5～7	8～10	
	工作效率	工作效率低，经常完不成任务	工作效率较低，需要别人帮助才能完成任务	工作效率一般，能按时完成任务，基本保证质量	工作效率较高，能及时地保质保量完成任务	工作效率高，完成任务速度快，质量高，效益好	实得分
	分值10	0	1～2	3～4	5～7	8～10	
总分数		工作态度		工作能力		工作成绩	

6. 所在单位综合评价

所在单位综合评价见表4-17。

表4-17　所在单位综合评价

层　　次	在相应栏内画√号
同级部门评价（10%）	
直接下属评价（20%）	
直接上级评价（50%）	
人力资源部评价（15%）	
客户评价（3%～5%）	

7. 本单位审核意见

本单位审核意见表4-18。

表4-18　本单位审核意见

领导签字　　　　　　　　　　　　　　　　　　　　　　年　　　月

8. 审核

审核见表4-19。

表4-19　审　核

领导签字　　　　　　　　　　　　　　　　　　　　　　年　　　月

9. 更改记录

更改记录见表4-20。

表4-20　更改记录

更改通知代号	更改条款号	标记	处数	更改人	日期

四、员工自我评价表

员工自我评价表见表4-21。

表4-21　员工自我评价表

申报日期：　　年　月　日

姓名		职称		部门		学历		
入本企业日期	年　月　日 共　年		职位			出生日期		
现任主要工作			现行工作时间			工资		
项　目					理由及建议	部门批示	总经理批示	
目前工作	1. 你认为目前担任的工作对你是否合适 （□适合□不太适合□不适合） 2. 工作的"量"是否恰当（□太多□适中□很少） 3. 在你开展工作时，你感到有什么困难							
工作希望	1. 你认为你比较适合哪些方面的工作 2. 你不适合哪些方面的工作 3. 其中最适合你的工作是什么 4. 你对现在的工作有什么希望							
薪资及职位	1. 你认为你的工作报酬是否合理（□合理□不合理） 2. 职位是否合理（□合理□不合理） 3. 职称是否合理（□合理□不合理） 4. 理由何在 5. 你的希望							
教育训练	1. 本年度你是否参加过公司内部举办的训练 （□曾参加□未曾参加） 2. 曾参加什么训练 3. 你希望接受什么项目的训练 4. 你对本企业训练的意见如何							
工作分配	1. 你认为你的部门当中工作分配是否合理（□合理□不合理） 2. 什么地方亟待改进							
工作目标	1. 你的工作目标是什么 2. 这个目标你已做到什么程度							
特殊贡献	1. 你认为本年度对公司较特殊贡献的工作是什么 2. 你做到什么程度							
工作构想	在你担任的工作中，你有什么更好的构想？请具体说明							
其他	1. 请代为安排和面谈 2. 本人希望或建议							

五、普通员工绩效考核表

普通员工绩效考核表见表4-22。

表4-22 普通员工绩效考核表

姓名： 部门： 岗位： 考评日期

评价因素	对评价期间工作成绩的评价要点	评价尺度				
		优	良	中	差	劣
勤务态度	A. 严格遵守工作制度，有效利用工作时间 B. 对新工作持积极态度 C. 忠于职守、坚守岗位 D. 以协作精神工作，协助上级，配合同事	14	12	10	8	6
		14	12	10	8	6
		14	12	10	8	6
		14	12	10	8	6
受命准备	A. 正确理解工作内容，制订适当的工作计划 B. 不需要上级详细的指示和指导 C. 及时与同事及协作者取得联系，使工作顺利进行 D. 迅速、适当地处理工作中的失败及临时追加任务	14	12	10	8	6
		14	12	10	8	6
		14	12	10	8	6
		14	12	10	8	6
业务活动	A. 以主人公精神与同事同心协力努力工作 B. 正确认识工作目的，正确处理业务 C. 积极努力改善工作方法 D. 不打乱工作秩序，不妨碍他人工作	14	12	10	8	6
		14	12	10	8	6
		14	12	10	8	6
		14	12	10	8	6
工作效率	A. 工作速度快，不误工期 B. 业务处置得当，经常保持良好状态 C. 工作方法合理，时间和经费的使用十分有效 D. 工作中没有出现半途而废，不了了之和留下后遗症的现象	14	12	10	8	6
		14	12	10	8	6
		14	12	10	8	6
		14	12	10	8	6
成果	A. 工作成果达到预期目的或计划要求 B. 及时整理工作成果，为以后的工作创造条件 C. 工作总结和汇报准确真实 D. 工作中熟练程度和技能提高较快	14	12	10	8	6
		14	12	10	8	6
		14	12	10	8	6
		14	12	10	8	6

1. 通过以上各项评分，该员工的综合得分是： 分
2. 你认为该员工应处于的等级是：（选择其一）〔 〕A 〔 〕B 〔 〕C 〔 〕D
A. 240分以上；B. 240~200分；C. 200~160分；D. 160分以下
3. 考核者意见：
考核者签字： 日期： 年 月 日

考核者评语：

合计总分：	考核者签字：

六、管理人员绩效考核表

管理人员绩效考核表见表4-23。

表 4-23　管理人员绩效考核表

姓名：　　　　部门：　　　　岗位：　　　　考核日期

评价因素	对评价期间工作成绩的评价要点	评价尺度				
		优	良	中	差	劣
		14	12	10	8	6
勤务态度	A. 把工作放在第一位，努力工作 B. 对新工作表现出积极态度 C. 忠于职守，严守岗位 D. 对部下的过失勇于承担责任	14	12	10	8	6
		14	12	10	8	6
		14	12	10	8	6
		14	12	10	8	6
业务工作	A. 正确理解工作指示和方针，制定适当的实施计划 B. 按照部下的能力和个性合理分配工作 C. 及时与有关部门进行必要的工作联系 D. 在工作中始终保持协作态度，顺利推动工作	14	12	10	8	6
		14	12	10	8	6
		14	12	10	8	6
		14	12	10	8	6
管理监督	A. 在人事关系方面部下没有不满或怨言 B. 善于放手让部下去工作，鼓励他们乐于协作的精神 C. 十分注意生产现场的安全卫生和整理整顿工作 D. 妥善处理工作中的失败和临时追加的工作任务	14	12	10	8	6
		14	12	10	8	6
		14	12	10	8	6
		14	12	10	8	6
指导协调	A. 经常注意保持、提高部下的劳动积极性 B. 主动努力改善工作和提高效率 C. 积极训练、教育部下，提高他们的技能和素质 D. 注意进行目标管理，使工作协调进行	14	12	10	8	6
		14	12	10	8	6
		14	12	10	8	6
		14	12	10	8	6
工作效果	A. 正确认识工作意义，努力取得最好成绩 B. 工作方法正确，时间和费用使用合理有效 C. 工作成绩达到预期目标或计划要求 D. 工作总结汇报准确真实	14	12	10	8	6
		14	12	10	8	6
		14	12	10	8	6

（续表）

<table>
<tr><td>

1. 通过以上各项的评分，该员工的综合得分是：　　　　　　　　　　　　分
2. 你认为该员工应处于的等级是：（选择其一）[ ] A　　[ ] B　　[ ] C　　[ ] D
A. 240 分以上；B. 240～200 分；C. 200～160 分；D. 160 分以下
3. 考核者意见：

</td></tr>
<tr><td>

　考核者签字：　　　　　　　　　　日期：　　　年　　月　　日

</td></tr>
<tr><td>

注：以下部分由行政人事部及总经理填写。

</td></tr>
<tr><td>

人事部评定：

1. 评语：

2. 依据本次考核，特决定该员工：
[ ] 转正：在　　　　任　　　职　[ ] 升职至　　　　任
[ ] 续签劳动合同自　　　年　　月　　日至　　　　年　　月　　日
[ ] 降职为：
[ ] 提薪/降薪为：
[ ] 辞退：
[ ] 其他：

经理签字：　　　日期：　　　年　　月　　日

</td></tr>
<tr><td>

总经理最终核准：

总经理签字：　　　日期：　　　年　　月　　日

</td></tr>
</table>

七、中层管理人员绩效考核表

中层管理人员绩效考核表见表4-24。

表4-24 中层管理人员绩效考核表

姓名			职务		评价人	
事业部			部门		考核区间	
考核尺度及分数		优秀（10分） 良好（8分） 一般（6分）较差（4分） 很差（2分）		评分	本栏平均	权重系数
工作绩效	1. 工作完成程度	与年度目标或与期望值比较，工作完成与目标或标准的差距，同时应考虑工作客观难度				4
	2. 工作品质	仅考虑工作的品质，与期望值比较，工作过程、结果的符合程度（准确性、反复率等）				
	3. 工作速度	仅考虑工作的速度，完成工作的迅速性、时效性，有无浪费时间或拖拉现象				
	4. 工作量	仅考虑完成的工作数量，职责内工作、上级交办工作及自主性工作完成的总量				
工作能力	5. 计划性	工作事前计划程度，对工作（内容、时间、数量、程序）安排分配的合理性、有效性				3
	6. 协调沟通	与各方面关系协调，化解矛盾，说服他人，以及人际交往的能力				
	7. 应变力	应对变化，采取措施或行动的主动性、有效性及工作中对上级的依赖程度				
	8. 指导控制力	对本部门或下属的激励、指导、培训情况，对本部门的管理、控制情况				
	9. 周全缜密	工作认真细致及深入程度，考虑问题的全面性、遗漏率				
	10. 人才培养	对人才的重视程度及对储备人才的培养情况				
	11. 职务技能	对担任职务相关知识的掌握、运用，工作熟练程度				

（续表）

工作态度	12. 协作性	人际关系，团队精神及与他人（其他部门）工作配合情况		3
	13. 以身作则	发挥表率作用，严格要求自己，遵守制度纪律情况		
	14. 工作态度	工作自觉性、积极性；对工作的投入程度，进取精神、勤奋程度、责任心等		
	15. 执行力	对上级指示、决议、计划的执行程度及执行中对下级检查跟进程度		
	16. 品德言行	是否做到廉洁、诚信，是否具有职业道德		

评价得分	A. （1~4项平均分）×4 + （5~11项平均分）×3 + （12~16项平均分）×3 = 　　　分
出勤及奖惩	B. 出勤：迟到、早退　　次×0.5 + 旷工　　天×2 + 事假　　天×0.4 + 病假　　天×0.2 = 　　　分
	C. 处罚：警告　　次×1 + 小过　　次×3 + 大过　　次×9 = 　　　分
总分	A分 - B分 - C分 = 　　　分
考核等级	□A. 90分以上；□B. 60~89分；□C. 60分以下
考核者意见	

高二级管理者考核：	高一级管理者考核：
被评价的管理者签字：	

八、技术人员能力考核表

技术人员能力考核表见表4-25。

表4-25 技术人员能力考核表

级别	A. 特别优秀	B. 优秀	C. 普通	D. 需要努力	E. 差
标准	专业技术高超,能准确执行上级指示,责任感极强	有良好的技术素质和创新能力,能随机应变,人事协调能力好	熟练掌握技术,能遵守上级指示,有一定的技术创新力	正确掌握技术,有进取心,能随机应变	勉强能完成任务,技术能力一般
满分15分	15分	14~12分	11~9分	8~6分	5分以下
满分10分	10分	9~8分	7~5分	5~4分	3分以下
满分5分	5分	4分	3分	2分	1分
工作状况	标准上班日数		日	记载事项	综合意见
	事假		日		
	丧假		日		
	无故		日		
	早退		次		
	迟到		次		
	迟到早退缺勤		日		
	缺席总计		日		
	实际上班日数总计		日		
对判定奖赏的反映		本人意见			
对判定加薪的反映					
对判定训练的反映		综合评定			
对判定晋升的反映					

评分标准:

25分以上为"特优", 20~25分为"优秀", 15~20分为"普通", 10~15分为"需要努力", 10分以下为"差"。

九、经理人员能力考核表

经理人员能力考核表见表4-26。

表4-26　经理人员能力考核表

分类		评价内容	满分	1次	2次	3次	4次
工作态度（35分）	1	经营计划的立案、实施是否有充分的准备	5				
	2	是否以长期的展望探索公司的未来	15				
	3	是否有以负责人的眼光注意到全体	5				
	4	是否重视经营理念	5				
	5	是否有敏锐的利益理念	5				
基本能力（35分）	6	为了达到目标，是否站在最前线指挥	15				
	7	是否节约成本，能早日确实地实现目标	5				
	8	是否重视长期目标的实施	5				
	9	是否严守期限，达到目标	5				
	10	是否能随机应变，在修改目标值的同时也能尽早实现目标	5				
业务熟练程度（30分）	11	是否能以全公司的立场发言、提议	5				
	12	是否能以长期的观点制订计划	5				
	13	是否用公司的观点收集情报	10				
	14	是否能与其他部门交流情报	5				
	15	是否积极地与其他部门协调	5				
责任感（35分）	16	是否确实把握部属的优、缺点	5				
	17	是否能与其他部门协调	5				
	18	是否人尽其能	10				
	19	是否热心培养接班人	5				
协调性（35分）	20	是否仔细聆听部属的意见	5				
	21	是否注意身体健康	5				
	22	是否谨慎地使用企业资金	10				
	23	是否热心于小组内部意见的沟通	10				
	24	绝不引发男女绯闻	5				
自我启发（40分）	25	不与顾客勾结	5				
	26	对社会及时代的变迁是否敏锐	5				
	27	是否热心于吸取新技术与知识	10				
	28	站在国际的视野上是否能自我革新	5				
	29	为了改善，是否能打破旧事物	10				
	30	是否不怠于对未来的预测	5				
评价分数合计							

员工绩效考核管理工作流程设计

一、绩效考核管理工作流程设计

绩效考核管理工作流程见表4-27。

表4-27　绩效考核管理工作流程

流程名称	绩效考核管理工作流程	编码			
		执行者	人力资源部	监控者	人力资源总监
行为实施环节	人力资源部	人力资源总监		总经理	

二、绩效目标设定工作流程设计

绩效目标设定工作流程见表4-28。

表4-28 绩效目标设定工作流程

流程名称	绩效目标设定工作流程	编码			
		执行者	人力资源部	监控者	人力资源总监
行为实施环节	人力资源部	人力资源总监		总经理	

三、绩效考核标准制定工作流程设计

绩效考核标准制定工作流程见表4-29。

表4-29　绩效考核标准制定工作流程

流程名称	绩效考核标准制定工作流程	编码			
		执行者	人力资源部	监控者	人力资源总监
行为实施环节	人力资源部	人力资源总监		总经理	

四、管理人员绩效考核管理工作流程设计

管理人员绩效考核管理工作流程见表4-30。

表4-30 管理人员绩效考核管理工作流程

流程名称	管理人员绩效考核管理工作流程	编码			
		执行者	各部门、人力资源部	监控者	人力资源总监
行为实施环节	被考核者	部门总监	人力资源部		总经理

五、营销人员绩效考核管理工作流程设计

营销人员绩效考核管理工作流程见表4-31。

表4-31 营销人员绩效考核管理工作流程

流程名称	营销人员绩效考核 管理工作流程	编码			
		执行者	营销部、 人力资源部	监控者	人力资源总监
行为实施环节	营销部	人力资源部	人力资源总监		总经理
管 理 行 为					

六、研发人员绩效考核管理工作流程设计

研发人员绩效考核管理工作流程见表4-32。

表4-32　研发人员绩效考核管理工作流程

流程名称	研发人员绩效考核管理工作流程	编码			
		执行者	研发部、人力资源部	监控者	人力资源总监
行为实施环节	研发部	人力资源部	人力资源总监		总经理

第五章

薪酬设计的基础

三种基本的薪酬体系

企业基本薪酬体系通常以职位、技能、能力、绩效当中的一种作为主要依据，因此在实践中存在职位薪酬体系、技能薪酬体系、能力薪酬体系、绩效薪酬体系等几种不同的薪酬体系。

在这些薪酬体系中，基本薪酬的核心决定依据是唯一的。比如在职位薪酬体系中，员工的主要基本薪酬差距取决于员工所从事职位的责任、技能要求、努力程度以及工作条件等因素。不过在同一职级，不同资历和绩效的员工，其薪酬可能会存在一些差距。

因此，职位薪酬体系是以职位为主线，同时考虑技能和经验，而不是由职位、技能、工龄等各自决定一块工资，然后再并列拼接构成基本薪酬；与此相似，在技能薪酬体系中起决定作用的，主要是员工掌握某种技能的熟练程度以及所掌握技能的深度和广度。

这类薪酬体系的职位概念往往变得很模糊，尤其当它的适用对象是那些从事工作内容大体相同、但技术能力和知识水平差异较大的专业技术类人员；而在能力薪酬体系中，基本薪酬的决定依据则更具综合性的能力因素；在业绩薪酬体系中，基本薪酬主要衡量业绩的好坏，这种业绩往往比较容易量化和评定。

不同类型的薪酬体系各有其优点和不足，所适用的对象和环境也存在一定差异。通常情况下，如果企业内部的人员构成较为复杂且差距较大，可以考虑针对不同类型的人员采取不同的基本薪酬体系。比如，对于生产、管理以及事务类员工实行职位工资制，对专业技术或研发类员工实行技能工资制度，高级专业人员实行能力工资制度，对营销人员实行绩效工资制等。薪酬模式选择见表5-1。

表 5-1 薪酬模式选择

职位类别	薪酬模式	依　　据
事务类、管理类、生产类	职位薪酬制	对这些岗位上的任职者的要求是有效地履行其职能职责
专业技术、研发类	技能薪酬制	员工所获得的报酬主要由其本身的技能水平来决定，而非职位等级的高低，这种薪酬模式能够有效地鼓励员工发展深度技能和广度技能，从而增强企业的核心竞争力
高级专业人士	能力薪酬制	强调以员工的能力为基础提供薪酬，注重了员工潜力和创造力的开发，有助于企业适应环境的变化
营销类	绩效薪酬制	个人可对工作实施较强的控制，工作结果容易量化，激励员工提高业绩

一、职位薪酬体系

从我国企业的实际情况看，管理类、事务类及生产类的员工，采用以职位为基础的基本薪酬制度在现阶段是比较适用的。但需要指出的是，即使是在一些明确实行了岗位工资的企业中，在岗位的界定和评价方面仍然存在很多误区。在有些企业，作为基本薪酬决定依据的，不是真正意义上经过分析和评价之后所确定的岗位。比如，很多企业的部门经理拿的薪酬基本相同，理由是他们属于同一类职位，但事实上，企业不同部门经理所承受的压力以及对企业战略目标的贡献差异是非常大的，"一刀切"的做法难免使企业的薪酬制度欠缺公平。

职位薪酬体系设计步骤为：工作分析→撰写职位说明书→开展职位评价→确定职位结构。其中，职位评价是职位薪酬体系设计中最为关键的环节。职位评价就是指以职位对达成组织目标所作出的贡献大小和员工所承担的职位的相对价值等因素为依据，以此来决定一项工作与其他工作的相对价值，从而实现薪酬的内部一致性原则。

目前，职位薪酬体系的发展趋势主要是：同时兼顾外部导向型和战略导向性。所谓的外部导向性，是指企业首先按照市场水平确定薪酬，然后再试图确保职位的内部一致性；所谓的战略导向性，是指根据职位对企业经营战略实现的贡献价值来确定职位的薪酬水平。

职位薪酬体系具备如下优缺点：

优点：

（1）通过职位评价这个环节，主要是根据职位对企业的相对重要性来确定员工的薪酬标准，保证了同工同酬原则的实现。

（2）工资结构比较简单，同时体现了公平性，员工易于接受。

（3）管理成本低，晋升和加薪之间的强相关性加大了员工提高自身技能和能力的动力。

缺点：

（1）由于薪酬与职位直接挂钩，当员工晋升无望时，他的基本薪酬会在相当长的时间内保持原来水平，从而导致员工的工作积极性严重受挫，甚至会出现消极怠工或者离职的现象。

（2）职位评价具有一定的主观性，导致薪酬设计缺乏完全的客观性和公正性。

（3）职位评价适应于基本稳定的企业组织结构，如果组织结构不断变化，每个岗位的工作内容不断调整，就不宜引进和应用职位评价。

二、技能薪酬体系

具体来说，技能薪酬体系就是组织根据不同岗位和职务对技能的深度和广度的要求，以及员工实际所具备的技能水平来支付基本薪酬的一种薪酬制度。技能薪酬体系的典型特征是，员工所获得的薪酬是与知识、技能等因素联系在一起的，而不是员工的职位。这种薪酬体系的核心要素是"投入"，组织更多的是依据员工所拥有的相关工作技能来支付薪酬，员工加薪与否也取决于员工个人所掌握的技能水平。技能薪酬体系比较适用于蓝领员工，因为这些岗位的工作容易具体量化，并且量化工作所需要的技术也比较容易。

技能薪酬体系设计遵循如下的步骤：工作任务分析→技能等级的界定与定价→员工技能分析→技能薪酬体系的确立。技能等级定价是技能薪酬体系设计工作中非常重要的一环。技能等级定价需要遵循的一个重要原则是：组织必须确保只有任职者完全具备职位所要求的各项技能后，才能获得与该职位相应的市场薪酬水平。

技能薪酬体系目前应用十分广泛，特别是与业绩奖金、职务津贴和多样化的福利等辅助薪酬体系形式结合后，更能充分发挥出一个健全的薪酬体系的全部动力功能。《财富》杂志上所公布的 500 强企业，有 50% 以上的公司至少对一部分员工采用了技能薪酬制度，并且在实行该方案的公司中，有 60% 的组织认为技能薪酬制度在提升组织绩效方面是成功的。

技能薪酬体系的优缺点：

优点：

（1）促进了员工技能的提高和人员内部的流动，增强了企业的灵活性。

（2）有助于员工个人目标与公司战略目标的统一，员工通过提高自身的技能水平，既获得了更高的报酬，另一方面，也为组织的发展、创新等提供了良好的条件。

（3）加强了员工间的合作，促进了参与性管理风格的形成。

（4）满足了员工的多种需要——技能薪酬制度为员工认知自身的特殊性、寻求自身需要的满足提供了有利的机会。

缺点：

（1）增加了组织的薪酬成本——技能薪酬主要取决于员工的技能水平，这就要求组织在员工培训上进行大量的投资。

（2）技能薪酬体系的设计和管理比较复杂——技能薪酬体系的设计和管理要比职位薪酬体系更复杂，它要求企业有一个更为复杂的管理结构，至少需要对每一位员工在技能的不同层次级上所取得的进步加以记录。

（3）存在降低组织效率的潜在可能性——技能薪酬体系具有强烈的导向性，一方面，员工为了获取高报酬而致力于学习新技能时，很可能会忽视了目前的本职工作；另一方面，如果组织不能为员工提供使用其新技能的机会，那么组织就无法从新技能的获取中获得收益。

（4）可能会限制员工和组织的发展——对于已经达到组织中最高技术等级的员工，技术薪酬制度的激励作用有限，员工和组织的发展将可能会受到限制。

三、能力薪酬体系

在人力资源开发和管理中，"能力"的概念指向一种胜任力，而不是一般意义上的能力，所谓的"胜任力"，是指员工所具备的能够达到某种特定绩效，或者是表现出某种有利于绩效达成的行为能力。素质冰山模型是与胜任力有关的一个理论，美国著名心理学家麦克利兰于 1973 年提出了一个著名的素质冰山模型，如图 5-1 所示，所谓"冰山模型"，就是将人员个体素质的不同表现形式划分为表面的"冰山以上部分"和深藏的"冰山以下部分"。其中，"冰山以上部分"包括基本知识和基本技能，是人外在的表现，比较容易了解和测量，能够通过培训的方式加以改变和提高；"冰山以下部分"包括社会角色、自我形象、特质和动机，是人内在的、难以测量的部分。它们不太容易通过外界的影响而得到改变，但却对人员的行为与表现起着关键性的作用。知识和技能位于海面上的可见冰山部分，称为"基准性胜任力特征"，这只是对胜任者基础素质的要求，它不能把表现优异者与表现平平者区别开来；水下部分可通称为"鉴别性胜任力特征"，是区分表现优异者和表现平平者的关键因素。一般而言，胜任力是针对公司的管理层、研发和技术人员等白领阶层的。

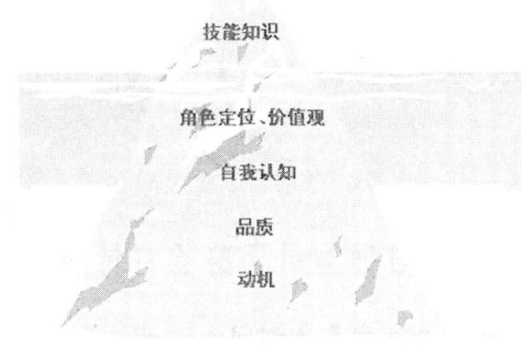

图 5-1　冰山模型

能力薪酬体系的操作步骤为：能力分析→能力分级→能力评估→能力薪酬体系的确立。其中，能力评估是能力薪酬体系设计的关键一环。能力评估是一个动态的过程：一是能力的分级标准本身就是动态的——企业应当根据战略和经营发展需要，定期对其进行审视和调整；二是员工能力成长本身也是动态的，因而企业应建立一个与之相匹配的正常的能力等级升降机制。

能力薪酬体系的优点与缺点：

优点：

（1）员工可获得更多的发展机遇，有助于组织获得一支灵活性较强的劳动力队伍。

（2）员工不会被特定的工作所束缚，提高了组织内部员工的流动性。

（3）一般而言，高能力的员工队伍只需要较少的监督，因此可以消减管理层次，支持了扁平型组织结构。

（4）鼓励员工对自己未来的发展负责，员工对自己的职业生涯有更多的控制力，也增强了员工控制自己薪酬的能力。

（5）支持了学习型组织的建立。

缺点：

（1）能力薪酬体系扭曲了员工发展和改进自身潜能的真正目的，由于员工的能力与报酬紧密相关，他们就会以金钱为标准衡量自身的能力。

（2）通常来说，很难准确地定义和衡量员工的个人能力，以能力作为报酬决策的依据是比较轻率的——以个人能力为基础提供报酬不如以市场或职位为基础更稳妥。

（3）实施过程太复杂，要求对员工的能力进行层层分级，并且作出相应评估。

（4）管理难度大，成本高，比较依赖基于能力的组织文化、人力资源管理的支持。

企业如何为员工的能力付酬？

在进行薪酬设计时，企业常常感到困惑的问题是企业否应为员工的能力（这里的能力是指知识和技能等）付酬？如果不为能力付酬，员工能力提高的动力来自何处？因为员工能力是取得优秀绩效的前提。如果为能力付酬，那么以什么能力为付酬基础？应付出多少？而且能力只有得以真正发挥才能产生绩效。

一、现实的困境

绩效是能力的逻辑产出，即员工投入能力产出绩效。但是，在现实中，高的能力并不一定产生高的绩效，因为绩效受许多方面的影响，例如，工作的动态环境、资源配置、员工的努力程度，以及目标设置等；这里有些因素已经超出了薪酬的处理范畴。但同时，员工要取得高的绩效，没有好的能力是很难达到的，因此，能力是获得高的绩效的基础。基于这些原因，在薪酬设计时就面临一个两难困境——企业为能力付酬却未获得所需绩效的风险；企业不为能力付酬，造成员工缺乏能力提升动力，影响绩效和人才培养机制。

二、解决途径的思考

在解决企业是否为能力付酬这个问题时，我们必须探讨一下能力、绩效和薪酬三者之间的关系，员工投入能力（知识、技能等）产出绩效，从而获得付出的补偿——薪酬。由于能力和绩效的两难困境，我们如何设计薪酬支付模式以消除能力发挥不确定性产生的影响呢？是基于能力、基于绩效或者是基于能力和绩效的组合？这就是薪酬设计需要思考的问题。

解决这一问题，可以从下面一些方面进行思考：

（1）明确企业的价值观，企业提倡什么、不提倡什么（或反对什么）、什么样的行为倾向应受到奖励等。

（2）掌握企业的战略意图，企业不同时期的战略意图对员工在能力、绩效等方面提出不同的要求，而薪酬体系又如何与之相适应。

（3）结合企业价值观念和战略意图，明确哪些因素要在薪酬中进行体现，又以什么样的形式进行体现。

三、几种解决方法

薪酬设计的基本原则是"三公"——外部市场公平、内部岗位间公平和人与岗位的对应公平，我们应在体现"三公"的原则下解决企业是否为能力付酬这个问题，其实质就是处理薪酬内部的结构问题。几种处理方法如下所示。

（一）为绩效付酬——即薪酬和能力没有关系

这种处理方式就是我们常说的"绩效薪酬"模式，基于岗位的绩效占了岗位薪酬的绝大部分。能力的高低以及发展与薪酬是固定的还是可变的没有任何关系。其向员工传递明确的信息是——他们的薪酬是由绩效决定的，能力的提高能帮助员工改善自我，只有绩效的提高才能最终导致薪酬的提高。

这种薪酬模式的优点是：

（1）能力的评价不会与薪酬进行混淆。

（2）员工不会受到提高薪酬的影响而高估自己能力。

（3）上级与下级在就能力强弱进行沟通以提升能力时，不会存在薪酬的干扰。

这种薪酬模式的缺点是：

（1）薪酬不能促进员工能力的提高。

（2）高的能力不能受到激励。

（3）员工看不到能力提升带来的好处。

（二）为能力和绩效同时付酬——能力、绩效和薪酬同时相关

能力与绩效和薪酬相关，即同时考虑能力和绩效对薪酬的影响，这就涉及我们以什么样的能力进行付酬的问题，是能力提高呢？还是能力水平呢？下面分两种情况来讨论。

1. 薪酬同能力发展相关

在这种薪酬模式下，有部分薪酬与员工绩效考核期能力提高的程度进行挂钩；即通过提高可变薪酬来奖励员工能力的提高。

其优点是：

（1）员工能力的提高直接受到奖励。

（2）员工会投入精力去提高能力。

其缺点是：

（1）由于与薪酬关联，可能影响能力评价。

（2）员工可能高估自己能力。

（3）可能会造成对评分结果的争端。

2. 薪酬同能力水平相关

在这种薪酬模式下，能力水平同薪酬直接挂钩，即作为薪酬的一个固定部分，而可变部分直接与绩效挂钩。这样，能力水平越高，其薪酬就越高。

其优点是：

（1）员工能力水平提高，则薪酬得到提高。

（2）薪酬制度支持能力水平价值。

（3）员工努力提高能力能带来业绩的提高。

其缺点是：

（1）由于与薪酬相关，可能影响能力水平评价过程。

（2）员工可能高估自己能力而不利于能力的改进。

（3）可能造成能力和绩效的异位。

（4）可能引起能力评价结果的争端。

（三）为能力付酬——即薪酬和能力完全相关

这种处理方式就是我们常常说的"能力薪酬"模式，基于岗位的能力占了岗位薪酬总额的绝大部分。能力的高低和进一步的提升与薪酬是紧密结合在一起的，其设计的假设基础是高的能力一定取得高的绩效。其向员工传递的信息是——高能力会取得高绩效，能力提高其薪酬就跟着提高。

这种薪酬模式的优点是：

（1）增强了员工提高能力的意愿。

（2）如果员工能力得到提高会受到激励。

（3）薪酬支持和强调能力的价值。

这种薪酬模式的缺点是：

（1）可能导致忽视绩效。

（2）由于能力和薪酬完全相关，可能导致员工对自己能力的高估。

（3）如何使能力与绩效关联。

（4）建立一套科学能力评价模式存在难度。

总之，这些方法各有优缺点，不论企业如何处理为员工能力付酬的问题，都必须以自身的价值观念、战略发展、面临的环境等方面来决定选择哪一种方法；都必须考虑是否有利于支持企业的经营发展，使员工取得成就和工作满意度。

资料来源：世界经理人互动社区。

职位评价方法

制定基于职位的薪酬体系时，关键的一项工作便是开展职位评价，因为职位价值贯穿于这种薪酬体系的始终。职位评价是一种系统地测定每一职位在组织内部价值结构中所占位置的技术。它以岗位职责和任务在整个工作中的相对重要程度的评估结果为标准，以岗位在正常情况下对任职者的要求进行的系统分析和对照为依据，而不考虑个人的工作能力或具体的工作表现。职位评价的目的有两个：一是比较组织内部各职位的相对重要性，对职位进行科学测评，判定职位价值大小，得出职位薪酬等级序列，从而实现薪酬的内部一致性；二是通过职位薪酬调查，将公司职位评价分数与外部薪酬水平建立联系，为建立公平、合理的薪酬制度提供依据。

职位评价具有如下五个特点：

（1）"对职位不对人"，即职位价值评估的对象是企业中客观存在的某个职位，而不是某一个任职者。在职位评价的过程中，一定要根据职位本身的职责和任职资格条件来进行评价，而不是过多考虑任职者的能力、绩效等情况。

（2）职位价值评估衡量的是职位的相对价值，而不是绝对价值。职位价值评估是根据预先规定的衡量标准，对职位的主要影响指标逐一进行测定、评比、估价，由此得出各个职位的量值，使职位之间有对比的基础。也就是说，职位最终所得到的评价点数或分数本身是没有任何绝对意义的，只能用来进行职位价值的相对比较。

（3）职位评价是对组织各类具体劳动的抽象化、定量化过程。在职位评价过程中，根据事先规定的、比较系统的、全面反映职位现象和本质的职位评价指标体系，对职位的主要影响因素逐一进行测定、评比和估价，由此得出各个职位的量值。这样，各个职位之间也就有了对比的基础，最后根据评定结果，对职位划分出不同的等级。

（4）职位价值评估是先对性质相同的职位进行评判，然后根据评定结果再划分出不同的等级。

（5）岗位评价需要运用多种技术和方法。职位评价主要运用劳动组织、劳动心理、劳动卫生、环境监测、数理统计知识和计算机技术，适用排列法、分类法、评分法、因素比较法等四种基本方法，才能对多个评价因素进行准确的评定或测定，最终作出科学评价。

职位评价的方法有量化评价法和非量化评价法两种。所谓的非量化评价法，就是仅仅从总体上来确定不同职位之间的相对价值顺序；量化评价法则是通过一套等级尺度系统来确定一种职位的价值比另一种职位的价值具体高多少或低多少。常用的非量化的评价方法有排序法和分类法，量化评价方法则可分为要素比较法和要素计点法。

一、排序法

排序法就是指职位评价者首先对职位说明书进行审查，然后根据各个职位对公司的价值对其进行相对排序。排序法是一种最简单的职位评价方法，它根据总体上界定的职位的相对价值或者职位对组织成功所作出的贡献来将职位进行从高到低的排列。排序法又可以具体划分为三种：直接排序法、交替排序法以及配对比较排序法。

1. 直接排序法

直接排序法是指简单地根据职位的价值大小从高到低或从低到高对职位进行总体上的排序。如按照职位价值从高到低可排出如下职位序列：总裁、首席建筑师、设计师、高级技师、技师、接待员。

2. 交替排序法

交替排序法是指先从待评价职位中找出价值最高的一个职位，然后再找出价值最低的一个职位。然后再接着从剩余的职位中找出价值最高和价值最低的职位。如此循环，直到所有的职位都被安排好顺序为止。以表5-2为例，说明交替排序法职位评价过程。

表5-2 交替排序法职位评价

职位	评价者1	评价者2	评价者3	评价者4	评价者5	综合	排序名次
总经理	1	1	1	2	1	1.2	1
市场经理	2	2	2	1	2	1.8	2
市场专员	3	4	3	3	3	3.2	3
项目助理	4	3	4	4	4	3.8	4
会计	5	5	6	5	5	5.2	5
出纳	6	6	5	6	6	5.8	6
前台	7	7	7	7	7	7	7

交替排序法操作步骤如下：

（1）选择职位评价者：评价者的合适人数为5~10人，在本案例中，职位评价者为5人。

（2）确定需要评估的职位：本案例需要评价的职位为7个。

（3）开展工作分析，撰写职位说明书，作为职位评价的资料依据。

（4）确定职位排序因素：综合考虑工作职位、工作权限、任职资格、工作条件以及工作环境等因素。

（5）对职位进行评价排序：以评价者2为例，先选择职位价值最高的，在总经理职位上写上序号"1"，再确定价值最低的，在前台职位上写上序号"7"，然后依次在市场经理、出纳、项目经理、会计、市场专员等职位处标注出"2"、"6"、"3"、"5"、"4"，按照这样的程序，评价者2便完成了职位评价。

（6）评价结果统计：统计每位评价者的评价结果，计算各职位的平均分，依据平均分进行排序，得到最终的评价结果。

3. 配对比较排序法

配对比较排序法是首先将每一个需要被评价的职位都与其他所有职位分别加以比较，然后根据职位在所有比较中的最终得分来划分职位的等级顺序。评分的方法是：价值较高者得1分，价值较低者失去1分，价值相同者双方得零分。以表5-3为例，说明配对比较排序法职位评价过程。

表5-3　配对比较排序法职位评价

	岗位1	岗位2	岗位3	岗位4	岗位5	岗位6	岗位7	岗位8	岗位9	岗位10	总分
岗位1		0	0	0	0	0	0	0	0	0	0
岗位2	1		1	0	1	1	0	0	0	1	5
岗位3	1	0		0	0	0	0	1	0	1	3
岗位4	1	1	1		0	0	0	1	0	0	4
岗位5	1	0	1	1		1	1	1	0	0	6
岗位6	1	0	1	0	1		0	0	0	0	3
岗位7	1	1	1	1	0	1		1	1	1	8
岗位8	1	1	0	0	0	1	0		0	0	3
岗位9	1	1	1	1	1	1	0	1		0	7
岗位10	1	0	0	1	1	1	0	1	1		

配对比较排序法的操作步骤如下：

（1）选择职位评价者：一般评价者要5～10人，本案例职位评价者为5人。

（2）确定需要评估的职位：本案例评估的职位为10个。

（3）设计评价对比表格，表格形式如表5-3所示。

（4）进行工作分析，撰写职位说明书，以此作为职位评价的依据。

（5）确定职位排序因素：综合考虑工作职责、工作权限、任职资格、工作条件以及工作环境等因素。

（6）对职位进行评价排序：比如，职位1与职位2相比，职位1的价值没有职位 2 大，因此在职位 1 所在行与职位 2 所在列交叉位置上记"0"；再比如职位 5 比职位 6 价值大，那么在职位 5 所在"行"与职位 6 所在"列"交叉位置上记"1"。然后，把所有职位两两进行相比，价值大者在所在"行"位置记"1"，价值小者在所在"行"位置记"0"。

（7）统计计算：将每个职位得分沿"行"方向汇总，得出总分，将总分进行排序，分高者价值大。

排序法的特点如下：

（1）操作简单，成本较低。

（2）在对职位进行排序时，各个评价者很难达成共识，尤其在一些价值差异不是很明显的职位之间。

（3）主观性较强，难免出现偏见。

（4）所得到的职位评价只是职位之间进行相对比较的结果，很难体现出具体的价值差距大小。

（5）当职位的数量较多时，排序法使用起来难度会很大。

二、分类法

分类法是排序法的改进，它是首先确定好类别等级，然后将各种职位放入事先确定好的不同职位等级中的一种职位评价方法。分类法的主要特点为：各种级别及其结构在职位被排列之前就建立起来。对所有的职位评估只需参照级别的定义把被评估的职位套进合适的级别里面。

分类法的操作步骤如下：

（1）确定适合的职位等级数量。组织中职位等级的数量与组织结构紧密相关，传统的金字塔形组织结构非常强调组织内部的等级以及官僚结构，因此职位等级的划分会比较细，而采用宽带薪酬结构的企业，职位等级的划分则会比较粗泛，因为组织更重视员工的工作能力，而不是职位本身的细微价值差异。

（2）确定每一职位等级的定义。职位等级的定义包括：被分配到该等级中的职位所承担责任的性质、所承担职责的复杂程度以及任职者胜任该职位所需要的工作技能等。

（3）对职位进行评价，将其归入合适的职位等级中。仔细阅读每一个职位完整的职位说明书，将其与所设定的等级标准进行比较，将职位定位在适合的职位等级中。

分类法的优点如下：

（1）操作起来比较简单，成本低，不会花费较多的时间。

（2）对技术的要求不高，所以不用在培训评价者上花费较大的工夫。

（3）管理成本低，当组织中存在大量比较类似的职位时，可以容易地将各种职位归并到一个系统下。

分类法的缺点如下：

（1）对于组织结构较复杂的企业，很难建立起通用的职位等级定义。

（2）确定职位等级的定义时，很容易出现范围过宽或过窄的情形，导致某些职位职能生硬地被归入到不太相符的职位等级中。

（3）对职位要求的说明可能会比较复杂，对组织变革的反应也不太敏感。

（4）很难具体说明不同等级的职位之间的价值差距，因而不太适用于薪酬的确定。

三、要素计点法

要素计点法是一种比较复杂的量化职位评价技术，也是最为常用的定量职位评价方法。应用时，首先需要确定组织为评价职位的价值需要运用的报酬要素有哪些，然后再根据程度差别对每个报酬要素进行等级划分和等级定义，并且赋予每一个报酬要素不同的权重，赋予每一个报酬要素等级不同的点值。随之，职位评价者把职位在每一个报酬要素上得到的点值进行加总，从而得出职位最终获得的总点值，最后再根据每一个职位的总点值大小对所有职位进行排序——便完成了整个职位评价的过程。要素计点法具体包括如下几个操作步骤。

1. 确定合适的报酬要素

报酬要素是指一个组织认为在多种不同的职位中都包括的一些对其有价值的特征，这些特征有助于组织战略以及组织目标的实现。在实践中，最常见的四维报酬要素主要是责任、技能、努力以及工作条件及其相关子要素。

★美国《同工同酬法案》所强调的报酬要素如下：

（1）技能。

（2）努力程度。

（3）责任。

（4）工作条件。

★著名咨询公司合益公司的职位评价体系包括的报酬要素如下：

（1）知识。

（2）解决问题的能力。

（3）责任。

★美国联邦政府的职位分类系统采用的报酬要素如下：

（1）工作的难度以及多样性。

（2）所受到的监督以及所实施的监督。

（3）工作所要求的判断力。

（4）工作所要求的创造性。

（5）工作中人际交往的性质和目的。

（6）责任。

（7）经验要求。

（8）工作所需要的知识。

★管理类职位的报酬要素往往包括：

（1）职位的范围。

（2）工作的复杂性。

（3）工作的难度。

（4）工作的创造性要求。

★专业类职位的报酬要素主要应集中在：

（1）解决问题。

（2）创造性。

（3）职位的范围。

（4）技术知识。

（5）经验要求。

关于报酬要素的选择，有如下几个注意事项：

（1）通过报酬要素可以体现出职位价值。

（2）报酬要素是可以清晰界定和量化的。

（3）对于职位评价系统中的所有职位，报酬要素具有共通性。

（4）报酬要素必须能够体现出组织对任职者的所有期望，并且当任职者达到这种期望后，组织愿意支付相应的报酬。

（5）当确定报酬要素的数量的时候，要符合便于管理的原则。

2. 为每一种报酬要素划分等级，对各个等级赋予具体含义

报酬要素的等级数量取决于组织内部所有被评价职位在该报酬要素上的差异大小，差异程度越大，报酬要素的等级数量便越多；反之，则会较少一些。

3. 确定每一种报酬要素在职位评价体系中所占的权重或者相对价值

每一个报酬要素在体现职位价值方面并不是等量齐观的，这便需要确定不同报酬要素的权重。权重的划分不仅与企业所在的行业、技术、市场等特点有关，还与组织的战略、文化和价值观密切相关。

4. 确定每一种报酬要素的不同等级所对应的点值

当确定了各种报酬要素所占的权重后，便需要为职位评价体系确定一个比较合适的总点数或总分，比如 1000 点、800 点或 500 点。一般来说，总点数的数值与被评价的职位数量成正比，总点数的确定需遵循这样一个原则：通过总点数，能够准确、清晰地反映出不同职位之间的价值差异。

5. 以报酬要素为依据，分析和评价每一个职位

对于所评价的职位，评价者评估该职位在每一个既定的报酬要素上处于哪一个等级，然后将等级与点数相对应，确定被评价职位在该报酬要素上的点数。当得到职位在所有报酬要素上的应得点数后，将职位在所有报酬要素上的得分进行相加即可得到该职位的最终评价点数。

6. 对所有职位按照点数由高到低的顺序建立职位等级结构

将所有职位的评价点数都算出来以后，按照点数高低加以排列，然后根据等差的方式对职位进行等级划分，编制职位等级表的工作便大功告成了。

以上内容可以表 5-4 至表 5-8 为例。

表 5-4　某公司生产岗位报酬要素表

报酬因素		等级数量	点值	合计数
大要素	细分要素			
劳动技能	文化理论知识	4	25	120
	操作技能	4	45	
	作业复杂程度	3	35	
	预防、处理事故复杂程度	4	15	

（续表）

报酬因素		等级数量	点值	合计数
大要素	细分要素			
劳动责任	质量责任	4	25	100
	原材料消耗责任	4	25	
	经济效益责任	4	25	
	安全责任	4	25	
劳动强度	体力劳动强度	4	50	140
	脑力消耗疲劳程度	4	40	
	作业姿势	3	30	
	工时利用率和工作班制	4	20	
劳动环境	作业条件危险性	4	20	40
	有毒有害危害	4	10	
	噪声危害	4	10	
合　计			400	400

表 5-5　劳动技能相关因素等级的界定

	定义：评价职位对人文、技术理论知识的要求		
文化理论知识	等级 1	10 分	了解本职位专业理论知识，具有初中以上文化程度
	等级 2	15 分	熟悉本职位专业技术理论知识，了解相关工种的一般技术理论知识，具有初中以上文化程度
	等级 3	20 分	职位专业技术理论要求较高，了解相关工种主要技术理论知识，具有高中或技工学校以上文化程度
	等级 4	25 分	职位专业技术理论要求高，较全面了解相关工程技术理论知识，具有高中或技工学校以上文化程度
	定义：评价职位对技术的复杂程度和技能的积累程度的要求		
操作技能	等级 1	5 分	技术操作技能要求简单
	等级 2	15 分	技术一般，操作技能要求一般，需要半年以上实习期
	等级 3	30 分	技术操作比较复杂，操作技能要求较高，需要 1 年以上实习期
	等级 4	45 分	技术复杂，操作技能要求高，需要 2 年以上实习期

（续表）

作业复杂程度	定义：评价职位对操作工艺的复杂程度和职位间协调要求		
	等级 1	10 分	操作工序单一、工作物对象简单
	等级 2	25 分	操作工序较多，工作物对象难度一般，需交叉配合作业
	等级 3	35 分	操作工序多，工作物对象难度大，在多工种交叉作业中起关键作用
预防、处理事故复杂程度	定义：评价岗位对预防事故和处理事故所具备的能力水平要求		
	等级 1	0 分	对预防、处理事故的技术能力没有专业要求
	等级 2	5 分	对预防、处理事故的技术能力水平要求一般
	等级 3	10 分	对预防、处理事故的技术能力水平较高
	等级 4	15 分	对预防、处理事故的技术能力要求高

表 5-6　劳动责任相关因素等级的确定

质量要求	定义：评价职位劳动对最终产品质量所负责任大小		
	等级 1	5 分	对最终产品质量基本无影响
	等级 2	12 分	对最终产品质量有一定影响
	等级 3	18 分	对最终产品质量有较大影响
	等级 4	25 分	对最终产品质量有决定性影响
原材料消耗责任	定义：评价职位劳动对物质消耗影响程度		
	等级 1	5 分	对最终产品的成本基本无影响
	等级 2	12 分	对最终产品的成本影响一般
	等级 3	18 分	对最终产品的成本影响较大
	等级 4	25 分	对最终产品的成本影响大
经济效益责任	定义：评价岗位劳动对经济效益的影响程度		
	等级 1	5 分	职位劳动对企业经济效益影响较小
	等级 2	12 分	职位劳动对企业经济效益影响一般
	等级 3	18 分	职位劳动对企业经济效益影响较大
	等级 4	25 分	职位劳动对企业经济效益影响大
安全责任	定义：评价职位工作对生产安全性的影响程度		
	等级 1	5 分	操作环境不会引起伤害事故
	等级 2	12 分	操作环境很少发生伤害事故，损失较轻
	等级 3	18 分	操作一般不会引发较大的伤害事故，损失较重
	等级 4	25 分	操作环境引发伤害事故的可能性较大，造成的损失严重

表 5-7 劳动强度相关因素等级的确定

	定义：评价职位对任职者的体力消耗强度的影响		
体力劳动强度	等级 1	10 分	轻体力劳动
	等级 2	25 分	一般体力劳动
	等级 3	40 分	较重体力劳动
	等级 4	50 分	重体力劳动
脑力消耗与疲劳程度	定义：评价职位对任职者的脑力消耗程度和疲劳强度的影响		
	等级 1	10 分	操作时注意力较分散，不太容易疲劳
	等级 2	20 分	操作时注意力一般，疲劳强度一般
	等级 3	30 分	操作时注意力较集中，容易疲劳
	等级 4	40 分	操作时需注意力高度集中，极易疲劳
作业姿势	定义：评价职位任职者的劳动姿势对生理器官的疲劳程度的影响		
	等级 1	10 分	基本上坐式操作
	等级 2	20 分	基本上站式操作
	等级 3	30 分	多种劳动姿势交叉作业，且频率高，有间断性
工时利用率和工作班制	定义：评价职位劳动时间的利用程度和工作班制对劳动者的体力影响		
	等级 1	5 分	年作业天数少于 250 天，日工时利用率低于 70%，一班制
	等级 2	10 分	年作业天数在 250～260 天，日工时利用率在 70%～80%，一班或多班制
	等级 3	15 分	年作业天数在 260～279 天，日工时利用率在 80%～90%，一班或多班制
	等级 4	20 分	年作业时间在 280 天以上，日工时利用率在 90% 以上，一班或多班制

表 5-8 劳动环境相关因素等级的确定

	定义：评价职位对任职者或他人可能引起的危险程度		
作业条件危险性	等级 1	5 分	不可能对人体造成任何伤害
	等级 2	10 分	不注意可能会对人体造成轻度伤害
	等级 3	15 分	不注意可能会对人体造成较严重的伤害
	等级 4	20 分	不注意就可能会造成致命的伤害

（续表）

有毒有害气体、粉尘危害程度	定义：评价职位任职者由于接触有毒有害气体、粉尘物对其健康的影响		
	等级1	2分	任职者基本上不接触有毒有害物质
	等级2	5分	任职者需直接接触轻微有毒有害物质，对任职者健康影响较轻
	等级3	8分	任职者需直接接触轻微有毒有害物质，对任职者健康有一定影响
	等级4	10分	任职者需直接接触轻微有毒有害物质，对任职者健康有较重影响
噪声危害	定义：评价职位任职者由于接受噪声影响对其身体健康的危害程度		
	等级1	2分	工作环境基本不受噪声影响
	等级2	5分	工作环境的噪声一般，对任职者健康有轻微影响
	等级3	8分	工作环境的噪声较大，对任职者健康影响较重
	等级4	10分	工作环境的噪声大，对任职者健康影响较严重

要素计点法的优点如下：

（1）要素计点法是一种量化的评价方法，评价结果更为精确。

（2）可以运用具可比性的点数对不相似的职位进行比较。

（3）可广泛应用于蓝领和白领职位。

（4）通过职位比较的基础——报酬要素，传达出组织的需要和文化。

要素计点法的缺点如下：

（1）操作起来费时耗力，工作量较大，如工作开展前首先需要进行详细的职位分析、设计结构化的职位调查问卷等。

（2）在报酬要素的界定、等级定义以及点数权重确定等方面，主观性较强，当评价者较多时，容易出现意见参差不齐的现象。

四、要素比较法

与要素计点法一样，要素比较法也是一种量化的职位评价技术，从本质上来看，要素比较法属于一种比较复杂的排序法。要素比较法的操作要领是，多次选择报酬要素，并据之分别对职位进行排序，然后把每个职位在各个报酬要素上的得分通过加权得到一个总分，最后得出所有职位的排序等级。要素比较法的具体操作步骤有以下几方面。

1. 根据职位说明书确定职位的报酬要素

工作分析是要素比较法的前提工作，需要通过工作分析撰写标准、规范的职位说明书，并需要据此确定用来对职位进行比较的依据和尺度，即报酬要素。在应用要素比较法时通常选择的报酬要素有五个：

（1）心理要求。

（2）身体要求。

（3）技术要求。

（4）承担责任。

（5）工作条件。

2. 选择典型职位或基准职位

评价小组首先需要从企业中选择15～20个典型职位来作为职位评价的对象，其他职位的价值则通过与这些典型职位之间的报酬要素比较而得出。所选择的典型职位需要符合两个标准：其一，能够代表所要评价的职位序列中的绝大多数职位；其二，典型职位必须是广为人知的。

3. 以报酬要素为依据，对典型职位进行排序

每个评价者根据不同的报酬要素分别对典型职位进行排序，然后再以开会讨论或者计算平均排序值的方法来决定每个职位的序列值。如按照该步骤需要对职位 A、职位 B、职位 C、职位 D 进行排序，评价结果则如表5-9所示，其中 1 为最高分值，4 为最低分值。也就是说，从心理要求角度来看，职位 A 对心理要求最高，职位 D 对心理要求最低。

表5-9 对典型职位的报酬要素排序举例

	心理要求	生理要求	技术要求	承担责任	工作条件
职位 A	1	4	1	1	2
职位 B	3	1	3	4	4
职位 C	2	3	2	2	3
职位 D	4	2	4	3	1

4. 将每一典型职位的薪资水平分配到其内部的每一个报酬要素上去

评价者首先判断出每一个报酬要素对典型职位的贡献占有多大比例，然后根据该职位事先确定的薪资水平确定每一个报酬要素的价值，即将薪资水平按照价值比例分配到每一个报酬要素上。

5. 根据每个典型职位内部的每一个报酬要素的价值分别对职位进行多次排序

确定了每一个典型职位所有报酬要素的价值后，根据每一种报酬要素的价

值的大小对职位进行多次排序，如表5-10所示。

表5-10　根据每一种报酬要素的价值对职位进行的多次排序

单位：元

取位	小时工资	心理要求	生理要求	技术要求	承担责任	工作条件
职位 A	9.80	4.00（1）	0.40（4）	3.00（1）	2.00（1）	0.40（2）
职位 B	5.60	1.40（3）	2.00（1）	1.80（3）	0.020（4）	0.20（4）
职位 C	6.00	1.60（2）	1.30（3）	2.00（2）	0.80（2）	0.30（3）
职位 D	4.00	1.20（4）	1.40（2）	0.40（4）	0.40（3）	0.60（1）

6. 根据排序结果选出不便于利用的典型职位

根据步骤3和步骤5进行操作，会得出两种排序方案，前者根据5个报酬要素在不同职位中的价值高低对职位进行排序，后者引入了薪资水平数据，定量地反映出了报酬要素在薪资水平决定中所具有的重要性的大小。通常来说，两次排序结果应该是一样的，如果两种结果差异较大，便表明典型职位选择失当，需要筛选出不便于利用的典型职位。

7. 建立典型职位报酬要素等级基准表

将典型职位的每种报酬要素的薪酬水平确定下来后，便可以建立起一张典型职位报酬要素的等级基准表。以根据步骤5所得出的表格为例，绘制典型职位报酬要素等级基准表如表5-11所示。

表5-11　职位报酬要素等级基准表

薪资水平（元）	心理要求	身体要求	技术要求	承担责任	工作条件
0.20				职位 B	职位 B
0.30					职位 C
0.40		职位 A	职位 D	职位 D	职位 A
0.50					
0.60					职位 D
0.70					
0.80				职位 C	
0.90					
1.00					
1.10					
1.20	职位 D				

（续表）

薪资水平（元）	心理要求	身体要求	技术要求	承担责任	工作条件
1.30		职位 C			
1.40	职位 B	职位 D			
1.50					
1.60	职位 C				
1.80			职位 B		
2.00		职位 B	职位 C	职位 A	
2.20					
2.40					
2.60					
3.00			职位 A		
3.50					
4.00	职位 A				
4.50					

8. 根据典型职位报酬要素等级基准表来确定其他职位的工资

对于待评价的职位，将其报酬要素与典型职位的报酬要素进行对比，确定出待评价职位的每一报酬要素与典型职位报酬要素等级基准表中的哪一个或哪几个典型职位的同一要素最为接近。然后，便可将与之最相近的那个或那些职位的报酬要素的价值作为确定待评价职位在该报酬要素上的货币价值的依据。比如，我们现在需要确定某职位的薪资水平，可以先选定"心理要求"这一报酬要素，然后将其与表中的典型职位进行比较，如果该职位的心理要求介于职位 B 的心理要求和职位 C 的心理要求之间，我们就可以将该职位的心理要求的货币价值定为 1.50 元。以此类推，可以逐一获得该职位其他报酬要素的货币价值，最后将五个报酬的货币价值相加便可以得出该职位的薪资水平。

要素比较法的优点如下：

（1）这是一种比较精确、系统、量化的职位评价方法，便于评价人员作出正确判断。

（2）易于将其解释给员工。

要素比较法的缺点如下：

（1）评价过程过于复杂，耗时费力。

（2）界定为 5 个报酬要素是一种普遍的做法，但对于某些行业和组织，这 5 个报酬要素则显然不适用。

五、海氏工作评价系统

海氏工作评价系统是国际上使用最广泛的一种岗位评估方法。据统计，世界 500 强的企业中有 1/3 以上的企业在进行岗位评估时都采用了海氏工作评价系统。海氏工作评价系统又叫"指导图表—形状构成法"，是由美国工资设计专家爱德华·海（Edward Hay）于 1951 年研究开发出来的。该系统有效地解决了不同职能部门的不同职务之间相对价值的相互比较和量化的问题，在世界各国上万家大型企业推广应用并获得成功，被企业界广泛接受。

海氏工作评价系统实质上是一种评分法，认为所有职位所包含的报酬因素可以抽象为三种具有普遍适用性的因素，即智能水平、解决问题的能力和风险责任，爱德华·海设计了三套标尺性评价量表，最后将所得分值加以综合，算出各个工作职位的相对价值。海氏认为，一个岗位之所以能够存在的理由是必须承担一定的责任，即该岗位的产出。那么通过投入什么才能有相应的产出呢？即担任该岗位人员的知识和技能。那么具备一定"知能"的员工通过什么方式来取得产出呢？是通过在岗位中解决所面对的问题，即投入"知能"通过"解决问题"这一生产过程，来获得最终的产出"应负责任"。体系的逻辑关系是：投入—过程—产出，即投入智能来解决问题，完成应负的责任。

根据这个系统，所有职务所包含的最主要的报酬因素有三种，每一个报酬因素又分别由数量不等的子因素构成。

（一）技能水平

技能水平是指使绩效达到可接受程度所必须具备的专门业务知识及其相应的实际操作技能，是知识和技能的总称。技能水平具体包含三个子因素。

1. 专业理论知识

对从事岗位工作所要求的职业领域理论、实际方法与专门知识的理解。该子因素分为 8 个等级，从基本的（第 1 级）到权威专门技术的（第 8 级）。

（1）基本的，熟悉简单工作程序，如复印机操作员。

（2）初步业务的，能同时操作多种简单的设备以完成一个工作流程，如接待员、打字员、订单收订员。

（3）中等业务的，熟悉基本的方法和工艺技术，需具有使用专业设备的能力，如人力资源助理、秘书、客户服务员、电气技师。

（4）高等业务的，能应用较为复杂的流程和系统，此系统需要应用一些技术知识（非理论性的），如调度员、行政助理、撰稿人、维修领班、资深贸易员。

（5）基本专门技术，对涉及不同活动实践相关的技术有相当的理解，或者对相关的理论和原则基本理解，如会计、劳资关系专员、工程师、人力资源顾问、中层经理。

（6）熟练专门技术，通过对某一领域的深入实践而具有相关知识，或者/并且掌握了科学理论，如人力资源经理、总监、综合部门经理、专业人士（工程、法律等方面）。

（7）精通专门技术，精通理论、原则和综合技术，如专家（工程、法律等方面）、CEO、副总、高级副总裁。

（8）权威专门技术，在综合技术领域成为公认的专家。如公认的专家。

2. 管理诀窍

与计划、组织、执行、控制及评价等职能有关，分为起码的、有关的、多样的、广博的和全面的五个等级：

（1）起码的，仅关注活动的内容和目的，而不关心对其他活动的影响，如会计、分析员、一线督导、经理、业务员。

（2）有关的，决定部门各项工作的方向，工作涉及的部门协调职能等，如主任、执行经理等。

（3）多样的，决定一个部门的方向或对组织的表现有决定性的影响，如助理副总、副总、事业部经理等。

（4）广博的，决定主要部门的方向，或对组织的规划、运作有战略性的影响，如中型组织 CEO、大型组织的副总。

（5）全面的，对组织进行全面管理，如大型组织的 CEO。

3. 人际技能

人际技能，即有关激励、沟通、协调、培养等人际关系技巧，分为基本的、重要的和关键的三个等级。

（1）基本的，胜任多数岗位所需的基本的人际沟通技巧，基本沟通技巧要求在组织内与其他员工进行礼貌和有效的沟通，以获取信息和解决疑问，如会计、调度员、打字员。

（2）重要的，理解和影响他人是此类工作的最主要要求，此种能力既要理解他人的观点，也要有说服力以影响行为、改变他人观点或者改善处境，对于安排并督导他人工作的人，需要此类的沟通能力，如订货员、维修协调员、青年辅导员。

（3）关键的，对于需理解和激励人的岗位，需要最高级的沟通能力，需要谈判技巧的岗位的沟通技巧也属此等级，如人力资源督导、小组督导、大部分经理、大部分一线督导、CEO、助理副总、副总等。

（二）解决问题能力

解决问题能力与职位要求任职者对环境的应变力和要处理问题的复杂度有关，海氏岗位评价法将其视为"技能水平"的具体应用，解决问题的能力有两个子因素：思维环境和思维难度。

1. 思维环境

思维环境是指可从他人或过去的案例中获得的指导。思维环境可分为高度常规的、常规性的、非常规性的、标准化的、明确规定的、广泛规定的、一般规定的和抽象规定的八个等级。

（1）高度常规性的，有非常详细和精确的法规和规定提供指导，并可获得不断的协助。

（2）常规性的，有非常详细的标准规定，并可立即获得协助。

（3）半常规性，有较明确意义的复杂流程，有很多的先例可参考，并可获得适当的协助。

（4）标准化的，有清晰但较为复杂的流程，有较多的先例可参考，可获得协助。

（5）明确规定的，对特定目标有明确规定的框架。

（6）广泛规定的，对功能目标有广泛规定的框架，在某些方面有些模糊、抽象。

（7）一般规定的，为达成组织目标和目的，在概念、原则和一般规定的原则下思考，有很多模糊、抽象的概念。

（8）抽象规定的，依据商业原则、自然法则和政府法规进行思考。

2. 思维难度

思维难度按解决问题所需创造性由低到高的顺序排列，可分为重复性的、模式化的、中间型的、适应性的和无先例的五个等级。

（1）重复性的，特定的情形仅需对熟悉的事情作简单的选择。

（2）模式化的，相似的情形仅需对熟悉的事情进行鉴别性选择。

（3）中间型的，不同的情形，需要在熟悉的领域内寻找答案。

（4）适应性的，变化的情形要求分析、理解、评估和构建方案。

（5）无先例的，新奇的或不重复的情形，要求创造新理念和富有创意的解决方案。

（三）风险责任

风险责任有三个子因素：行动的自由度、职务对后果形成的影响及职位责任。

1. 行动的自由度

行动的自由度是指任职者受指导和控制的程度，分为有规定的、受控制的、标准化的、一般性规范的、有指导的、方向性指导的、广泛性指引的、战略性指引的和一般性无指引的九个等级。

（1）有规定的，此岗位有明确工作规程或者有固定的人督导。如体力劳动者、工厂工人等。

（2）受控制的，此岗位有直接和详细的工作指示或者严密的督导。如普通维修工、一般文员等。

（3）标准化的，此岗位有工作规定并已建立了工作程序并受严密的督导。如贸易助理、木工等。

（4）一般性规范的，此岗位全部或部分有规定的规程、一般工作指导和督导。如秘书、生产线工人、大多数一线文员。

（5）有指导的，此岗位全部或部分有先例可依或有明确规定的政策，也可获督导。如大多数专业职位、部分经理、部分主管等。

（6）方向性指导的，仅就本质和规模，此岗位有相关的功能性政策，需决定其活动范围和管理方向。如某些部门经理、某些总监、某些高级顾问等。

（7）广泛性指导的，就本质和规模，此岗位有粗放的功能性政策和目标，以及宽泛的政策。如某些执行经理、某些副总经理、某些副总等。

（8）战略性指导的，有组织政策的指导，受法律和社会限制，组织委托的关键执行人员。如某些副总、CEO 等。

（9）一般性无指引的，没有任何文件、先例作为工作的指导依据。

2. 职务对后果形成的影响

职务对后果形成的影响分为后勤性和咨询性间接辅导作用，与分摊性和主要性直接影响作用二大类、四个级别。

（1）后勤，这些岗位由于向其他岗位提供服务或信息而对职务后果形成作用。如某些文员、数据录入员、后勤员工、内部审计、门卫等。

（2）辅助，这些岗位由于向其他岗位提供重要的支持服务而对结果有影响作用。如操作员、秘书、工程师、会计、人力资源经理等。

（3）分摊，此岗位对结果有明显的作用，介于辅助和主要之间。

（4）主要，此岗位直接影响和控制结果。如督导、经理、总监、副总裁等。

3. 职位责任

职位责任大小分为微小、少量、中级和大量四个等级，并有相应的金额范围。

智能水平、解决问题能力和风险责任这三个因素，在加总评价分数时实际上被归结为两个方面：

（1）技能水平与解决问题能力的乘积，反映的是一个工作职位人力资本存量使用性价值，即该工作职位承担者所拥有的技能水平（人力资本存量）实际使用后的绩效水平。

（2）风险责任则反映的是某工作职位人力资本增量创新性价值，即该工作职位承担者利用其主观能动性进行创新所获得的绩效水平。

海氏认为职务具有一定的"形状"，这个形状主要取决于技能和解决问题的能力两因素相对于职务责任这一因素的影响力间的对比和分配。

根据三种职务的"职务形态构成"，赋予三种职务三个不同因素以不同的权重，即分别向三个职务的技能、解决问题的能力两因素与责任因素指派代表其重要性的一个百分数，这两个百分数之和恰为100%。根据一般性原则，我们粗略地确定"上山型"、"下山型"、"平路型"，两组因素的权重分配分别为（40%＋60%）、（70%＋30%）、（50%＋50%）。

综合加总时，可以根据企业不同工作职位的具体情况赋予两者以权重。职务评价的最终结果可用以下计算公式一般地表示为：

$$W_i = \gamma \left[f_i (T, M, H) \cdot Q \right] + \beta \left[f_i (F, I, R) \right]$$

式中 W_i 表示第 i 种工作职位的相对价值；

$f_i (T, M, H) \cdot Q$ 为第 i 种工作职位人力资本存量使用性价值；

$f_i (F, I, R)$ 为第 i 种工作职位人力资本增量创新性价值；

γ、β 分别表示第 i 种工作职位人力资本存量使用性价值和增量创新性价值的权重，$\gamma + \beta = 1$。

一般情况下，γ、β 的取值大致有三种情况：

（1）$\gamma = \beta$，如会计、技工等工作职位的情形（平路型）。

（2）$\gamma > \beta$，如工程师、营销员等工作职位的情形（下山型）。

（3）$\gamma < \beta$，如总裁、副总裁、经理人员等工作职位的情形（上山型）。

T——专业理论知识（科学知识、专门技术及操作方法）。

M——管理诀窍（计划、组织、执行、控制及评价等管理诀窍）。

H——人际技能（有关激励、沟通、协调、培养等人际关系技巧）。

Q——解决问题能力。

F——行动自由度。

I——职务对后果形成的作用（行为后果影响）。

R——职务责任（风险责任）。

海氏工作评价指导如表5-12至表5-14所示。

表5-12　海氏工作评价指导图表之一——技能水平

管理诀窍 / 人际技能 / 专业理论知识	起码的			相关的			多样的			广博的			全面的		
	基本的	重要的	关键的	基本的	重要的	关键的	基本的	重要的	关键的	基本的	重要的	关键的	基本的	重要的	关键的
基本的	50	57	66	66	76	87	87	100	115	115	132	152	152	175	200
	57	66	76	76	87	100	100	115	132	132	152	175	175	200	230
	66	76	87	87	100	115	115	132	152	152	175	200	200	230	264
初等业务的	66	76	87	87	100	115	115	132	152	152	175	200	200	230	264
	76	87	100	100	115	132	132	152	175	175	200	230	230	264	304
	87	100	115	115	132	152	152	175	200	200	230	264	264	304	350
中等业务的	87	100	115	115	132	152	152	175	200	200	230	264	264	304	350
	100	115	132	132	152	175	175	200	230	230	264	304	304	350	400
	115	132	152	152	175	200	200	230	264	264	304	350	350	400	460

（续表）

管理诀窍	起码的			相关的			多样的			广博的			全面的		
高等业务的	115	132	152	152	175	200	200	230	264	264	304	350	350	400	460
	132	152	175	175	200	230	230	264	304	304	350	400	400	460	528
	152	175	200	200	230	264	264	304	350	350	400	460	460	528	608
基本专门技术	152	175	200	200	230	264	264	304	350	350	400	460	460	528	608
	175	200	230	230	264	304	304	350	400	400	460	528	528	608	700
	200	230	264	264	304	350	350	400	460	460	528	608	608	700	800
熟练专门技术	200	230	264	264	304	350	350	400	460	460	528	608	608	700	800
	230	264	304	304	350	400	400	460	528	528	608	700	700	800	920
	264	304	350	350	400	460	460	528	608	608	700	800	800	920	1056
精通专门技术	264	304	350	350	400	460	460	528	608	608	700	800	800	920	1056
	304	350	400	400	460	528	528	608	700	700	800	920	920	1056	1216
	350	400	460	460	528	608	608	700	800	800	920	1056	1056	1216	1400
权威专门技术	350	400	460	460	528	608	608	700	800	800	920	1056	1056	1216	1400
	400	460	528	528	608	700	700	800	920	920	1056	1216	1216	1400	1600
	460	528	608	608	700	800	800	920	1056	1056	1216	1400	1400	1600	1840

表 5-13　海氏工作评价指导图表之二——解决问题的能力（%）

思维难度 思维环境	重复性的	模式化的	中间型的	适应性的	无先例的
高度常规性的	10～12	14～16	19～22	25～29	33～38
常规性的	12～14	16～19	22～25	29～33	38～43
半常规性的	14～16	19～22	25～29	33～38	43～50
标准化的	16～19	22～25	29～33	38～43	50～57
明确规定的	19～22	25～29	33～38	43～50	57～66
广泛规定的	22～25	29～33	38～43	50～57	66～76
一般规定的	25～29	33～38	43～50	57～66	76～87
抽象规定的	29～33	38～43	50～57	66～76	87～100

表 5-14　海氏工作评价指导图表之三——风险责任

职务责任	大 小 等 级															
	微小				少量				中量				大量			
	金额范围															
职务对后果形成的影响	间接		直接		间接		直接		间接		直接		间接		直接	
	后勤	辅助	分摊	主要	后勤	辅助	分摊	主要	后勤	辅助	分摊	主要	后勤	辅助	分摊	主要
行动的自由度　有规定的	10	14	19	25	14	19	25	33	19	25	33	43	25	33	43	57
	12	16	22	29	16	22	29	38	22	29	38	50	29	38	50	66
	14	19	25	33	19	25	33	43	25	33	43	57	33	43	57	76
受控制的	16	22	29	38	22	29	38	50	29	38	50	66	38	50	66	87
	19	25	33	43	25	33	43	57	33	43	57	76	43	57	76	100
	22	29	38	50	29	38	50	66	38	50	66	87	50	66	87	115
标准化的	25	33	43	57	33	43	57	76	43	57	76	100	57	76	100	132
	29	38	50	66	38	50	66	87	50	66	87	115	66	87	115	152
	33	43	57	76	43	57	76	100	57	76	100	132	76	100	132	175
一般性规范的	38	50	66	87	50	66	87	115	66	87	115	152	87	115	152	200
	43	57	76	100	57	76	100	132	76	100	132	175	100	132	175	230
	50	66	87	115	66	87	115	152	87	115	152	200	115	152	200	264
有指导的	57	76	100	132	76	100	132	175	100	132	175	230	132	175	230	304
	66	87	115	152	87	115	152	200	115	152	200	264	152	200	264	350
	76	100	132	175	100	132	175	230	132	175	230	304	175	230	304	400
方向性指导的	87	115	152	200	115	152	200	264	152	200	264	350	200	264	350	460
	100	132	175	230	132	175	230	304	175	230	304	400	230	304	400	528
	115	152	200	264	152	200	264	350	200	264	350	460	264	350	460	608
广泛性指导的	132	175	230	304	175	230	304	400	230	304	400	528	304	400	528	700
	152	200	264	350	200	264	350	460	264	350	460	608	350	460	608	800
	175	230	304	400	230	304	400	528	304	400	528	700	400	528	700	920
战略性指引的	200	264	350	460	264	350	460	608	350	460	608	800	460	608	800	1056
	230	304	400	528	304	400	528	700	400	528	700	920	528	700	920	1216
	264	350	460	608	350	460	608	800	460	608	800	1056	608	800	1056	1400
一般性无指引的	304	400	528	700	400	528	700	920	528	700	920	1216	700	920	1216	1600
	350	460	608	800	460	608	800	1056	608	800	1056	1400	800	1056	1400	1840
	400	528	700	920	528	700	920	1216	700	920	1216	1600	920	1216	1600	2112

海氏岗位评估法的操作步骤

海氏岗位评估法是一种非常有效、实用的岗位测评方法，在企业的实际操作中，必须遵循一定的操作程序。很多企业在实施海氏测评法时，因没有按正规的操作流程操作，导致测评结果的准确性大打折扣。

第一步：标杆岗位的选取。

规模稍微大一点的企业，岗位往往比较多，如果全方位地进行岗位评估，评估者往往会因为被评估的岗位过多而敷衍了事，或者因岗位较多而难于对不同岗位进行区分，这样会使评估工作出现较多的偏差。

标杆岗位选择有三个原则：

（1）够用（过多就起不到精简的作用，过少非标杆岗位就很难安插，有些岗位价值就不能得到厘定）。

（2）好用（岗位可以进行横向比较）。

（3）中用（标杆岗位一定要能够代表所有的岗位）。

除了上述三个原则外，还有一个重要的原则：同一个部门价值最高和价值最低的岗位一定都要选取！

第二步：准备好标杆岗位的工作说明书。

工作说明书是岗位测评的基础，完善、科学的岗位说明书能大大提高测评的有效性。没有详细的工作说明书做基础，测评者就只能凭主观印象对岗位进行打分，尤其是当测评者不是对所有标杆岗位都很清晰的时候，测评者的主观性就会增大。

第三步：成立专家评估小组。

评估小组的人员由外部与内部两部分组成，企业外部的专家顾问能站在中立、客观的角度进行测评，同时还能培训内部测评人员的测评方法和技巧。企业内部的测评人员一般要求在企业任职时间较长，对企业的业务和岗位非常了解，在不同的部门任过职。企业内部的测评人员一定要有良好的品德，能客观公正地评价事务。

第四步：进行海氏评估法培训。

这一步往往需要借助外部专家的力量。海氏法是一门比较复杂的测评技术，涉及很多的测评技巧。在测评前，测评者一定要经过系统的培训，对海氏测评法的设计原理、逻辑关系、评分过程、评分方法非常了解才能从事测评工作。

第五步：对标杆岗位进行海氏评分。

海氏的评分工作一定要慎重。科学的做法是海氏法的培训讲师选出两个标杆岗位进行对比打分，详细阐述打分的过程和原由。同时，选择一名测评者做同样的演示，直到所有的测评者完全清楚后为止。测评者学会打分后，并不要立刻进行全面的海氏测评，可先选择部分标杆岗位进行测试，对测试结果统计分析，专家认为测试结果满意后再全面开展测评工作。如果一开始就全面展开测评工作，而测评结果因为测评者没有完全掌握测评技巧而不理想时，再进行第二轮测评会遭到很多人的反对。

第六步：计算岗位的海氏得分并建立起岗位等级。

计算岗位的海氏得分也很有技巧性。计算出各标杆岗位的平均分后，可算出每位评分者的评分与平均分的离差，对离差较大（超出事先设定标准）的分数可作去除处理。因为有些测评者为了本部门的利益或对有些岗位不熟悉而导致评分有较大偏差，在计算最后得分时务必要通过一些技术处理手段将这种偏差降低到最低程度。

各标杆岗位最后得分出来后，按分数从高到低将标杆岗位排序，并按一定的分数差距（级差可根据划分等级的需要而定）对标杆岗位分级分层。然后，再将非标杆岗位按其对应的标杆岗位安插到相应的层级中。

海氏工作评价系统应用举例

下面借助海氏工作评价系统对小车司机班班长、产品开发工程师、营销副总这三个职位进行评价，以便读者全面了解和运用海氏工作评价系统。

根据技能水平评价图表对小车司机班班长、产品开发工程师、营销副总这三个职务作相应的技能因素的相对价值的评价。

营销副总在企业中全面主管营销事务，而营销工作往往是企业中最难应付的工作，需要很高的管理技巧，因此在管理技巧方面应是全面的；营销副总要精通营销管理的各项专门知识，并要在下属当中树立起自己的权威性，方可充分调动广大营销人员的积极性，因此在专业知识方面应是权威专门的；在人际技巧方面，它需要熟练的人际技能，这是关键的，因此营销副总的技能因素价值分为 1 400。

产品研发工程师负责企业的研发工作要求有很高的专门知识，因此在专门知识方面应是精通专门技术的；在管理技巧方面，因其主要工作是独立开展研究工作的，无需管理或很少有开展管理活动的必要，因此应为起码的；在人际技能方面，应为基本的。因此产品研发工程师的技能价值分为304。

小车司机班班长在专业知识方面没有太多的要求，只需高等业务的；在管理诀窍方面，管理一批司机，工作简单，只需起码的；在人际技能方面，小车司机文化虽然不高，但均是为企业高级管理人员提供服务的，长期与高管人员在一起，因此在某种程度上有一定的特权，应付起来不太容易，需要最高一级即关键性的人际处理技巧。所以其技能因素价值分为175。

解决问题能力方面，这三个职位的评价分析如下；

营销副总是企业市场的开拓者，每天都要面对瞬息万变的市场独立作出营销决策，很多情况下企业都缺乏明确的政策指导，其思维环境属"抽象规定的"。为了占领市场，营销副总需要开展高度的创造性工作，这些工作在企业无先例可循，其思维难度可列"无先例的"。因此解决问题能力便评价为技能的87%。

产品开发工程师在产品开发过程中受到行业规范、各种技术标准等的限制，其思维环境属第6级"广泛规定的"；但由于产品开发属于高度创造性的活动，其思维难度属"无先例的"。因此解决问题能力便评价为技能的66%。

司机班班长属于最基层管理者，管理活动受到企业各种规章制度和上级的约束，其思维环境属"标准化的"；其管理不需要太多的创造性，基本上是"模式化的"。因此解决问题能力便评价为技能的25%。

在承担的职务责任方面，这三个职位的评价分析如下：

营销副总在企业内部地位很高，享有广泛授权，行动的自由度高，属"战略性指导的"；全面主管企业的营销工作，所起的作用是最高的第4级"主要的"；决策有时直接决定企业的生死存亡，其职务责任是"大量的"。该职务在这一因素的整体评分为 1 056。

产品开发工程师的行动自由度比较大，属于方向性指导的；职务责任不大，只有少量的影响；对后果形成的责任比较大，因为其对企业新产品开发和企业进一步发展有直接影响，因此属于分摊的。该职务在这一因素上的整体评分为264。

小车司机班班长行动自由度小，只属第3级"标准化的"；但为小车司机班的带头人，所起的作用是最高的第4级"主要的"；不过级别太低，对经济后果的责任也属最低"微小的"。因此该职务在这一因素上的整体评分为57。

根据海氏工作评价系统，营销副总属于"上山型"，该职务的责任比技能与解决问题的能力重要；产品开发过程是属于"下山型"，该职务的责任不及解决问题的能力重要；小车司机班班长属于"平路型"，技能和解决问题的能力与责任并重。

这样我们将这三个职务在三个因素上的工作评价得分及其相应权重汇总如下：

营销副总评价总分 = $1\,400(1+87\%)40\% + 1\,056 \times 60\% = 1\,680.8$

产品开发工程师评价总分 = $304(1+66\%)70\% + 264 \times 30\% = 342.448$

司机班班长评价总分 = $175(1+25\%)50\% + 57 \times 50\% = 137.875$

附：某有限公司职位评价体系

职 位 评 价 体 系

一、目的

职位评价作为一种解决薪酬分配问题的公正方法，是确定合理的薪酬水平的基础。职位评价的核心是，按照职位在整体工作中的相对价值，来确定不同职位的薪酬水平，最终实现同工同酬，即完成同等价值的工作，支付等量的报酬。

二、适用范围

某有限公司职能部门各级别职位。

三、职位评价体系的架构

该职位评价体系，将职位劳动对人的要求划分为四大报酬要素，在四大要报酬素的基础上，又进一步分解为 14 个子因素，每个子因素再细分为 4～6 个等级，并分别一一给予定义和配点。

四、架构分解

表 5-15　报酬要素、细分要素分级及配点表

报酬要素	配点	权重（%）	细分要素	一	二	三	四	五	六
工作智能	350	35	1. 学历	20	40	60	80		
			2. 经验	15	30	45	60	80	
			3. 专业技能	15	30	45	60	75	90
			4. 主动性、创造性	20	40	60	80	100	
工作责任	400	40	5. 经营效益责任	20	40	60	90	120	
			6. 对他人管理责任	15	30	45	60	75	90
			7. 开拓发展责任	20	40	60	80	100	
			8. 质量管理责任	10	20	30	40	50	
			9. 企业文化建设责任	8	16	24	32	40	
工作强度	200	20	10. 脑力强度	20	40	60	80	100	
			11. 工作负荷	10	20	30	40	50	
			12. 心理压力	10	20	30	40	50	
工作环境	50	5	13. 工作场所	15	30				
			14. 潜在危险性	5	10	20			

五、报酬要素、细分要素、分级、分级定义及配点

（一）工作智能

1. 学历

本因素衡量顺利履行工作职责所要求的最低文化水平，以及员工从学校或职业训练所而不是从实际工作中获得的学业水平。学历分级见表 5-16。

表 5-16　学历分级

分级	分级定义	点数
一	高中/中专	20
二	大专	40
三	本科	60
四	本科以上	80

2. 经验

本因素衡量工作在达到基本要求后，为获得并熟练掌握本岗位（专业）工作的技巧以达到胜任本岗位工作的要求，而所需要的实际工作经历时间，其中包括开始工作时的见习时间，以及从事相关工作的时间，但校内职业培训时间除外。经验分级见表 5-17。

表 5-17　经验分级

分级	分级定义	点数
一	1 年以下	20
二	1～3 年	40
三	3～5 年	60
四	5～8 年	80
五	8 年以上	100

3. 专业技能

本因素衡量职位对任职者在经营管理、计划、政策水平、分析判断以及专业技术应用等方面应达到的专业技术水平。专业技能分级见表 5-18。

表 5-18　专业技能分级

分级	分　级　定　义	点数
一	了解本专业工作内容，照章办事，具有完成一般性工作的能力	15
二	了解并初步掌握本专业工作内容及与本专业有关的政策规定，具有简单的分析判断能力，能完成一般性技术管理工作	30
三	熟悉本专业工作内容和政策规定，有一定分析判断能力，能够独立解决处理本专业范围内的问题，接受过培训，能独立承担本专业中一般项目的设计、技术处理、经营管理工作，能完成一般性工作总结报告	45
四	熟悉本专业工作内容和政策规定，具有一定的综合分析、独立判断及解决本专业较为复杂问题的能力，受过系统的培训，有较丰富的工作经验，具有较强的开拓能力，能够独立主持和组织本部门、本专业内的重大项目的研究和设计，能够撰写较高水平的总结、报告	60

— 163 —

分级	分 级 定 义	点数
五	熟悉相关政策规定，有较高的业务水平和独立解决本专业复杂问题的能力，受过系统的培训，有较丰富的工作经验，具有较强的开拓能力，能够独立主持和组织本部门、本专业内的重大项目的研究和设计，能够撰写较高水平的总结、报告	75
六	精通本专业工作内容和相关政策规定，具有解决重大、疑难问题的能力及全面主持工作的组织能力，受过全面系统的培训，具备较丰富的工作经验，具有较强的开拓能力，能独立承担集团公司的重点研究课题和特大工程技术项目研究设计工作，有较强的综合分析和独创能力	90

4. 主动性和创造性

本因素衡量工作本身所要求的判断、决定、计划、活动能力，以及所需要的智能程度。主动性和创造性分级见表5-19。

表5-19　主动性和创造性分级

分级	分 级 定 义	点数
一	仅需按照简单的规定行事，具有对简单事项作出决断的能力	15
二	能够按照若干具体规程行事，具有一般的判断能力和决断能力	30
三	工作上具有作出一定规划的能力，具有确保工作正常运转和服务质量的一般决断能力	45
四	工作上经常需要对非常规的困难工作进行决断，具有较高的规划能力	60
五	需要突出的工作自主力和高度的规划性，可对涉及面较广、复杂的问题进行主动灵活的处理	80

（二）工作责任

1. 经营效益责任

本因素衡量如果任职者工作发生失误，或者工作不达标准，对公司经济利益所造成的直接和间接经济效益损失，经济效益损失额以销售成本、创汇额、利润额或其他不良经济后果来衡量。分级标准见表5-20。

表5-20　经营效益责任分级

分级	分 级 定 义	点数
一	对公司最终产品的销售成本及企业经济效益影响较小	30
二	对公司最终产品的销售成本及企业经济效益影响不大	60
三	对公司最终产品的销售成本及企业经济效益影响较大	90
四	对公司最终产品的销售成本及企业经济效益影响很大	120
五	对公司最终产品的销售成本及企业经济效益影响巨大	150

2. 对他人管理的责任

本因素衡量任职者在正常权限范围内，对他人工作进行监督、指导、帮助的责任。其责任的大小，根据所监督指导人员的数量和层次进行判断。分级标准见表5-21。

表5-21　对他人管理的责任分级

分级	分　级　定　义	点数
一	在别人指导监督下工作，只对本人工作负责	15
二	担任主管、副主管职务，负有指导他人工作的责任	30
三	担任部门副职领导职务，负有中等指导监督责任	45
四	担任部门正职领导职务，负有中等以上指导监督责任	60
五	担任公司高层副职领导职务，负有重要领导监督责任	80
六	担任公司高层正职领导职务，负有全面领导监督责任	100

3. 开拓发展责任

本因素衡量任职者在开发新产品、拓展市场、项目投资、管理创新等方面所应承担的开拓发展责任。分级标准见表5-22。

表5-22　开拓发展责任分级

分级	分　级　定　义	点数
一	要求任职者对公司的发展担负较小责任	20
二	要求任职者对公司的发展负有一定责任	40
三	要求任职者对公司的发展负有较大责任	60
四	要求任职者在主要方面负有重要责任	80
五	要求任职者负有全面责任	100

4. 质量管理责任

本要素衡量任职者对保证贯彻落实集团公司质量方针所承担的责任。分级标准见表5-23。

表5-23　质量管理责任分级

分级	分　级　定　义	点数
一	任职者对贯彻公司质量方针承担较小责任	10
二	任职者对贯彻公司质量方针承担一定责任	20
三	任职者对贯彻公司质量方针承担较大责任	30
四	任职者对贯彻公司质量方针在主要方面负有重要责任	40
五	任职者对贯彻公司质量方针负有全面责任	50

（三）工作强度

1. 脑力强度

本因素衡量胜任工作所需要的脑力支出，即在开展工作时要求的思想集中程度。分级标准见表5-24。

表5-24　脑力强度分级

分级	分　级　定　义	点数
一	在开展工作时，工作节奏可以自由调节和掌握，需要较少的脑力支出	20
二	在开展工作时，要求集中注意力，需要一定的脑力支出	40
三	在开展工作时，需要经常保持思想集中和运用脑力	60
四	在开展工作时，需要持续地使用脑力	80
五	在开展工作时，需要高强度的脑力思考	100

2. 工作负荷率

本因素衡量完成完成日常确定性工作和非确定性工作所需要的纯劳动时间占制度工作时间的比率。分级标准见表5-25。

表5-25　工作负荷率分级

分级	分　级　定　义	点数
一	工作负荷率60%以下，即纯劳动时间在5小时以下	10
二	工作负荷率61%~70%，即纯劳动时间在5~5.5小时之间	20
三	工作负荷率71%~80%以下，即纯劳动时间在5.6~6.4小时之间	30
四	工作负荷率60%以下，即纯劳动时间在5小时以下	40
五	工作负荷率60%以下，即纯劳动时间在5小时以下	50

在计算纯劳动时间时，对于工作均衡的职位，可以以工作日为单位评估；对于工作不均衡的职位，可以以月、季或年为周期进行评估。

3. 心理压力

本因素衡量在完成工作任务时，由于工作范围、工作节奏、责任大小、时间要求等方面的综合因素对任职者所造成的心理紧张程度和心理压力。分级标准见表5-26。

表5-26　心理压力分级

分级	分级定义	点数
一	工作单一，不需要或很少作出决定，工作常规化	10
二	工作较单一，很少作出决定，对工作节奏有一定要求	20
三	工作节奏较快，需要作出一些决定，需要处理一些应急性事宜	30
四	工作任务多样、较为繁重，要求经常地迅速作出决定，上下班时间难以保证正常，经常需要处理一些非常规的问题	40
五	工作繁杂、繁重，工作节奏很紧张，要求经常地迅速作出决定，工作时间之外仍要继续考虑某些深层次的问题	50

（四）工作环境

1. 工作场所

本因素衡量工作区域的环境情况，包括闷热、寒冷、潮湿、噪音、震动、污垢、尘埃、油腻、烟尘含量等状况。分级标准见表5-27。

表5-27　工作场所分级

分级	分级定义	点数
一	工作场所固定，没有污染，工作环境好	15
二	工作场所不固定，需要经常出差	30

2. 潜在危险性

本因素衡量工作中可能遭遇的人身危险。分级标准见表5-28。

表5-28　潜在危险性分级

分级	分级定义	点数
一	没有发生潜在危险的可能性	5
二	工作执行中需要直接操作设备，但设备对人的危险性较低，发生潜在危险的可能性较低	10
三	工作属于危险性较大的工种，发生潜在危险的可能性较大	20

六、评价结论

（1）职位总点数作为度量每一个职位在组织中的相对位置或相对价值的依据。

（2）职位评价总点数 = $\sum$（各因素总点数 × 权重）。

基于绩效的薪酬体系设计

临时工的薪酬与绩效

对于许多企业主来说，如何从员工身上获取最大利益是一个长远问题。但对于经营果园的农场主，长远一词可能不适用：工人们在夏收时才来，干几周后就回家去了，通常是到东欧某个大学念一门课程。

采摘工人很辛苦，但这也是农场主头痛的问题：他支付的薪酬必须达到最低工资标准，同时还要能够激发工人的积极性。干这一行，有时忍不住偷偷懒是可以理解的。

一个大果园的所有者，在一个圣诞节的时候思考起了上述问题。他发现，薪酬与绩效的关系，也是经济学家正极力求证的一个领域。

就这样，农场主与三位经济学家之间建立了一项看似不可能的合作。这三位经济学家为农场主设计和实施薪酬方案（要求保密），作为回报，他们可以将果园作为一个巨大的实验室，研究薪酬、同事友谊（在他们的设计下）和劳动生产率之间的关系。

该农场主一向采用计量工资率，即按每千克水果计算劳务费，但也得确保：无论工人是在果实长得密集还是稀疏的地方采摘，时薪都不能低于法定标准。该农场主试图每天调整工资率，以使其始终处于合适而又不至于太高的水平：全体工人采摘的水果越多，工资率越低。但工人们智胜一筹，他们相互盯着，以免有人摘得太快，这样大家整体速度慢了下来，也就提高了工资率。

经济学家们提出了一种不同的方法来调整工资率，使工人们无法通过集体怠工来影响工资率，然后评估结果。在实验结束时，农场主最初的疑虑烟消云散了：新的薪酬方案使劳动生产率（即每个工人每小时采摘的水果重量，以千克计算）提高了50%左右。

次年夏天，研究者将注意力转向激励初级管理员，这些人也是外来的临时工，但负责现场决策，如分配哪些工人采摘哪排果树。研究者发现，管理员倾向于关照自己的朋友，让他们负责最好摘的果树。这样做会让"自己人"比较轻松，但不利于提高生产率，因为最有效率的分工应该是让最能干的工人采摘最好的果树。

针对上述情况，研究者将管理员与日采摘量挂钩。结果，管理员开始偏向于最能干的工人，而不是他们自己的朋友，结果劳动生产率又提高了 20%。

让人略感惊讶的是，又一年的夏季，经济学家又被请了过来。他们提出一个"比赛"方案，让工人们自行分组干活。起初，关系好的人倾向于组成一组。但随着经济学家开始公布名次表，然后给产量最高的组发奖金时，情况变了。工人们再次将金钱置于社会关系之上，放弃了朋友结组的方式，转而与最能干而又肯接纳他们的工友组成一组。结果，活干得最快的工人组合在了一起，生产率又提高了 20%。

这一系列实验有力地证明：设计周密细致的财务激励可以胜过社会关系。经济学家们如今已停止实验，认为继续研究下去不会再有什么结果。但农场主似乎不这么认为：他聘请了一位顾问，继续策划新的绩效薪酬方案。

来源：《金融时报》，作者：提姆·哈福德。

一、基于绩效的薪酬体系设计形式

有效的绩效考核是企业实现经营战略的原动力，基于绩效的薪酬体系可以说是一种行之有效的、符合现在企业制度要求的薪酬设计模式。所谓的基于绩效的薪酬体系，就是根据员工的工作绩效来决定劳动报酬的一种薪酬设计形式，其中，基于绩效的薪酬的具体形式较多，常见的有定额工资、提成工资、奖金等。

1. 定额工资

定额工资是根据员工完成与劳动直接相关或间接相关的各种定额的多少来确定劳动报酬的一种工资形式。定额工资制应包括三个组成要素：

第一，能反映员工劳动量的各种定额，即无论员工从事何种具体形式的劳动，都必须明确具体地规定生产、工作和应完成的数量及质量。

第二，各种定额都应该有科学准确的计量标准，并能进行严格的考核。

第三，员工工资的多少取决于其完成定额的多少——完成定额多，其工资就多；完成定额少，其工资就少。

2. 提成工资

提成工资是按照一定的比例从企业的销售额、营业额或纯收入中提取一部分货币进行工资分配的工资形式。提成工资既可以按企业或员工提供的超过考核基数的营业额或纯收入来提成，也可以按企业或员工的全部营业额或纯收入提成。

3. 奖金

奖金是根据员工超额劳动或超额贡献的大小支付报酬的一种工资形式。现如今，员工持股计划是常见的以鼓励员工长期服务于企业为目的的奖励形式。员工持股计划是以赠送或低价出售公司股票的形式来支付员工部分报酬的一种奖金形式。一般规定，赠送或低价出售给员工的股票，必须持有一定年限后才能出售——这便导致员工持股后，为了实现自身的利益，便会关注企业的利益，从而全力以赴地服务于企业。

二、基于绩效的薪酬体系的设计原则

1. 战略性原则

企业在进行薪酬设计的过程中，要时刻关注企业的战略需求，薪酬设计体系要反映出企业的战略理念，此外，组织还需借助薪酬激励把实现企业的战略转化为对员工的期望和要求。

2. 激励性原则

绩效导向的薪酬体系最根本的原则就是要发挥激励的效用，所以，薪酬制定者要根据激励理论设计薪酬水平和薪酬结构，使其全面调动员工的积极性。

3. 公平原则

美国心理学家亚当斯提出了公平理论，指出员工的工作动机不但受到绝对报酬的影响，还受到相对报酬的影响，即员工既关心自己获得的报酬的绝对值，还在乎报酬的相对值，即自己所得薪酬数量与付出贡献之比与他人薪酬数量与贡献之比的比值。因此，组织在设计薪酬体系时，一定要兼顾到内部一致性的原则，满足员工追求公平的心理。

4. 竞争性原则

组织在设计薪酬体系时，应该放眼整个劳动力市场，劳动力市场的供求状况是企业进行薪酬设计时必须要考虑的因素，以实现外部竞争性的原则。

5. 经济原则

薪酬体系固然要体现激励原则和竞争原则，但这并不意味着企业的薪酬水平越高越好，因为上述两个原则还受到经济原则的制约，薪酬水平必须以企业的支付能力为制定前提，需要考虑到企业承受能力的大小、利润的合理积累等问题。

经济原则还要求企业合理配置劳动力资源，不论劳动力资源数量过剩还是质量配置过高，都会导致企业薪酬成本浪费。只有企业的劳动力资源的配置与要求相符，资源的利用才具有经济性。

6. 具有可操作性

基于绩效的薪酬体系涉及绩效考核的工作，而很多企业的绩效考核往往流于形式，并没有发挥既定的效用，所以企业的绩效考核最好引入量化技术，使其具有可操作性。

三、绩效导向的薪酬体系的操作步骤

第一步：进行工作分析。

工作分析是企业薪酬设计的基础，通过开展工作分析，组织全面分析员工所从事岗位的工作内容、责任、权力、任职要求等方面，从而确定职位在组织中的价值。常用的工作分析方法有：问卷法、观察法、访谈法、日志法等，工作分析的最终结果是职位说明书和工作规范。

第二步：开展薪酬调查，参考薪酬调查数据，确定企业的薪酬水平。

相对企业外部而言，如果企业本身的薪酬水平不具备竞争性的话，人的逐利避祸的天性便会驱使员工到薪酬水平更高企业就职，因此企业的薪酬方案要兼顾外部竞争性，即与同行业、本地区劳动力市场价格相比，企业的薪酬水平要显现出一定的优势。为了达到这个目的，企业在薪酬体系设计之初便要作详细的薪酬市场调查，获取关于竞争对手薪酬水平的情报。然后全面分析薪酬调查数据，根据企业的战略发展要求，确定组织的薪酬水平——低于市场平均水平？与市场平均水平持平？还是高于市场平均水平？

第三步：拟定企业薪酬方案的级差。

薪酬专家认为，关于企业的薪酬结构，固定薪酬的比重占到薪酬总额的60%时，薪酬体系具有一定的激励作用；如果固定薪酬的比重降到薪酬总额的40%时，薪酬体系会发挥较大的激励效用；当固定薪酬的比重降到薪酬总额的40%时，在激励员工方面，效果则可能适得其反，不利于发挥激励效用。

第四步：对员工进行绩效考核，根据绩效考核结果，对员工进行排序。

企业对员工实施绩效考核后，根据考核的结果，按每位员工的得分从高到低顺序排列，考核结果可分为 A（优秀）、B（良好）、C（称职）、D（基本称职）、E（不称职）五个档次，将员工分配到不同的档次，然后据以确定每位员工的薪酬水平。

四、企业设计绩效薪酬体系的常见问题

1. 薪酬设计缺乏战略眼光

有的企业在进行薪酬设计时，确实考虑到了公平原则、补偿性原则、透明原则等，但是却忽略了相当重要的战略原则，对薪酬体系的设计缺乏战略思考。对于中小企业而言，能够意识到薪酬关系到优秀人才的去留、潜力的发掘，已经属于比较先进的薪酬管理理念，极少有企业将薪酬作为其发展战略实施的杠杆。

2. 薪酬设计的程序性公平有所欠缺

关于薪酬设计的公平性原则，除了包括结果的公平外，还包括程序的公平性。有的企业只注重了薪酬设计结果的公平性，却忽视了对薪酬设计的程序公平的关注。比如，很多中小企业在薪酬框架选择及设计上采用了暗箱操作。

3. 没有恰当使用内在薪酬

广义的薪酬分为外在薪酬和内在薪酬两个部分，前者是企业支付给员工的工资、奖金、福利等实质性东西，偏重物质层面；后者是员工从企业获得的心理满足，注重精神层面。当员工在企业得到的内在薪酬较低时，客观上便要求以相对较高的外在薪酬作出补偿，这暗示着当企业外在薪酬的竞争力较低时，企业可在内在薪酬方面给予一定的补偿。

不过很多的中小企业只是将薪酬单纯诠释为外在薪酬，在内在薪酬方面表现得非常薄弱，比如，管理者对员工人格尊重不够、从来不会对于员工进行精神激励等，从而导致员工对企业的满意度非常低，工作积极性不够，缺乏敬业精神等。

4. 使用过时的薪酬计量方法

虽然企业追求的是绩效薪酬体系，但在实践中使用的却是与绩效考核无关联的薪等制方法——薪等制属于一种相对比较过时的薪酬计量方法。以中国目前的管理情况来看，很多中小企业普遍缺失与薪酬计量直接相关的绩效考核工作，即使开展了绩效考核工作，所谓的绩效考核也不过是徒有虚名，既没有绩效也没有考核。

附：某事业单位绩效薪酬改革方案

案　例

广东某出版社是一家地方高校出版社。现有在职员工330余人，其中大学本

科学历以上人员占70%，中级以上职称人员占1/3。有市场营销中心、出版部、储运部、社办公室、总编室、财务部、人力资源部、版权管理部、投资合作部、信息中心、美编室、质检与终审室、校对科等十几个部门，其中编辑部门设有经济管理、法律、文史哲、典籍与文化等四个事业部。

该出版社从2000年开始实施薪酬改革，在原事业单位的基础上进行局部的基本工资和对应津贴的调整，建立起了绩效薪酬体系，该体系曾对提高出版社职工的工作热情和积极性、促进出版社的发展起到了非常大的作用。但是，随着该体系的运行，一系列问题也随之产生。

1. 片面追求经济效益而忽视了社会效益

出版社在设计绩效薪酬体系时，过于关注成本、利润等指标，忽略了出版社的发展战略和类属于文化产业的特殊属性，结果导致了短期逐利行为的出现，使得出版社的经济效益和社会效益产生严重矛盾。

2. 过于注重身份的差别待遇

出版社员工身份大体可分为两类，即事业编制和企业编制职工，两种身份的员工的薪酬并不统一，差距较大，这种薪酬制度一方面挫伤了某些员工的工作积极性；另一方面也降低了出版社对优秀人才的吸引力。

3. 考核指标不科学、不合理

（1）关键指标设置过多且个别指标过高。如编辑绩效考核指标设置得非常复杂，既有书稿性质、字数、版式方面的，又有质量、速度、效率方面的，还有编辑工作服务、协调、执行等方面的。在设置过多考核指标的同时，还有些指标设置过高。如对编辑创利指标设置过高，直接导致编辑工作的价值取向向追求经济利益倾斜，导致过度追求经济效益而忽视社会效益、过分注重销售数量而忽视品牌建设、过分注重短期收益而忽视长远利益等问题。

（2）指标量化程度不适宜。如为了争夺作者资源，将编辑对作者的服务质量也进行量化和考核，虽然这在一定程度上有利于提高编辑对作者的服务质量，但更容易导致编辑降低对作者作品质量的要求。相反，一些重要指标的量化程度却不够，如编辑经过多年努力形成的图书品牌、作者资源等没有被纳入考核体系，会使编辑只注重短效产品的开发，不利于出版社的长远发展。

4. 考核与激励机制脱节

出版社部门考核缺乏或流于形式，考核结果基本没有得到应用，而编辑、出版、发行人员的产值考核结果仅仅与其季度奖金有关，属于短期激励和约束。由于考核结果没有得到有效应用，或者只应用在短期奖金上，没有将考核结果与薪酬福利、岗位调整、培训、职业发展等长期激励约束机制充分联系起来，因此，目前的考核牵引作用不大，没有将绩效提升压力有效传导到各类员工身上。

薪酬改革方案

一、绩效改革的方向

（1）绩效指标与出版社的发展战略相联系，兼顾短期业绩和长期发展。

（2）有效促进出版社扩大产业规模，降低成本，提高收益。

（3）引导员工提高专业技术水平，提高员工的工作积极性。

二、组织机构与绩效薪酬体系

企业没有为绩效薪酬体系提供组织保障，认为绩效考核与薪酬设计只是人力资源部门的事情，直线部门参与度、积极性不足，影响了绩效考核的效果。

在推行绩效考核制度的过程中，直线管理者和员工可以说是绩效考核的主人。出版社应该发动各直线管理者与员工重视绩效考核，上下级通过沟通一致完成组织赋予的部门年度绩效目标。

表5-29　组织机构与绩效薪酬体系

主体	绩效考核职责
高层管理团队	推动绩效考核向纵深发展（绩效考核是企业的"一把手工程"，没有高层管理团队的支持，绩效考核工作不可能取得理想的效果）
人力资源部门	设计绩效考核实施方案，组织绩效考核的实施，为员工提供与绩效考核有关的咨询（人力资源工作者可谓是企业中的绩效考核专家，他们在实施绩效考核的过程中扮演着顾问或咨询师的角色）
直线部门经理	执行绩效考核方案，指导员工绩效的提高，与员工就绩效事宜进行反馈和沟通（直线部门经理是执行绩效考核方案的主题，是员工最直接的绩效伙伴）
员工	绩效最直接的提供者，是绩效考核的主人（员工的参与程度对绩效考核的成败起着至关重要的作用）

三、设定绩效指标

根据出版社的发展要求，平衡经济效益和社会效益、平衡不同层级组织和个人的发展，构建出版社组织绩效指标、部门团队绩效指标和员工个人绩效指标三层绩效指标体系。

1. 建立出版社组织绩效指标库

组织绩效指标从财务指标、运营管理指标和组织发展目标三个维度进行设计。组织绩效指标库见表5-30。

表 5-30 组织绩效指标库（部分）

绩效维度	指标含义	具体指标	权 重
财务指标	出版社在收入、效益、成本控制等方面指标的完成情况	利润指标完成率 人均业务收入 人均人员经费 资产负债率 回款率 ……	50%
运营管理指标	出版社在业务运作以及管理等方面指标完成情况	制度执行及时率 再版率 品牌效应 重印率 差错率 读者投诉率 ……	30%
组织发展目标	出版社在人才培养和组织发展方面的指标完成情况	培训覆盖率 企业文化建设 人才梯队建设 核心员工流失率 ……	20%

2. 建立部门绩效指标库

部门绩效指标从业务水平、经营状况和客户评价三个维度进行设计。部门绩效指标库见表5-31。

表5-31　编辑事业部绩效指标库（部分）

绩效维度	绩效指标	权　重
业务水平	版面美观度	60%
	文字稿组织质量	
	错字率	
	内部满意度	
	上稿量	
	再版率	
	培训覆盖率	
	重印率	
	获奖次数	
	团队建设	
	……	
经营目标	人均业务收入	25%
	利润指标完成率	
	市场占有率	
	部门平均成本	
	……	
客户评价	读者满意度	15%
	读者好评度	
	读者投诉率	
	……	

3. 建立员工个人绩效指标库

员工个人绩效指标库见表5-32

表5-32　员工个人绩效指标库（部分）

绩效维度	绩效指标	权　重
业绩指标	审读加工量	50%
	书稿加工质量	
	开拓项目情况	
	再版率	
	重印率	
	内部满意度	
	……	
职业化指标	获奖情况	50%
	读者满意度	
	读者投诉率	
	……	

四、将绩效考核结果应用于薪酬设计

通过在出版社开展岗位评价，结合国家相关规定，并参考行业、地区薪酬水平，可以确定出该出版社的薪酬水平，建立以岗位工资为基础、兼顾绩效的岗位绩效工资制度。员工的薪酬结构由四部分构成：固定薪酬、绩效薪酬、加班薪酬和福利津贴。固定薪酬包括岗位工资和社龄工资；福利津贴包括保险、补贴、有薪假期及其他福利。为了细化管理，不同层级在固定与绩效部分的比例设置、薪酬模式、绩效薪酬发放周期都不相同，见表5-33。

表 5-33　不同层级各方面的区别

层级	绩效考核结果使用	绩效薪酬	固定薪酬：绩效薪酬	薪酬模式	薪酬结构
高级管理层	年度绩效考核结果	年终风险收入	5：5	年薪制	月基本薪酬＋年终风险收入
中级管理层	季度绩效考核结果、年度绩效考核结果	季度绩效工资、年度绩效工资	6：4	岗位绩效工资制	岗位基本工资＋季度绩效工资＋年度绩效工资
基层	月度绩效考核结果、年度绩效考核结果	月度绩效工资、年度绩效工资	7：3	岗位绩效工资制	岗位基本工资＋月度绩效工资＋年度绩效工资

第六章

如何确定薪酬水平

A 公司的薪酬之伤

A 公司是一家中外合资的投资控股公司，成立伊始，为抓住历史发展时机，吸引优秀人才的加盟，在设计薪酬水平方面，采用了市场领先战略，即为员工支付了高于行业其他公司的报酬收入。这一薪酬战略的实施，吸引了大量优秀人才的加盟，公司各项发展如日中天，经过 6 年的励精图治，公司发展成为拥有 17 家全资、控股或参股子公司的集团公司，营业遍及全国 10 多个省市，总资产规模超过 60 亿元。

目前，集团公司总部共有 60 多人，员工薪酬情况概括起来有以下几点：

（1）职位薪酬标准差距较大，员工薪酬标准主要根据进入公司时的协商价码，员工的职位不同，薪酬水平自然有较大的差距。

（2）薪酬发放主要以固定薪酬为主，月度工资都是固定工资，年终根据员工的综合评比得分情况发放一定数目的奖金，奖金约等于 2 个月的工资水平。

（3）薪酬水平几乎没有作过调整。绝大多数员工的薪酬水平自进入公司以来未作过任何调整，员工的绩效并不与薪酬挂钩。

对 A 公司的薪酬政策进行深入研究后，还可以发现如下信息。

1. 关于企业薪酬的外部竞争力

A 公司成立之初，采取的是高于行业内平均薪酬水平的薪酬战略，使公司对应聘求职人员有较大的吸引力，这便涉及企业的薪酬外部竞争力问题。每个企业的薪酬政策都不得不考虑薪酬的外部竞争性，因为这决定着企业对人才的吸引力。

为科学地了解企业薪酬外部竞争力情况，需要对不同企业的职位价值进行评估，分别从职位影响力、要求任职者解决题目的能力、要求任职者所拥有的领导能力、要求任职者所具备的沟通能力、任职者需要掌握的知识、工作领域等六个要素进行量化评价，每一个要素对应两个纬度，如影响力要素从影响的范围和影响的程度进行评价，解决问题的能力从问题的解决要求和问题的复杂性进行评价等，综合计算得出该职位在六个要素中的得分，结合该企业的规模、地点行业等要素，最终计算出该职位的职级。可以将所有的职位分为 1 ~ 25 级，根据 A 公司的评估结果，所有职位的评估结果在 3 ~ 20 级之间。评估完职位职级之后，将悉数职级的薪酬近况进行指数回归，对比 A 公司地点行业的薪酬数据，得出 A 公司的薪酬外部竞争力近况。

通过分析发现：A 公司的底层职位在市场 25 分位左右，中层在 50 分位左右，高层在 75 分位左右，从控制总薪酬成本、重点吸引核心和主干人员的角度出发，A 公司的薪酬策略设定得比较合理。

2. 关于员工对薪酬的满意度

谈到员工是否对本人的薪酬满意，主要的衡量指标是薪酬内部公平性。薪酬的内部公平性首先表现在不同职位之间的薪酬差距是否合理，相同的职位不同任职者之间的薪酬差距是否适度，企业的薪酬政策如能有效解决这两个问题，就说明薪酬的内部公平性较高。

通过对员工调研问卷的结果统计发现，与公司其他人员相比，对目前收入感到不满意和十分不满意的比例达到 47% 和 11%，与公司其他人员相比，对目前收入感觉到满足和十分满足的比例达到 37% 和 0%。考虑到工人填写问卷时会存在给本人调薪的倾向性或者表现出一定的抱怨情绪，参考其他企业关于此题目的统计数据，可以得出结论：A 公司薪酬的内部公平性程度尚可，薪酬近况能够区分同一职位不同任职者间的合理差异。

3. 关于加薪的依据

一般来说，员工发展通道单一的企业，企业中的管理岗位成为员工职业生涯发展的目标，但随着企业快速发展期的结束，能够提供的治理岗位数目越来越少，假如现阶段薪酬晋升渠道不畅，则将不利于激励员工的工作积极性，并且会诱导企业大多数发展潜力优异的员工首先考虑将其所有精力放在职务的晋升上，从而缩小企业高素质工人的生存与发展空间，这对企业的长远发展是极为不利的。

A 公司历经 6 年多的飞速发展，其薪酬水平仅作过个别调整，公司内没有明确的调薪制度和流程，员工看不到薪酬的成长性。通过调查问卷的统计结果发现，清楚知道薪酬支付标准及加薪依据的员工仅有 3%，而不清晰薪酬支付标准及加薪依据的却达到71%。这一数据充分说明 A 公司目前的薪酬支付理念没有得到有效宣传，或者根本没有建立一套科学的薪酬支付制度，员工不知道如何通过自身的努力获得加薪。

薪酬外部竞争性的四种决策类型

很多企业都存在着这样一种思维理念：企业就是员工的恩人，因为正是得益于企业聘请员工到企业就职，员工才有机会获得收入，才解决了生存问题，并实现了较好的生活境遇。基于这样的思维理念，企业在确定员工的薪酬水平时便随意而为，没有将自己置身于整个劳动力市场中去考虑薪酬政策。这种做法可能为企业带来两个潜在弊端：

（1）企业的薪酬支付水平高于行业平均水平，虽然有助于企业招揽人才，但同时也浪费了人力成本支出。

（2）企业的薪酬支付水平低于行业平均水平，虽然有助于节省人力成本支出，但不利于企业招聘优秀的人才到企业就职。

因而企业在确定薪酬水平的时候，应该遵循外部竞争性的原则，所谓的外部竞争性，就是企业的薪酬水平的高低以及由此决定的企业在劳动力市场上的竞争能力的大小。关于外部竞争性，需要强调的一点是，在权衡一个组织的薪酬的外部竞争性时，并不意味着要把组织所有员工的平均薪酬水平与另一家企业的全体员工的平均薪酬水平进行对比，薪酬的外部竞争性的比较基础更多地落在不同组织中的类似职位或者类似职位族之间。也就是笼统地说甲企业的平均薪酬水平比乙企业的高，便断定甲企业的薪酬的外部竞争性一定比乙企业强，并不是正确的。原因在于，从平均薪酬水平的角度来看，甲企业确实比乙企业强，但是甲企业的内部薪酬差距很小，重要职位和不重要职位之间的薪酬收入没有太大差距；而乙企业的平均薪酬水平虽然低于甲企业，但是该企业对重要职位所支付的薪酬水平远远高于甲企业，而对不重要职位支付的薪酬水平则低于甲企业。一般而言，在劳动力市场上，由于可以担任不重要职位的人有很多，所以即使乙企业的薪酬水平低一些，企业也依然可以招聘到相关的人员，因此关于不重要职位上的薪酬竞争力，乙企业不一定比甲企业差，而在雇佣能够从事重要职位工作的劳动者时，乙企业的薪酬竞争力则比甲企业更强。

企业在确定薪酬水平时，常会受到来自外部劳动力市场和产品市场的双重压力，但是他们仍然存在一些选择余地。这个选择余地的大小取决于组织所面临的特定的竞争环境：在存在较大选择余地的情况下，企业需要作出的一个重要战略性决策就是到底是将薪酬水平定在高于市场平均薪酬水平之上，还是将其定在与市场平均薪酬恰好相等或稍低一些的水平上。比方说，将企业的薪酬水平定位在高于市场水平这样一种位置上，其好处在于能够吸引和留住一流的高素质人才，进而确保企业能够有一支高效率和高生产率的劳动力队伍；当然，这种薪酬策略也有缺点，很明显的就在于它导致了成本的增加。以下是四种常见的薪酬水平决策类型。

1. 薪酬领袖策略

薪酬领袖策略又称为领先型薪酬策略，采用这种策略的企业通常具有如下三个特征：

（1）投资回报率较高。投资回报率高的企业之所以能够向员工提供较高薪酬，一方面在于他们往往具有更多的资金和相应的实力，因而不会因为员工薪酬水平高而导致资金周转不灵；另一方面提供较高薪酬能够提高组织吸引和保留高质量劳动力的能力，同时还可以利用较高的薪酬水平来抵消工作本身所具有的种种不利特征，如工作压力大或者工作条件差等。

（2）薪酬成本在企业经营总成本中所占的比率较低。在薪酬成本在企业总成本中占到的比率较低时，薪酬支出实际上只是企业成本支出中一个相对不那么重要的项目。在这种情况下，企业很可能会很乐意通过提供高水平的薪酬来减少各种相关劳动问题的出现，从而把更多的精力投入到那些较薪酬成本控制更为重要和更有价值的事情当中去。

（3）竞争对手较少。竞争者较少，一般意味着企业面临的产品或服务需求曲线是弹性较小的甚至是无弹性的，企业提高产品价格后，不用担心消费者会减少对产品或者服务的消费。换言之，这种企业实际上可以通过提高产品价格的方式将较高的薪酬成本转嫁给消费者。在这种情况下，企业支付较高的薪酬水平自然就是可行的了。

在现实的企业运营管理者，较有实力的大型跨国企业常会采取薪酬领袖策略，如惠普、摩托罗拉等。在我国，许多企业也在开始向这方面发展，其中较早采用这种薪酬领袖战略的企业之一是位于深圳的民营企业华为公司，这家以电话程控交换机及其相关产品的研发、生产以及营销为支柱的民营企业，在发展初期以及之后的相当长一段时间内，就明确地提出了让公司员工拿到与在外企甚至国外工作的同类员工等值的收入。实践证明，高薪政策帮助该公司获得了大量的创造性人才，从而为公司在产品市场上与同类外资企业抗衡起到了重要的作用。

当然，充当薪酬领袖的企业并非是为了出风头而去充当薪酬领袖，它们往往都期望通过高成本支出获得相应的收益，较高的薪酬水平可能带来的收益包括：

（1）高水平的薪酬往往能够为企业吸引来大批可供选择的求职者，因此，高薪一方面有利于企业在较短时间内获得大量需要的人才，解决比较紧急的人员需求；另一方面还使得企业可以提高他们的招募标准，从而提高自己所能够招募和雇佣到的员工的质量。

（2）高薪还能减少企业在员工甄选方面所支出的费用，因为较高的薪水往往意味着企业对员工的能力有较高要求，或者是未来工作的压力会比较大，因此，对于那些低素质和达不到任职资格要求的求职者，他们往往会通过自我选择而避免选择这种支付较高薪酬的企业。这样，企业在甄选方面所需要花费的人力物力就可以相应减少。

（3）较高的薪酬水平提高了员工离职的机会成本，有助于改进员工的工作绩效（努力工作以防止被解雇），从而降低员工的离职率，以及减少对员工的工作过程进行监督而产生的费用。

（4）较高的薪酬水平使得企业不必跟随市场水平经常性地为员工加薪加酬，从而节省了薪酬管理的成本。

（5）较高的薪酬有利于减少因为薪酬问题引起的劳动纠纷，同时有利于提高公司的形象和知名度。

2. 市场追随策略

所谓市场追随策略，又可称为市场匹配策略，实际上就是根据市场平均水平确定本企业的薪酬定位的一种常用做法。事实上，这是一种最为通用的薪酬策略，也是中小型企业普遍采用的薪酬策略。

实施这种薪酬策略的企业往往具有两种目的：其一，确保自己的薪酬成本与竞争对手的成本基本保持一致，不至于在产品市场上陷入不利地位；其二，希望企业对员工有一定的吸引力，不至于在劳动力市场上输给竞争对手。对于实施市场追随策略的企业而言，他们能够吸引到足够数量的员工为其工作，但是在吸引那些非常优秀的求职者方面没有什么优势。

3. 拖后策略

采用拖后薪酬策略的企业，大多处于竞争性的产品市场上，边际利润率比较低，成本承受能力很弱。企业实施拖后薪酬策略的一个主要原因是，受产品市场上较低的利润率所限制，没有能力为员工提供高水平的薪酬。

拖后型薪酬策略对于企业吸引高质量员工来说是非常不利的，而且在实施这种策略的企业中，员工的流失率往往也比较高。这是因为，较低的工资率水平在短期内可能会由于信息不对称或信息流动速度较慢等原因而不为员工知晓，但是在长期中，员工早晚会掌握这种信息。此外，员工由于存在获取收入的紧急需要，可能会临时性地接受一些比市场水平要低的薪酬，但是一旦他们的这种需要没有那么迫切，他们就会试图寻找更为有利可图的就业场所。

尽管滞后于竞争性水平的薪酬策略会削弱企业吸引和保留潜在员工的能力，但是如果这种做法是以提高未来收益作为补偿的，则这种做法反而有助于提高员工对企业的承诺度，培养他们的团队意识，并进而改善他们绩效。比如在信息以及其他一些高科技企业中，一些企业支付给员工的基本薪酬可能会低于市场水平，但是员工却可以获得企业的股票或者是股票期权，这种将拖后型的基本薪酬策略和未来的较高收入结合在一起的薪酬组合不但不会影响企业的员工招募和保留能力，反而有助于增强员工的工作积极性和责任感。

企业为了降低拖后薪酬策略的负面影响，可以将这种策略与富有挑战性的工作、理想的工作地点、良好的同事关系等因素结合起来，以此增加企业对员工的吸引力。

4. 混合策略

所谓混合策略，是指企业在确定薪酬水平时，根据职位或员工的类型或者是总薪酬的不同组成部分来分别制定不同的薪酬水平决策，而不是对所有的职位和员工均采用相同的薪酬水平定位。比如，有些公司针对不同的职位族使用不同的薪酬决策，对核心职位族采取市场领袖型的薪酬策略，而在其他职位族中实行市场追随型或相对滞后型的基本薪酬策略。也就是说，对企业里的关键人员如高级管理人员、技术人员，提供高于市场水平的薪酬；对普通员工实施匹配型的薪酬政策；对那些在劳动力市场上随时可以找到替代者的员工提供低于市场价格的薪酬。

此外，有些公司还在不同的薪酬构成部分之间实行不同的薪酬政策。比如在总薪酬的市场价值方面处于高于市场的竞争性地位，在基本薪酬方面处于稍微低一点的拖后地位，在激励性薪酬方面则处于比平均水平高很多的领先地位。举例来说，某公司可能会制定这样一项新的薪酬方案，员工的基本薪酬水平较市场上的平均薪酬水平降低3%，但是如果员工所在部门的经营利润超过了某一目标，那么他们就有机会得到最高相当于1个月工资的奖金。这样，尽管这家公司的基本薪酬水平比市场水平偏低，但是在经营绩效较好的情况下，考虑到奖金的增加，该公司的薪酬水平实际上还是稍微领先于市场的。目的在于鼓励员工注意企业的经营绩效，并激励他们提高生产率。同时，它还向本公司潜在的求职者发出了一个信号，即公司希望员工能够将工作完成得更好，并且能够承担一定的风险。

混合策略最大的优点就是其灵活性和针对性，对于劳动力市场上的稀缺人才以及企业希望长期保留的关键职位上的人采取薪酬领袖政策，对于劳动力市场上的稀缺人才以及企业希望长期保留的关键职位上的人采取薪酬领袖政策，对于劳动力市场上的富于劳动力采取市场追随政策甚至拖后政策，既有利于公司保持自己在劳动力市场上的竞争力，又有利于合理控制公司的薪酬成本开支。此外，通过对企业薪酬构成中的不同组成部分采取不同的市场定位战略，还有利于公司向员工传达自己的价值观以及经营目标。

影响企业薪酬水平的因素

企业薪酬水平是由诸多因素综合决定的，这些影响因素大致可以分为三类：宏观环境因素、微观环境因素以及个人内在因素。

一、宏观环境因素

1. 经济发展水平

按照通常的逻辑，当社会经济越富裕、文明程度越高时，社会的平均薪酬水平便越高。一般而言，社会经济的发展、财富的增加，主要表现为社会劳动生产率的提高，因此，社会劳动生产率水平是衡量社会薪酬水平以及控制社会薪酬水平的主要手段。从总体来看，薪酬水平的增长应该与全社会劳动生产率的增长保持合理的比例。

2. 劳动力市场的供求情况

在劳动力市场上，劳动力作为一种商品同样遵循价值规律，即当劳动力供大于求时，企业的薪酬水平就可能低一些；当劳动力供小于求时，企业的薪酬水平就可能会高一些。

3. 竞争对手的薪酬水平

企业除了与竞争对手争夺产品市场外，同时还在争夺劳动力市场，如果竞争对手的薪酬水平高于企业的薪酬水平，企业在劳动力市场上便会处于劣势地位，不容易招募到高素质的优秀人才。因此，企业为了提高自身在劳动力市场上的竞争优势，便需要关注竞争对手的薪酬情报，以便及时作出有利的薪酬调整。

4. 地区的生活成本

相对生活成本高的地区，生活成本低的地区的薪酬水平会相对较低一些，所以对于外派人员而言，企业会根据员工所在地区的生活成本制定有差距的薪酬水平，以保证员工收入的相对公平。

5. 政策及法律、法规

薪酬收入与员工的切身利益紧密相关，关系着员工及家人的生存和发展，所以很多国家都制定了与薪酬有关的法律、法规。同样，我国也制定了许多与薪酬有关的法律、法规和政策，规定了工资分配原则、最低工资规定、工资支付、节假日工资和加班工资等。

二、微观环境因素

1. 企业所属的行业类别

如果企业进入的是传统的劳动密集型行业，员工所从事的主要是简单的体力性劳动，而从事此类工作的员工在劳动力市场上的供求又特别多，企业为了节省成本，一般会把员工的薪酬降得很低；如果是高新技术或资本密集型企业，企业所需要的大多是具有较高的知识技能、从事脑力劳动多于体力劳动的员工，而这些员工在劳动力市场上是相对不易得的，所以企业为了吸引优秀员工的加盟乃至激发这些员工的工作积极性，大多会支付较高的薪酬。

2. 企业的经营状况

企业的经营状况直接决定了企业的薪酬支付能力，如果一个企业的经营状况较佳，可以获得稳定的乃至持续增长的经济收益，员工的薪酬便可能较高，而如果企业经营状况不佳，入不敷出，即使企业有支付高薪酬的意愿，也只是心有余而力不足。

3. 企业所处的生命周期

一般而言，企业在发展过程中一般会经历创业、高速增长、成熟平稳、衰退和企业再造五个不同的发展阶段，处于不同生命周期阶段的企业均具有较为明显的企业资源、外部竞争环境等特征，这为企业选择不同的薪酬水平策略提供了依据。

1）创业阶段的薪酬水平策略选择

处于创业阶段的企业，企业利润低，员工人数也比较少，一般企业会根据现实状况采取低于标杆企业薪酬水平的薪酬滞后策略，尽量降低人工成本，将有限的资金用于企业的生存与成长。在实际操作中，企业可降低基本薪酬和福利的数量和质量，而奖金应尽量与市场持平或者高于市场水平，并且最好采用长期激励的方式，而不宜于进行短期激励。

2）高速增长阶段薪酬水平策略选择

企业进入高速增长阶段后，便意味着企业已经有了相当的利润和经济效益，这时，企业应选择薪酬水平领先策略，支付高于标杆企业的薪酬，以吸引所需的大量高素质人才。在实际操作中，基本薪酬由于其所具有的刚性，应与标杆企业薪酬水平持平，奖金因灵活性较大，企业可以采用更高的奖金，并为员工提供较优厚的福利，从而使企业的综合薪酬水平高于市场竞争对手。

3）成熟平稳阶段薪酬水平策略选择

处于成熟平稳阶段的企业，可以选择薪酬水平跟随策略，与市场竞争对手薪酬水平相当，以保证员工享受与标杆企业员工同等的待遇。当确定了薪酬水平跟随策略后，在进行次年组合管理时，基本薪酬可以采用与市场持平水平，而奖金绩效激励薪酬可以调整到适当偏低或与市场竞争对手薪酬水平持平状态，保持较高的员工福利薪酬水平，以增加员工对企业的认同感和归属感。

4）衰退阶段薪酬水平策略选择

进入衰退阶段是企业无法逃脱的一个噩梦，处于这个阶段时，企业产品滞销、利润下降，这时企业宜选择薪酬水平滞后策略，奖金仍沿用成熟平稳阶段的薪酬水平，以降低企业的薪酬成本支出。

5）再造阶段薪酬水平策略选择

企业的再造等同于企业的第二次创业，与初次创业不同的是，企业由于已经有了第一次创业后的各种积累，在再造阶段便已经有了相当的规模和实力，在这个阶段，企业应及时调整薪酬水平策略，提高员工薪酬水平，选择薪酬水平领先策略。在恢复员工基本薪酬和福利与市场水平持平的情况下，增加奖金额度，激发老员工的积极性和创造性，同时从企业外部吸引企业再造阶段所需人才，以实现企业新的战略目标，保证企业的可持续发展。

4. 企业与员工的薪酬博弈

薪酬水平的确定是劳资双方谈判的过程，在每一轮的薪酬博弈中，薪酬水平与劳资双方的谈判能力紧密相关，如果员工有较高的谈判能力，便可能实现较高的薪酬收入。

三、个人内在因素

1. 员工个人的工作表现

员工个人的工作表现一般与绩效奖金相关，员工工作表现好则可能获得较高的绩效奖金，最常见的绩效奖金形式是年度奖金，它可能与公司的经营业绩、下属各经营单位的业绩、管理者的个人业绩或者三者的有机结合相关联。

2. 员工的工作年限

一些企业的薪酬水平与员工的工作年限有一定的关联，工作年限对薪酬水平有正面影响力，企业之所以制定工龄工资，是为了达到稳定员工队伍、降低流动成本的目的。

3. 岗位的责任的大小

当一个岗位需要承担较大的责任时，对员工的心理乃至生理都会产生一定的压力，为了补偿这种压力对员工造成的心理和生理损伤，企业便会倾向制定较高的薪酬水平。通常来说，岗位越位于组织结构的上端，承受的责任越大，任职者的薪酬也越高。

如何开展薪酬调查

企业为了实现薪酬的外部竞争性，最重要的参考依据便是市场薪酬调查数据，因此进行薪酬调查是确保企业薪酬具有外部竞争性的必要工作。所谓的薪酬调查，就是企业通过收集市场的薪酬信息来判断其他企业的薪酬状况这样一个系统过程。那么，具体来说，企业通过薪酬调查可以实现哪些工作呢？

1. 调整薪酬水平

一般而言，企业的薪酬水平并不是始终保持不变的，大多数企业都会定期调整自己的薪酬水平，调整的依据有：生活成本的变动、员工的绩效、企业的经营状况和支付能力、竞争对手的薪酬变动等。由此可见，企业薪酬水平的调整取决于内、外两种环境，而为了适应外部环境，企业则需要通过薪酬调查来及时捕捉竞争对手的薪酬信息，从而有针对性地制定自身的薪酬调整政策，以免企业的优秀人才流失到竞争对手那里。

2. 调整薪酬结构

在涉及薪酬结构的时候，企业曾经都比较重视内部职位评价，主要通过内部职位评价来确定不同职位间的薪酬差距，薪酬调查的主要作用在于为确定企业的总体薪酬水平提供参考依据，它对企业内部不同职位之间的薪酬差距并不太大影响。而现如今，薪酬调查也逐渐成为企业评价自身所做的职位评价的有效性的方法，假如企业根据职位评价的结果将两种职位放入同一薪酬等级，但是市场调查的结果显示这两种职位之间存在较明显的薪酬差距，企业便会重新检查职位评价过程，乃至单独设立一个新的薪酬等级。

3. 侧面获知竞争对手的劳动力成本

企业为了在市场竞争中获胜，便要知己知彼，时刻关注竞争对手的一些对竞争有影响的重要情报，其中的一项便是竞争对手的劳动力成本，因为劳动力成本是决定企业竞争优势的一个重要来源。所以，一些企业就会非常注意利用薪酬调查数据来对竞争对手的定价以及制造实践进行财务分析，以便获得一些有利的情报。

4. 了解行业内薪酬管理实践的最新发展和变化趋势

通过薪酬调查，除了可以获知关于基本薪酬的信息外，还可以获得包括奖金、福利、长期激励、休假等各种福利以及加班时间、各种薪酬计划等方面的信息。参考这些信息，企业便可以管中窥豹地了解企业界最新的薪酬管理趋势，这将有助于企业的薪酬实践与时俱进，与整个企业界保持一致，提高企业薪酬的竞争力。

薪酬调查的操作步骤如下：

第一步：确定薪酬调查的必要性和操作方式。

企业获得薪酬调查数据的方式有三种：

（1）参考现有的薪酬调查数据。在成熟的市场经济国家，很容易得到各种各样的薪酬调查结果，如果现有的薪酬调查数据足以提供企业所需要的信息，企业便可省去开展薪酬调查的工作，直接参考已有的薪酬调查数据。企业在对已有的薪酬数据进行筛选和利用的时候，应注意使用那些与自身薪酬决策匹配性良好的数据。

（2）企业自己组织人力、物力开展薪酬调查。通常来说，只有少数企业会安排自己的薪酬人员来从事薪酬调查工作，这是因为，企业自己开展薪酬调查存在如下几个弊端：

一是企业自行进行薪酬调查容易引起被调查企业的警觉和不合作，使企业的薪酬调查工作遭遇种种困扰。

二是薪酬调查工作费时费力，企业往往没有足够的人手和时间来从事诸多事务性工作。

三是对薪酬调查结果的分析需要用到一些计算机软件和统计学的知识，很多企业都不具备进行数据处理的能力。

（3）雇佣第三方或与第三方合作来进行薪酬调查。因为企业自行开展薪酬调查有诸多弊端，所以雇佣第三方或与第三方合作来进行薪酬调查便成了大多数企业的选择。

第二步：确定意欲调查的职位。

薪酬调查所指向的对象是具体的，在开展薪酬调查之前，企业需要确定需要调查的职位以及职位族。比如，企业意欲获知管理人员的薪酬，便要将公司高层和部门经理一级的职位包括进来；如果企业想获知专业或技术类职位的薪酬信息，便需要将目标锁定相关职能领域中的整个职位族。

在选择被调查职位时，企业切不可只是单纯根据职位名称来确定被调查对象，因为即使两种职位的职位名称相同，它们在不同企业中的工作安排也会有差异，所从事的可能是不同的工作。所以在确定被调查职位时，最新的职位描述是必不可少的参考依据。

第三步：确定作为调查对象的目标企业及其数量。

薪酬调查工作一定要有的放矢，否则所获得薪酬调查数据毫无意义。为了精准选择调查对象，企业首先需要确定自己所在的劳动力市场的范围——从覆盖范围来看，劳动力市场可以划分为地方性劳动力市场、地区性劳动力市场、全国性劳动力市场以及国际性劳动力市场。关于劳动力市场的划分，依据并不是企业的规模或者地理分布，而是企业与其他企业展开竞争的市场范围。比如，高级专业技术人员，包括财务总监、总工程师、高级经营管理人员的选聘通常是全国性的；具有一定专业程度要求的职能管理人员的选聘通常是地区性的；而一般办公室事务性人员的选聘则是地方性的。劳动力市场的范围决定了企业所选择的作为调查对象的目标企业到底是哪些。

对于被调查的企业的数量，并不是多多益善，虽然被调查的企业的数量越多，做回归分析或者对数据进行分类分析的效果越好，但同时，这也导致了时间和预算成本的增加。一般而言，调查所需要的最低样本规模取决于调查本身的详细程度。

第四步：确定薪酬调查的具体内容。

薪酬调查的具体内容包括：

（1）基本薪酬及其结构。

（2）年度奖金和其他年度现金支付。

（3）股票期权或影子股票计划等长期激励计划。

（4）各种补充福利计划。

薪酬是一个整体的概念，如果薪酬调查仅仅只有基本薪酬一项内容，所获得的薪酬数据是无法反映市场真实状况的，所以最好对参与调查的企业的整体薪酬情况进行了解，以免使所获得的数据失之偏颇。

第五步：设计薪酬调查问卷。

设计薪酬调查问卷属于实施阶段，薪酬调查问卷包括的信息有：企业规模、企业所属行业、企业销售额、企业的薪酬构成以及相关信息、任职者信息等。

附表：薪酬调查问卷

受访者个人资料

1. 您在贵公司人力资源部所担任的职务是：

□HR 总监　　□HR 经理　　□HR 主管　　□HR 专员　　□其他

2. 您所处的年龄段是：

□25 岁及以下　□26～30 岁　□31～35 岁　□36～40 岁　□41 岁及以上

3. 您的性别是：

□男　　□女

4. 您的学历是：

□中专　　□大专　　□本科　　□硕士　　□博士

5. 您所学专业是_____，您的外语水平：

□熟练　　□一般　　□较差

6. 您从事现有职务的工作年限是_____年，您在贵公司工作的年限是_____年。

企业基本信息

企业基础信息是薪酬配置的基本环境和影响因素，为使您提供的薪酬数据具有统计意义，请您就下列 1～4 题进行类型选择（请在合适的选项中打"√"）。

1. 您所在公司的企业类型是：

□外商投资企业

　投资类型属于：□外商独资　□中外合资　□中外合作　□代表处

　外商投资方属于：□欧美　□日本　□港台　□其他

☐民营/私营企业　　☐股份制企业　　☐国有企业　　☐其他

2. 您目前工作的公司所在地是：

☐南京　☐镇江　☐常州　☐无锡　☐苏州　☐昆山　☐其他

3. 您所在企业所属的行业类型：

A. 加工制造业

☐交通运输设备制造业　　☐家电产品制造业　　☐食品/饮料/烟草加工

☐金属/电气机械及器材制造业　　☐木材/造纸/家具制造业

☐文教体育用品制造业　　☐化学原料及化学制造品制造业

☐通用/专用设备制造业　　☐纺织服装制造业

☐橡胶/塑料制造业/非金属矿物制品业　　☐其他（请注明）

B. 流通业

☐进出口贸易　　☐批发　　☐零售　　☐其他（请注明）

C. 信息技术和互联网及电信（计算机软硬件，通讯）

☐计算机硬件　　☐计算机软件　　☐互联网/电子商务

☐通信/电信运营/增值服务　　☐通信/电信/网络设备　　☐网络游戏

☐计算机服务（系统、数据维护、维修）　　☐其他（请注明）

D. 金融贸易（银行，风险基金，保险）

☐证券　　☐保险　　☐投资

☐银行　　☐风险基金　　☐其他（请注明）

E. 房地产建筑设计装潢

☐房地产业　　☐建筑　　☐家居/室内设计/装潢　　☐其他（请注明）

F. 生物制药保健医药

☐生物制药工程　　☐医疗/护理/保健/卫生　　☐医疗设备器械

☐医药批发　　☐医药零售　　☐其他（请注明）

G. 酒店餐饮娱乐

☐餐饮业　　☐酒店　　☐旅行社

☐娱乐　　☐其他（请注明）

H. 非营利性组织

☐传媒　　☐医院　　☐学校　　☐其他（请注明）

I. 其他（请具体填写）

4. 您所在企业员工的规模为：

□50 人以下　□50 ~ 250 人　□250 ~ 500 人

□500 ~ 1000 人　□1000 人以上

受访者个人薪酬状况

1. 您目前的月薪是_____元/月，平均每个月的奖金额度为_____元，年终的奖金额度为 元，年总收入为元。您目前的年薪总额与上年度的年薪总额相比，增长幅度是_____%。您所在企业今年薪酬增长幅度最大的岗位是_____，增长幅度是_____%；薪酬增长幅度最小的岗位是_____，增长幅度是_____%。您认为您的年度总体薪酬增长率为_____%可以达到您预期的薪酬水平。

2. 您所在公司给您的补贴或津贴的情况为：

补贴	交通补贴	通讯补贴	餐费补贴	车辆补贴	住房补贴	加班补贴	其他
额度（元/月）							

3. 您对目前个人薪酬状况的态度是：

□比较满意　□还行，能接受　□不是很满意　□非常不满意，想跳槽

4. 以下哪种情况就会让您有很强烈的跳槽意愿：（请按照序号进行排列）

A. 新公司的薪酬比现在的薪酬增长：

□10% ~ 20%　□20% ~ 50%　□50% ~ 100%　□100% 以上

B. 能得到培训机会　　　C. 新公司有带薪休假

D. 新公司有很好的福利　　E. 新公司的高层重视 HR

请把如上选项按照您选择的顺序进行排列_____，或无论怎样都不会跳槽。

5. 您所在公司给予员工哪些福利？（可多选）

□法定五险　□住房公积金　□其他住房补贴　□节假日加薪/带薪假期

□补充养老保险　□教育培训等福利　□补充医疗、人身保险

□其他（请注明）

6. 贵公司享有以下哪几种长期激励措施？（可多选）

□股票期权　□股票升值权　□员工持股　□管理层收购　□其他

感谢您参与本次调查，为了便于我们为您提供增值服务，请留下您的联系方式：

公司名称：_____ 姓名：_____

联系电话：_____ E - mail：_____

受访者所了解所在企业其他关键岗位的薪酬状况

我们想通过您了解您所在企业的关键岗位的薪酬状况，这样可以通过我们最后的统计数据为您招聘员工提供有效参考。

填写说明：如所填岗位的人员数量较多，请按照年收入处于中位值的员工填写。

部门	岗位名称	月薪（元）	年总收入（元）	学历	年龄段	本岗位任职时间（年）
总经办	总经理			□专科以下 □专科 ■本科 □硕士及以上	□25 岁及以下 □26～30 岁 □31～35 岁 □36～40 岁 □41～45 岁 □46 岁及以上	
	董事会秘书			□专科以下 □专科 ■本科 □硕士及以上	□25 岁及以下 □26～30 岁 □31～35 岁 □36～40 岁 □41～45 岁 □46 岁及以上	
	总经理助理			□专科以下 □专科 ■本科 □硕士及以上	□25 岁及以下 □26～30 岁 □31～35 岁 □36～40 岁 □41～45 岁 □46 岁及以上	
	总经理秘书			□专科以下 □专科 ■本科 □硕士及以上	□25 岁及以下 □26～30 岁 □31～35 岁 □36～40 岁 □41～45 岁 □46 岁及以上	

（续表）

部门	岗位名称	月薪（元）	年总收入（元）	学历	年龄段	本岗位任职时间（年）
人力资源部	人力资源总监			□专科以下 □专科 □本科 □硕士及以上	□25 岁及以下 □26～30 岁 □31～35 岁 □36～40 岁 □41～45 岁 □46 岁及以上	
	人力资源部经理			□专科以下 □专科 □本科 □硕士及以上	□25 岁及以下 □26～30 岁 □31～35 岁 □36～40 岁 □41～45 岁 □46 岁及以上	
	人力资源主管			□专科以下 □专科 □本科 □硕士及以上	□25 岁及以下 □26～30 岁 □31～35 岁 □36～40 岁 □41～45 岁 □46 岁及以上	
	人力资源专员			□专科以下 □专科 □本科 □硕士及以上	□25 岁及以下 □26～30 岁 □31～35 岁 □36～40 岁 □41～45 岁 □46 岁及以上	
财务部	财务总监			□专科以下 □专科 □本科 □硕士及以上	□25 岁及以下 □26～30 岁 □31～35 岁 □36～40 岁 □41～45 岁 □46 岁及以上	
	财务部经理			□专科以下 □专科 □本科 □硕士及以上	□25 岁及以下 □26～30 岁 □31～35 岁 □36～40 岁 □41～45 岁 □46 岁及以上	

（续表）

部门	岗位名称	月薪（元）	年总收入（元）	学历	年龄段	本岗位任职时间（年）
财务部	总账会计			□专科以下 □专科 ■本科 □硕士及以上	□25 岁及以下 □26～30 岁 □31～35 岁 □36～40 岁 □41～45 岁 □46 岁及以上	
	主管会计			□专科以下 □专科 □本科 □硕士及以上	□25 岁及以下 □26～30 岁 □31～35 岁 □36～40 岁 □41～45 岁 □46 岁及以上	
	会计			□专科以下 □专科 □本科 □硕士及以上	□25 岁及以下 □26～30 岁 □31～35 岁 □36～40 岁 □41～45 岁 □46 岁及以上	
	出纳			□专科以下 □专科 □本科 □硕士及以上	□25 岁及以下 □26～30 岁 □31～35 岁 □36～40 岁 □41～45 岁 □46 岁及以上	
行政部	行政总监			□专科以下 □专科 □本科 □硕士及以上	□25 岁及以下 □26～30 岁 □31～35 岁 □36～40 岁 □41～45 岁 □46 岁及以上	
	行政部经理			□专科以下 □专科 □本科 □硕士及以上	□25 岁及以下 □26～30 岁 □31～35 岁 □36～40 岁 □41～45 岁 □46 岁及以上	
	行政主管			□专科以下 □专科 □本科 □硕士及以上	□25 岁及以下 □26～30 岁 □31～35 岁 □36～40 岁 □41～45 岁 □46 岁及以上	

（续表）

部门	岗位名称	月薪（元）	年总收入（元）	学历	年龄段	本岗位任职时间（年）
行政部	行政秘书			□专科以下 □专科 □本科 □硕士及以上	□25 岁及以下 □26～30 岁 □31～35 岁 □36～40 岁 □41～45 岁 □46 岁及以上	
	前台接待			□专科以下 □专科 □本科 □硕士及以上	□25 岁及以下 □26～30 岁 □31～35 岁 □36～40 岁 □41～45 岁 □46 岁及以上	
	资料管理员			□专科以下 □专科 □本科 □硕士及以上	□25 岁及以下 □26～30 岁 □31～35 岁 □36～40 岁 □41～45 岁 □46 岁及以上	
	司机			□专科以下 □专科 □本科 □硕士及以上	□25 岁及以下 □26～30 岁 □31～35 岁 □36～40 岁 □41～45 岁 □46 岁及以上	
	勤杂工			□专科以下 □专科 □本科 □硕士及以上	□25 岁及以下 □26～30 岁 □31～35 岁 □36～40 岁 □41～45 岁 □46 岁及以上	
	门卫			□专科以下 □专科 □本科 □硕士及以上	□25 岁及以下 □26～30 岁 □31～35 岁 □36～40 岁 □41～45 岁 □46 岁及以上	

（续表）

部门	岗位名称	月薪（元）	年总收入（元）	学历	年龄段	本岗位任职时间（年）
采购部	采购总监			□专科以下 □专科 ■本科 □硕士及以上	□25 岁及以下 □26～30 岁 □31～35 岁 □36～40 岁 □41～45 岁 □46 岁及以上	
	采购部经理			□专科以下 □专科 ■本科 □硕士及以上	□25 岁及以下 □26～30 岁 □31～35 岁 □36～40 岁 □41～45 岁 □46 岁及以上	
	采购主管			□专科以下 □专科 ■本科 □硕士及以上	□25 岁及以下 □26～30 岁 □31～35 岁 □36～40 岁 □41～45 岁 □46 岁及以上	
	采购员			□专科以下 □专科 ■本科 □硕士及以上	□25 岁及以下 □26～30 岁 □31～35 岁 □36～40 岁 □41～45 岁 □46 岁及以上	
营销部	营销总监			□专科以下 □专科 ■本科 □硕士及以上	□25 岁及以下 □26～30 岁 □31～35 岁 □36～40 岁 □41～45 岁 □46 岁及以上	
	营销部经理			□专科以下 □专科 ■本科 □硕士及以上	□25 岁及以下 □26～30 岁 □31～35 岁 □36～40 岁 □41～45 岁 □46 岁及以上	

（续表）

部门	岗位名称	月薪（元）	年总收入（元）	学历	年龄段	本岗位任职时间（年）
营销部	销售主管			□专科以下 □专科 □本科 □硕士及以上	□25 岁及以下 □26～30 岁 □31～35 岁 □36～40 岁 □41～45 岁 □46 岁及以上	
	销售代表/业务员			□专科以下 □专科 □本科 □硕士及以上	□25 岁及以下 □26～30 岁 □31～35 岁 □36～40 岁 □41～45 岁 □46 岁及以上	
物流部	物流部经理			□专科以下 □专科 □本科 □硕士及以上	□25 岁及以下 □26～30 岁 □31～35 岁 □36～40 岁 □41～45 岁 □46 岁及以上	
	物流主管			□专科以下 □专科 □本科 □硕士及以上	□25 岁及以下 □26～30 岁 □31～35 岁 □36～40 岁 □41～45 岁 □46 岁及以上	
	物流管理员			□专科以下 □专科 □本科 □硕士及以上	□25 岁及以下 □26～30 岁 □31～35 岁 □36～40 岁 □41～45 岁 □46 岁及以上	
	仓库管理员			□专科以下 □专科 □本科 □硕士及以上	□25 岁及以下 □26～30 岁 □31～35 岁 □36～40 岁 □41～45 岁 □46 岁及以上	

（续表）

部门	岗位名称	月薪（元）	年总收入（元）	学历	年龄段	本岗位任职时间（年）
质管部	质量总监			□专科以下 □专科 □本科 □硕士及以上	□25岁及以下 □26~30岁 □31~35岁 □36~40岁 □41~45岁 □46岁及以上	
	质量部经理			□专科以下 □专科 □本科 □硕士及以上	□25岁及以下 □26~30岁 □31~35岁 □36~40岁 □41~45岁 □46岁及以上	
	质量工程师			□专科以下 □专科 □本科 □硕士及以上	□25岁及以下 □26~30岁 □31~35岁 □36~40岁 □41~45岁 □46岁及以上	
	助理质量工程师			□专科以下 □专科 □本科 □硕士及以上	□25岁及以下 □26~30岁 □31~35岁 □36~40岁 □41~45岁 □46岁及以上	
	质量管理员			□专科以下 □专科 □本科 □硕士及以上	□25岁及以下 □26~30岁 □31~35岁 □36~40岁 □41~45岁 □46岁及以上	
技术开发部	技术总监			□专科以下 □专科 □本科 □硕士及以上	□25岁及以下 □26~30岁 □31~35岁 □36~40岁 □41~45岁 □46岁及以上	

（续表）

部门	岗位名称	月薪（元）	年总收入（元）	学历	年龄段	本岗位任职时间（年）
技术开发部	技术部经理			□专科以下 □专科 □本科 □硕士及以上	□25 岁及以下 □26～30 岁 □31～35 岁 □36～40 岁 □41～45 岁 □46 岁及以上	
	高级工程师			□专科以下 □专科 □本科 □硕士及以上	□25 岁及以下 □26～30 岁 □31～35 岁 □36～40 岁 □41～45 岁 □46 岁及以上	
	工程师			□专科以下 □专科 □本科 □硕士及以上	□25 岁及以下 □26～30 岁 □31～35 岁 □36～40 岁 □41～45 岁 □46 岁及以上	
	助理工程师			□专科以下 □专科 □本科 □硕士及以上	□25 岁及以下 □26～30 岁 □31～35 岁 □36～40 岁 □41～45 岁 □46 岁及以上	
	技术员			□专科以下 □专科 □本科 □硕士及以上	□25 岁及以下 □26～30 岁 □31～35 岁 □36～40 岁 □41～45 岁 □46 岁及以上	
生产部	生产部部长			□专科以下 □专科 □本科 □硕士及以上	□25 岁及以下 □26～30 岁 □31～35 岁 □36～40 岁 □41～45 岁 □46 岁及以上	

（续表）

部门	岗位名称	月薪（元）	年总收入（元）	学历	年龄段	本岗位任职时间（年）
生产部	生产主管			□专科以下 □专科 □本科 □硕士及以上	□25 岁及以下 □26～30 岁 □31～35 岁 □36～40 岁 □41～45 岁 □46 岁及以上	
	调度员			□专科以下 □专科 □本科 □硕士及以上	□25 岁及以下 □26～30 岁 □31～35 岁 □36～40 岁 □41～45 岁 □46 岁及以上	
	生产计划员			□专科以下 □专科 □本科 □硕士及以上	□25 岁及以下 □26～30 岁 □31～35 岁 □36～40 岁 □41～45 岁 □46 岁及以上	
生产车间	车间主任			□专科以下 □专科 □本科 □硕士及以上	□25 岁及以下 □26～30 岁 □31～35 岁 □36～40 岁 □41～45 岁 □46 岁及以上	
	高级技师			□专科以下 □专科 □本科 □硕士及以上	□25 岁及以下 □26～30 岁 □31～35 岁 □36～40 岁 □41～45 岁 □46 岁及以上	
	技师			□专科以下 □专科 □本科 □硕士及以上	□25 岁及以下 □26～30 岁 □31～35 岁 □36～40 岁 □41～45 岁 □46 岁及以上	

（续表）

部门	岗位名称	月薪（元）	年总收入（元）	学历	年龄段	本岗位任职时间（年）
生产车间	班组长			□专科以下 □专科 □本科 □硕士及以上	□25 岁及以下 □26~30 岁 □31~35 岁 □36~40 岁 □41~45 岁 □46 岁及以上	
	操作工			□专科以下 □专科 □本科 □硕士及以上	□25 岁及以下 □26~30 岁 □31~35 岁 □36~40 岁 □41~45 岁 □46 岁及以上	

第六步：核查薪酬调查数据。

企业虽然在开展薪酬调查前做了很多工作来确保被调查者提供真实准确的信息，但是被调查的企业仍然有可能未必完全明了调查者的意图，所以，将薪酬调查问卷收上来以后，还应该根据实际职位与基准工作职位之间的匹配程度来调整薪酬调查数据，确保数据的有效性。

第七步：对薪酬调查数据进行分析。

分析数据是薪酬调查工作的最后一道工作程序，薪酬数据的分析方法一般包括：频度分析、趋中趋势分析、离散分析以及回归分析等。

（1）频度分析。

所谓的频度分析，就是将所得到的每一职位的所有薪酬调查数据按由低到高的顺序排列，然后算出类属于每一薪酬范围的公司的数目。企业数目最多的薪酬范围便是大部分企业为该职位支付的薪酬范围。

（2）趋中趋势分析。

趋中趋势又可以分为如下三种：简单平均数、加权平均数和中值。

一是简单平均数。

简单平均数是最常见的数据分析方法，它通常对所有企业的薪酬数据都赋予相同的权重，将获得的与某一职位相对应的所有薪酬数据简单相加，然而再除以参与调查企业的数目，从而求出平均值。这种方法的最大弊端是，如果存在极端值的话，很可能会破坏结果的准确性。为了规避这种弊端，有些公司会首先用频率分部将极端值除掉。

二是加权平均数。

在应用这种数据分析方法时，不同企业的薪酬数据将会被赋予不同的权重，权重的大小取决于某一个公司中在同类职位上工作的员工人数在调查总人数中所占的比重，或者调查企业认为某个被调查企业的薪酬水平对其薪酬决策的重要程度。

三是中值。

采用中值数据分析方法时，首先，将收集到的全部统计数据按照大小排列顺序进行排列之后，再找出居于中间位置的数值，即中位数作为某类岗位人员工资水平的依据。该方法的最大优点是可以剔除异常值即最大值和最小值对于平均工资值的影响。

薪酬调查报告的一般内容和结构

薪酬调查的最终结果体现的是薪酬福利调查报告，薪酬调查报告的一般内容和结构，包括六个部分：

（1）调查发现总结。

（2）本企业市场薪酬水平报告。

（3）职位的统计数据。

（4）工资福利政策报告。

（5）公司背景统计报告。

（6）调查统计方法介绍。

一、调查发现总结

调查报告的总结部分通常会报告市场趋势，即不同级别的中点工资和调薪幅度，同时还需要对各种统计进行比较。

1. 中点工资

所谓的中点工资，就是中间点的工资。比如，调查20家企业生产经理的职位，可能获得30个样本数据（某些企业可能有2个或几个生产部门经理）。将原始数据按照从高到低的顺序排序，一般来讲有5个位置是比较典型的，最有参考价值——包括前10%点、前25%点、中点、前75%和前90%点。通常来说，10%以内的或者90%以上的数据一般都会略去不计，因为这些是很极端的数据，属于特殊情况。

对于所获得的样本数据，需要做回归处理。所谓的回归处理，就是在坐标图上画几个点，每个点代表一个职位，这些点通常来说都是离散的，但不是胡乱分布的，而是按照一定的规律分布。回归的过程可以做一次线性回归，即在这些点中间画一条直线，让尽可能多的点分部在线的两边。

不过有时候也需要做两次回归，表现形式为一条弧线。通常情况下，只做一次回归就可以了。做完线性回归后，重新来看前10%点、前25%点、中间、前75%点和前90%点，可以发现将这些点连起来便是很光滑的一条曲线。在调查报告里，会明确各个级别的职位的中点大概是怎么样的，能够一目了然。

2. 调薪幅度

企业一般每年都会调整员工的薪资，少的如5%、8%，多的如15%～20%之间。

3. 各种统计比较

各种统计比较，比较的内容包括各个职能部门的薪酬差别、薪酬调查年份、企业所在地区、企业性质（外资、中外合资、控股与股份、国营、民营）等。

（1）参加调查的各个公司间的统计比较，比如企业各个职能部门的综合薪酬水平怎么样，以及同一级别在不同职能部门之间的工资差别。

（2）薪酬调查各个年份的数据也需要进行比较，因为薪酬调查报告纵向持续的时间越长，报告越准确，越有参考价值，如果薪酬调查报告只是局限于某一年，因为有各种各样误差和随机因素的关系，结果可能不科学。把连续几年的历史薪酬调查曲线放在一起，然后再与当年的薪酬调查情况进行纵向对比，这样所得出的当年的调查数据更科学，可以从中看出薪酬市场的发展趋势。

（3）还需要进行其他一些比较，比如地区之间的比较。通常一个行业全国范围内会进行比较，几个大的地区也会进行比较，如华南地区以广州为主，华东地区以上海为主，这几个地区之间同一个行业或者同一个职位进行比较。

（4）企业的性质也是比较内容之一，因为不同的经营体制，同样一个职位的薪酬水平是不一样的。比如，外资企业中合资公司与独资公司会有区别，独资公司与办事处不一样，民营企业和股份制企业也会有一定的区别——这些区别的比例差究竟是多少，通常在薪酬福利调查报告中都需要直接的注解。

二、本企业市场薪酬水平报告

本企业市场薪酬水平报告，指明了企业的薪酬水平在整个行业里大概处于什么样的位置，包括四项内容：年度基本工资、年度固定现金收入、年度总工资和年度总体薪资。

1. 年度基本工资

年度基本工资即员工固定的工资收入，并不是所谓的岗位工资和绩效工资，而是员工基本上每个月肯定都会获得的固定收入。

2. 年度固定现金收入

年度固定现金收入除了年度固定的工资收入外，还包括了企业发给员工的各项补助，如房租补助等。

3. 年度总工资

年度总工资是年度规定现金收入加上浮动收入，如奖金等。

4. 年度总体薪酬

年度总体薪酬是在年度总工资的基础上，再加上公司发给员工的福利费用，如养老保险、医疗保险、失业保险、交通补贴、俱乐部会员资格等各项福利的开支，这些福利项目虽然不是员工直接拿到手的现金，但是属于企业的薪酬成本支出，从企业薪酬管理的角度来看，福利费用也应该计算在内。

三、职位的统计数据

1. 标准职位说明

薪酬调查报告中的每一个标准职位都有职位说明，一般包括职责、资历、学历等情况说明。

2. 标准职位薪资明细项目

对于每一个标准职位，都应该罗列薪资明细项目，如月基本工资、发放月数、固定的现金补贴、车贴、销售佣金、浮动工资（奖金）、年终奖金、股票收益、各项福利总受益费用金额（包括工作餐、交通补助、社会统筹保险、住房公积金、补充医疗等）、福利房、人寿保险、俱乐部会员资格等。

四、工资福利政策报告

工资福利政策报告涉及两项内容：工资管理政策和福利管理政策。

1. 工资管理政策

工资管理政策包括工资调整方法、时间、百分比，以及加班工资、浮动工资、各种津贴的制定、管理等，比如说关于工资调整的方法——是调整基本工资还是调整总体工资；加班工资如何计算；各种补贴如何发放；津贴的标准如何制定等。

2. 福利管理政策

福利管理政策包括有薪假期、医疗、保险、住房、养老、待业、员工股票期权、员工培训与教育政策的具体执行办法。

五、公司背景统计报告

公司背景统计报告包括参与公司的数目、规模、地区、行业、体制分布等。

六、调查统计方法

调查统计方法主要包括职位校对方法、数据收集方法和数据处理方法等。

第七章

如何设计适宜的薪资结构

薪资结构的内涵

薪资结构是对同一个组织内部的不同职位或者技能之间的工资率所做的安排，它所要强调的是职位或者技能等级的数量、不同职位或技能等级之间的薪资差距以及用来确定这种差距的标准是什么。也就是说，一个完整的薪资结构包括四项内容：薪资的等级数量、薪资变动范围以及薪资变动比率、薪资区间中值、相邻两个薪资等级之间的交叉与重叠关系。

1. 薪酬的等级数量

薪酬的等级数量是通过职位评价或者技能评价来实现的，读者可参考第三章薪酬评价方法来确定合适的薪酬等级数量。

2. 薪资变动范围以及薪资变动比率

所谓薪资变动范围，是指某一薪资等级内部允许薪资变动的最大幅度。薪资变动范围说明的是在同一薪资等级内部，最低薪资水平和最高薪资水平之间的绝对差距问题。薪资变动比率则是指同一薪资等级内部的最高值和最低值之差与最低值之间的比率。比如，在某一薪资等级中，最高值为 9 600 元，最低值为 6 400 元，最高值与最低值的绝对差距为 9 600 - 6 400 = 3 200（元），薪资变动比率则为 3 200 ÷ 6 400 × 100% = 50%。

通常情况下，薪资变动比率的大小取决于特定职位所需的技能水平等综合因素。对于那些所需的技能水平较低的职位，薪资等级变动比率要小一些，而对于那些所需的技能水平较高的职位，薪资等级变动比率则要大一些。

3. 薪资区间中值

薪资区间中值或者薪资变动范围中值通常代表了该薪资等级中的职位的平均薪酬水平，是薪酬设计中一个非常重要的因素。另外一个重要概念是薪资比较比率，这一概念用来表示员工实际所得的基本薪资与相应薪资等级中的中值或者中值与市场平均薪资水平之间的关系。比如，某员工的基本薪资为 2 250 元，相应薪资等级中的中值为 2 500 元，可按照如下方法计算薪资比较比率：

薪资比较比率 = 实际所得薪资 ÷ 区间中值 = 2 250 ÷ 2 500 × 100% = 90%

企业一般都会比较重视薪资比较比率，因为它是一种很好的薪酬成本管理工具。在实际操作中，为了使本企业的基本薪酬水平与市场水平保持一致，很多企业将大多数员工的基本薪酬都定在薪资的区间中值上。而薪资区间中值以上的薪酬则不作为基本薪酬发放，而是以绩效奖金的方式发放给高绩效的员工。

除了薪资比较比率外，另一个分析处于同一薪酬区间的员工的薪酬水平的工具为薪资区间渗透度，薪资区间渗透度计算的是员工的基本薪酬与区间的实际跨度——最高值与最低值之差——之间的关系。如在某一个薪资区间内，最高值为 12 000 元，最低值为 8 000 元，员工的基本薪酬为 9 000 元，则薪资区间渗透度的计算方法为：

$$薪资区间渗透度 = \frac{实际所得基本薪资 - 区间最低值}{区间最高值 - 区间最低值} \times 100\%$$

$$= \frac{9\ 000 - 8\ 000}{12\ 000 - 8\ 000} \times 100\% = 25\%$$

4. 相邻两个薪资等级之间的交叉与重叠

相邻的薪资等级之间有交叉与重叠，是指除了最高薪资等级的区间最高值和最低薪资等级的区间最低值之外，其余各相邻薪资等级的最高值和最低值之间往往会有一段交叉和重叠的区域。企业之所以倾向于将薪资结构设计成有交叉重叠的，是因为如果企业的晋升渠道比较单一的话，这种做法可以对企业产生如下正面影响：

（1）避免了因晋升机会不足而导致的未被晋升者的薪资增长局限。

（2）为被晋升者提供了更大的薪资增长空间，从而对被晋升者提供了激励。

薪酬结构设计的先行工作

（1）在分析公司战略的基础上，确定人力资源战略，进而制定企业的薪酬策略。

（2）实施岗位分析工作，需要实现三份工作成果：岗位说明书、岗位分类（包括岗位群落图和岗位职级表）、岗位编制。

（3）完成内外部薪酬调查工作，以此作为确定和调整企业薪酬水平的依据。

（4）科学划分组织的岗位群落。

根据工作内容、工作性质不同，对岗位按性质进行归类，一般将岗位划分为五大类别。

1. 管理序列

从事管理工作并拥有一定管理职务的职位。通俗地理解是"手下有兵，其承担的计划、组织、领导、控制职责成为企业付薪的主要依据"。例如，在一般企业中使用的比较粗放的"中层和高层"的概念。

管理序列薪酬结构的整体框架为：

年总收入 = 年基本收入 + 年其他收入

= （月固定工资 + 月绩效工资 + 年度延迟支付工资）

+ （企业业绩分享 + 工龄工资 + 各类补贴或补助）

2. 职能序列

从事职能管理、生产管理等职能工作且不具备或不完全具备管理职责的职位。与管理序列的区别在于该岗位下可能有下级人员，但企业付薪依据的主要依据不是其承担的计划、组织、领导、控制职责，而是其辅助、支持的职责。

职能序列薪酬结构的整体框架：

年总收入 = 年基本收入 + 年其他收入

= （月固定工资 + 月绩效工资 + 年度延迟支付工资）

+ （企业业绩分享 + 工龄工资 + 各类补贴或补助）

3. 技术序列

从事技术研发、设计、操作的职位，表现为需要一定的技术含量，企业付薪的主要依据是该岗位所具备的技能，一般付薪的项目体现为计件的形式，但不排除少量的项目奖金。

技术序列薪酬结构的整体框架：

年总收入 = 年基本收入 + 年其他收入

= （月固定工资 + 月绩效工资 + 项目奖金 + 年度延迟支付工资）

+ （企业业绩分享 + 工龄工资 + 各类补贴或补助）

4. 销售序列

销售序列指在市场上从事专职销售的职位，一般工作场所不固定，绩效奖金在其全部薪酬中占有的比例较大。

销售序列薪酬结构的整体框架：

年总收入 = 年基本收入 + 年其他收入

= （月固定工资 + 佣金 + 销售奖金 + 年度延迟支付工资）

+ （工龄工资 + 各类补贴或补助）

5. 操作序列

操作序列指在公司内部从事生产作业或销售的职位，一般工作场所比较固定，事务性工作较多。

年总收入 = 年基本收入 + 年其他收入

= （月固定工资 + 计件工资 + 年度延迟支付工资）

+ （工龄工资 + 各类补贴或补助）

薪酬结构中各科目的作用和设计要点

1. 月固定工资

（1）月固定工资的设立目的：为员工的基本生活提供保障。

（2）月固定工资的下限：一般具体下限数字必须大于当地最低生活标准线。

（3）月固定工资的比重：综合考虑年基本收入和职级，一般而言，职级较低的员工固定工资的比例较高。

2. 月绩效工资

（1）月绩效工资的设立目的：相对于年工资的延迟支付，属于较短周期的检查和激励员工工作的方式，主要与工作完成的及时性和质量挂钩，具体考核指标可以分为否定性指标、定量指标和定性指标、临时性重点任务指标。

（2）月绩效工资的上限：由于与考核结果相挂钩，因此属于浮动的不确定收入，由于管理需要综合考虑多方面的成本，如果浮动比重过大，员工由于感觉不安全而增加流动概率，此外主观上抵制考核，从而增加考核的难度，起不到考核改善绩效的终极目的。

（3）月绩效工资的比重：综合考虑年基本收入和职级，一般而言，职级较低的员工绩效工资的比例较低。

3. 年度延迟支付工资

（1）年工资延迟支付的设立目的：相对于月绩效工资，属于较长周期的激励员工的方式，由于某些工作在短期内无法见到实效，需要较长的一段时间内才能反映出结果，因此预留部分基本收入作为对该部分工作的考核。此外，一般而言，年前的员工流动率相对较高，因此年工资的延迟支付在某些公司还可以作为降低员工流动率的手段，缓解企业日常现金流的压力。

（2）年工资延迟支付的上限/比重。一般为10%～20%，可以通过年底双薪的方式发放。

4. 企业业绩分享

（1）企业业绩分享的设立目的：其一，体现了内部收入的公平性，计件制员工和佣金制员工的收入与自身业绩直接挂钩，当企业超额完成既定计划时，需要设置该科目协调内部公平；其二，体现员工收入与企业的业绩呈正向关系：企业未完成既定计划时，可以通过降低年迟延支付工资的数量来实现；企业超额完成既定计划时，可以通过该科目来实现。

（2）企业业绩分享的上限/权重：从总体来看，企业业绩分享的具体金额和权重没有限制，但金额和权重不宜过大，原因有三：该科目属于以丰补歉的预留机制；该科目具有刚性，必须考虑企业的可持续发展；企业业绩分享属于锦上添花，自然比重不宜过大。

5. 工龄工资

（1）工龄工资的设立目的：嘉奖员工对企业的忠诚度，增强企业的凝聚力，因此通过工龄工资数量的确定与在本公司连续工龄的数量呈正比。

（2）工龄工资的上限：一般上限设定为10年，原因有三：其一，企业时刻都有成本控制的压力；其二，人员价值有折旧，培训只能迟缓价值的衰减的程度，因此需要鼓励员工适当流动；其三，企业需要听取来自不同的声音，需要不断冲击旧思维旧习惯。

（3）工龄工资的比重：工龄长短不代表员工实际能力的高低，与公司为职位价值付酬的设计思路有冲突，因此工龄工资的比重一般不宜过大，应该小于 15%。

6. 各类补贴或补助

（1）各类补贴或补助的设立目的：该科目属于保健因素，如果缺失将影响员工满意度。

（2）各类补贴或补助的上限：由于该科目属于企业额外的人工成本开支，因此应严格控制，具体金额需要根据企业的具体情况实时调整。

（3）各类补贴或补助科目的设置：具体科目的增减可以根据企业的实际情况，例如，在重点改善企业学历结构的时期，可以增设学历工资。

7. 销售奖金

销售奖金的确定方式：首先要考虑销售额的达成，通常只有超过一定的销售保底才能领取奖金；其次根据客户开发、货款回收速度、市场调查报告、客户投诉状况、企业规章执行等指标进行综合评定。

8. 计件工资

依据产品实际产量、质量、成本总额、安全、现场管理等指标综合确定生产操作类员工的该项收入，用以激发生产人员的生产积极性，提高生产效率，改善产品质量，降低生产成本。

薪资结构设计步骤

薪资结构的设计需要遵循的两个最重要原则是：内部一致性和外部竞争性。不过，即使是在同一个企业内部，职位等级不同，对职位薪酬的内部一致性和外部竞争性的考虑的侧重点也会不同，一般而言，职位等级越高，薪酬对外部竞争性的强调就可能越多。下面以要素计点法说明薪资结构设计的步骤。

第一步：核实被评价职位的点值状况，根据被评价职位的点值情况对职位进行排序。

从事这一项工作的目的是，从整体上核实一下被评价职位的点值情况，看一看有没有明显有出入的点值，如果有的话，则进行必要的调整，以准确反映该职位在内部一致性价值评价中所应当得到的点数。

第二步：以职位点数为依据，对职位进行初步分组。

将点数相近的职位归属于同一个级别，通常的做法是，利用自然断点来划定职位的等级。

第三步：根据职位的评价点数确定职位等级的数量及其点数变动范围。

在实际操作中，企业通常不可能对组织的所有职位进行职位评价，因此为了将未被评价的非典型职位划入适宜的职位等级，企业还需要确定职位等级的数量以及点数变动范围。一般而言，职位等级的数量取决于组织内的职位数量以及职位之间差异的大小。

第四步：将职位等级划分、职位评价点数与市场薪资调查数据结合起来。

通过外部市场薪酬调查得到了相应职位的市场薪资水平后，便可以得到与被评价职位相关的两列数据，一列是点数值，一列是薪资水平数值。然后通过方程式求解，最终可得出与每个职位等级相对应的薪资区间中值。

第五步：将薪资区间中值与市场水平的比较比率进行衡量对比，调整问题职位的区间中值。

得出每一职位等级的薪资中值后，将薪资区间中值与市场水平的比较比率进行分析，甄选出存在问题的特定职位等级的薪资定位。

第六步：根据各职位等级或薪资等级的区间中值建立薪资结构。

根据各职位等级内部各种职位的价值差异大小以及相应的外部市场薪资水平，确定各个薪资区间的变动比率，建立组织的薪资结构。

基于宽带的薪酬体系设计

一、宽带薪酬的历史背景

著名管理学家劳伦斯·彼得在其 1969 年出版的《彼得原理》一书中，曾经发出这样的警告，在企业和各种其他组织中都普遍存在一种将员工晋升到一个他所不能胜任的职位上去的总体倾向，即一旦员工在低一级职位上干得很好，企业就将其提升到较高一级的职位上来，一直到将员工提升到一个他所不能胜任的职位上来之后，企业才会停止对一位员工的晋升。结果，本来这个人往下降一个职位等级，他可能是一位非常优秀的员工，但是他现在却不得不待在一个自己所不能胜任、但级别较高的职位上，并且要在这个职位上一直耗到退休。这种状况对于员工和企业双方来说无疑都没有好处，员工不胜任工作，找不到工作的乐趣，无法实现自身的价值，在有较大绩效压力的情况下往往会表现失常，或者是心情郁闷，甚至有些人会由于被晋升而离开企业。对企业来说，员工被不恰当地晋升到一个他们所不能胜任的职位上，一方面，使他们得到了一个蹩脚的新的管理者，另一方面，企业同时又失去了一个能够胜任较低一级职位的优秀员工，因此，企业也是这种不恰当晋升的受害者。然而，遗憾的是，传统的薪酬制度对优秀员工进行奖励的晋升哲学使得这种状况在实际生活中屡见不鲜。传统薪酬结构普遍存在以下问题。

1. 等级多

一般有十几个甚至二十几个级别。频繁的薪酬级别调整导致大量的行政工作，并导致员工将注意力集中在调整级别工资上而非注重自身技能的提高。

2. 级差小

相邻的两个工资点的差别很小。员工晋升一级，所获得的激励作用并不大，高级别员工的薪酬与基层员工的薪酬拉不开差距。

3. 级幅小

级幅是指每个薪酬级别的工资范围。每个级别只有一个工资点，职位的细微差别都可能导致薪酬级别的变化。但工资是刚性的，通常是调高容易调低难，从而阻碍轮岗制度的实施。

4. 无叠幅

传统的薪酬结构中相邻级别的工资没有重叠的部分。这就意味着员工不管工作多少年，表现多优秀，如未能获得级别的晋升，工资都是一成不变的，这就不利于鼓励员工优秀的工作表现以及培养多技能。

5. 与市场脱节

实行国家统一的薪酬结构，企业基本上没有自主的弹性。在缺乏弹性和竞争力的工资架构下，企业对行业竞争、市场状况、人才流动等方面的变化显得束手无策。

为了克服以上弊端，一种全新的薪酬管理模式——宽带薪酬便应运而生。

宽带薪酬（Broadbanding）属于一种新型的薪酬结构设计方式，它是对传统上那种带有大量等级层次的垂直型薪酬结构的一种改进或替代。美国薪酬管理学会为宽带薪酬作出了如下定义——对多个薪酬等级以及薪酬变动范围进行重新组合，从而变成只有相对较少的薪酬等级以及相应的较宽薪酬变动范围。一般来说，每个薪酬等级的最高值与最低值之间的区间变动比率要达到100%或100%以上。一种典型的宽带型薪酬结构可能只有不超过4个等级的薪酬级别，每个薪酬等级的最高值与最低值之间的区间变动比率则可能达到200%～300%。而在传统薪酬结构中，这种薪酬区间的变动比率通常只有40%～50%。

宽带这种概念来源于广播术语，而宽带薪酬则始于20世纪80年代末至90年代初，当时，美国经济和世界经济表露出了非常严重的衰退现象，美国经济从1987年的股市暴跌开始走下坡路，至1990年正式进入衰退期，企业破产倒闭的数目不断扩大，失业率不断上升，美国的传统企业面临重大转型的压力。在这种背景下，宽带型薪酬结构作为一种与企业组织扁平化、流程再造、团队导向、能力导向等新的管理战略相配合的新型薪酬结构设计方式应运而生。宽带薪酬最大的特点是压缩级别，将原来10几甚至20、30个级别压缩成几个级别，并将每个级别对应的薪酬范围拉大，从而形成一个新的薪酬管理系统及操作流程，以便适应当时新的竞争环境和业务发展需要。比如，IBM公司在20世纪90年代以前的薪酬等级一共有24个，后来被合并为10个范围更大的等级。

二、宽带薪酬的优势

与传统的薪酬结构相比，宽带薪酬具有如下六个优势。

1. 支持扁平型组织结构

在传统组织结构以及与之相配合的薪酬结构下，一个企业中有很多的级别，员工们也具有严格的等级观念，来自基层的信息只有通过层层汇报、审批才能到达负责该信息处理的部门或人员那里。企业内部很容易出现层层拖拉、相互推卸责任的官僚作风。正因为如此，20世纪90年代以后企业界兴起了一场以扁平型组织取代官僚层级型组织的运动，而宽带薪酬结构可以说正是为配合扁平型组织结构而量身定做的，它的最大特点就是打破了传统薪酬结构所维护和强化的那种严格的等级制，有利于企业提高效率以及创造参与型和学习型的企业文化，同时对于企业保持自身组织结构的灵活性以及迎接外部竞争都有着积极的意义。

2. 能引导员工重视个人技能的增长和能力的提高

在传统薪酬结构下，员工的薪酬增长往往取决于本人在企业中的身份（地位）的变化，而不是能力提高，即使员工的能力达到了较高的水平，但是如果企业中没有出现高级职位空缺的话，员工仍然无法获得较高的薪酬。而在宽带型薪酬结构设计下，即使是在同一个薪酬宽带内，企业为员工所提供的薪酬变动范围比员工在原来的 5 个甚至更多的薪酬等级中可能获得的薪酬范围还要大，这样，员工就不需要为了实现薪酬的增长而斤斤计较于职位的晋升，而只要注意发展企业所需要的那些技术和能力，做好公司着重强调的那些有价值的事情（比如满足客户需要、以市场为导向、注重效率等）就行了。

3. 有利于职位的轮换

在传统薪酬结构中，员工的薪酬水平是与其所担任的职位严格挂钩的，因此，从理论上讲，职位变动必然导致员工薪酬的变动。如果是调动到更高级别的职位上去，那么这种职位的变化不会有什么障碍。但是如果是从上一级职位向下一级职位调动，则会被员工们看成是"被贬"。由于宽带型薪酬结构减少了薪酬等级数量，将过去处于不同薪酬等级之中的大量职位纳入到现在的同一薪酬等级当中，甚至上级监督者和他们的下属也常常会被放到同一个薪酬宽带当中，这样，在对员工进行横向甚至向下调动时所遇到的阻力就小多了。此外，企业可因此减少过去因员工职位的细微变动而必须做的大量行政工作，例如，职务称呼变动、相应的薪酬调整、更新系统、调整社会保险投保基数、更新档案，等等。

4. 能密切配合劳动力市场上的供求变化

宽带型薪酬结构是以市场为导向的，它使员工从注重内部公平转向更为注重个人发展以及自身在外部劳动力市场上的价值。在宽带型薪酬结构中，薪酬水平是以市场薪酬调查的数据以及企业的薪酬定位为基础确定的，因此，薪酬水平的定期审查与调整使企业更能把握其在市场上的竞争力；同时有利于企业相应地做好薪酬成本的控制工作。

5. 有利于管理人员以及人力资源专业人员的角色转变

传统薪酬结构的官僚性质导致薪酬决策的弹性很小，基本上是机械地套用薪酬级别，因此，其他职能部门以及业务部门经理参与薪酬决策的机会非常少。

而实行宽带型薪酬结构设计，即使是在同一薪酬宽带当中，由于薪酬区间的最高值和最低值之间的变动比率至少有100%，因此，对于员工薪酬水平的界定留有很大空间。在这种情况下，部门经理就可以在薪酬决策方面拥有更多的权力和责任，可以对下属的薪酬定位提出更多的意见和建议。这种做法不仅充分体现了人力资源管理的思想，有利于促使直线部门的经理人员切实承担起自己的人力资源管理职责；同时也有利于人力资源专业人员从一些附加价值不高的事务性工作中脱身，转而更多地关注对企业更有价值的其他一些高级管理活动以及充分扮演好直线部门的战略伙伴和咨询顾问的角色。

6. 有利于推动良好的工作绩效

宽带型薪酬结构尽管存在对员工的晋升激励下降的问题，但是由于它与员工的能力和绩效表现更紧密地结合起来，从而在激励员工方面表现得更为灵活。在宽带型薪酬结构中，上级对有稳定突出业绩表现的下级员工可以拥有较大的加薪影响力，而不像在传统的薪酬体制下，直线管理人员即使知道哪些员工的能力强，业绩好，也无法向这些员工提供薪酬方面的倾斜。因为那时的加薪主要是通过晋升来实现的，而晋升的机会和实践却不会那么灵活。此外，宽带薪酬结构不仅通过弱化头衔、等级、过于具体的职位描述以及单一的向上流动方式向员工传递一种个人绩效文化，而且还通过弱化员工之间的晋升竞争而更多地强调员工们之间的合作和知识共享、共同进步，以此来帮助企业培育积极的团队绩效文化，而这对于企业整体业绩的提升无疑是非常重要的一种力量。

三、宽带薪酬对企业的要求

1. 组织内积极参与型的管理风格

组织内各部门的经理在人力资源管理方面必须有足够的成熟度，能与人力资源部门一起作出各种关键性的决策。宽带薪酬制度的一个重要特点就是部门经理将有更大的空间参与下属员工的有关薪酬决策。如果没有一个成熟的管理队伍，在实行宽带薪酬制度的过程中就会困难重重。例如，部门经理不能对员工进行客观评价，破坏了内部平衡；部门经理不重视员工的发展等。另外，如果各部门都以自我为中心，不认同宽带薪酬制度，人力资源部就很难发挥其顾问角色的作用，而是为了内部的平衡，更多地充当"警察"的角色。这样一来，宽带薪酬制度就很难发挥其应有的作用。

2. 将工作表现视为重要的报酬决定因素

一个企业若不重视员工的工作表现，必定会导致"大锅饭"现象，在此氛围下，员工表现的优劣并不能被公平地区别对待，宽带薪酬制度所提供的"宽带"也就失去了意义。在不以工作表现为重要的报酬决定因素的企业，传统型的薪酬结构将因其简便易行而在某种程度上更为决策人所欢迎。

3. 组织已形成良好的沟通

引入宽带薪酬制度需要让管理层和员工作及时全面地沟通，让全体员工能清晰地理解企业的报酬决定因素以及企业发展的策略，激励员工重视个人与企业发展的一致性，并让员工看到自己将来在企业的前途。

4. 需配有积极的员工发展工具

宽带薪酬制度为员工的发展及个人职业生涯提供了更大的弹性。企业需配有积极的员工发展工具，使员工能够不断地获取新的技能，让他们对自己在企业的职业生涯有清晰的认识，帮助他们充分利用宽带薪酬制度所提供的空间，同时企业也能不断获得更具有竞争力的员工队伍。

5. 拥有一支高素质的薪酬管理人员队伍

推行宽带薪酬制度需要人力资源部薪酬管理人员与各部门进行更加密切的合作，他们在与部门经理一起给新职位定级、了解市场信息及协助制定薪酬计划方面，必须以提供优质服务的态度和以专业顾问的角色去为部门服务。因此，引入宽带薪酬制度需要企业从整体策略上，以及企业文化、管理队伍的素质、人力资源的专业化等方面加以考虑和配套。否则，将很难真正发挥宽带薪酬制度所具有的优势。

四、基于宽带的薪酬体系设计流程

第一步：根据企业的战略和核心价值观确定企业的人力资源战略。

支持企业战略目标的实现是人力资源管理体系的根本目标，也是企业薪酬管理体系的根本目标，否则，人力资源管理就永远停留在传统的人事管理阶段，就无法成为企业的战略伙伴。企业通过建立人力资源战略，将企业战略、核心竞争优势和核心价值观转化为可以测量的行动计划和指标，并借助于激励性的薪酬体系强化员工绩效行为，增强企业的战略实施能力，有力地促使企业战略目标的实现。在这里，人力资源管理体系不仅仅是一套对员工贡献进行评价并予以肯定激励的方案，它更应是将企业战略及文化转化为具体行动，以及支持员工实施这些行动的管理流程。

第二步：根据企业的人力资源战略、外部的法律环境、行业竞争态势及企业的发展特点制定切合于企业需要的薪酬战略。

如果薪酬战略的一个基本前提是把薪酬体系和企业的经营战略联系起来，那么不同的经营战略就会具体化为不同的薪酬战略及方案。

在进行薪酬体系设计时，从薪酬策略的选择、薪酬计划的制订、薪酬方案的设计、薪酬的发放及沟通，均应体现对企业战略、核心竞争优势和价值导向对人力资源尤其是对激励机制的要求，否则企业的战略目标和核心价值观将得不到贯彻。对于符合企业战略和价值取向的行为和有助于提高企业核心竞争优势的行动在薪酬上予以倾斜，以强化员工的绩效行为。

企业的薪酬体系一方面体现了企业战略和核心价值观对人力资源尤其是激励机制的要求，但另一方面又不能脱离企业所在行业的特点和企业的生命周期。

首先，企业所在行业的特点主要体现为企业所在行业的技术特点和竞争态势。技术是用来使组织的投入转变为组织产出的工具、技能和行动。组织的水平技术有两种形态：制造和服务，这两种形态对企业的薪酬体系的要求是不同的。例如，IBM 在向服务型企业转型前薪酬等级为 24 级，转型后的薪酬等级为 5 级。企业竞争对手所提供的薪酬情况在很大程度上影响了企业所选择的薪酬模式和结构。

其次，企业就像生命体一样，也要经历从出生、成长、成熟直至死亡等不同阶段。处于不同生命周期的企业（或者企业处于不同的企业生命周期）具有不同的特点，因此需要不同的薪酬体系来适应其战略条件。

第三步：根据企业的组织结构特点及工作性质选择适合于运用宽带技术的职务或层级系列。

在传统的金字塔形组织结构强调个人贡献的文化氛围中，往往采用等级制的薪酬模式，但随着组织的等级逐渐趋于平坦，强调团队协作而不是个人贡献，在组织中用较少的工资范围跨度、很大的工资类别来代替以前较多的工资级别。在这种情况下，宽带薪酬模式应运而生，以此减少了工作之间的等级差别。

工作的性质对薪酬模式的选择具有重大影响。例如，与工作较独立、环境较为轻松的工作相比，如果工作技术要求和工作的性质需要较强的协作和团队精神，平等型的宽带薪酬模式更有利于提高员工的满意度和绩效。

第四步：运用宽带技术建立并完善企业的薪酬体系。

（1）确定宽带的数量。首先企业要确定使用多少个工资带，在这些工资带之间通常有一个分界点。在每一个工资带对人员的技能、能力的要求都是不同的。通用电气零售商学院财务服务企业使用了 5 个宽带，替代了 24 个级别，并对每个宽带的目标、能力和培训要求作了明确的要求。

（2）根据不同工作性质的特点及不同层级员工需求的多样性建立不同的薪酬结构，以有效地激励不同层次员工的积极性和主动性。

（3）确定宽带内的薪酬浮动范围。根据薪酬调查的数据及职位评价结果来确定每一个宽带的浮动范围以及级差，同时在每一个工资带中每个职能部门根据市场薪酬情况和职位评价结果同确定不同的薪酬等级和水平。

（4）宽带内横向职位轮换。同一工资带中薪酬的增加与不同等级薪酬增加相似，在同一工资带中，鼓励不同职能部门的员工跨部门流动以增强组织的适应性，提高多角度思考问题的能力。因此，职业的变化更可能的是跨职能部门，而从低宽带向高宽带的流动则会很少。

（5）做好任职资格及工资评级工作。宽带虽然有很多的优点，但由于经理在决定员工工资时有更大的自由，使用人力成本有可能大幅度上升。美国联邦政府的有限经验表明，在宽带结构下，薪酬成本上升的速度比传统工资结构快。

为了有效地控制人力成本，抑制宽带薪酬模式的缺点，在建立宽带薪酬体系的同时，还必须构建相应的任职资格体系，明确工资评级标准及办法，营造一个以绩效和能力为导向的企业文化氛围。

五、宽带薪酬设计案例

J 公司是一家以制造港口起重自动化设备为主的研发、生产、销售一体化的民营企业，现有员工 500 余人。随着产品产量的加大与销售业务的扩展，该公司在员工薪酬管理方面遇到不少困难和问题。比如，生产部门原有的固定工资制不能反映车间员工劳动强度的差别，员工抱怨连连；技术部门和销售部门高薪聘请的高学历新员工与老员工的工资严重失衡，导致其间冲突日益严重。整个薪酬体系的内部公平受到破坏，内部不和谐的因素逐渐增加。该公司的一次员工薪酬调查结果显示：大多数员工对自己的薪酬感到不满意（82.4%）；超过

2/3的员工认为工资没能体现其所在岗位的责任轻重和难易程度（67.8%）；四成员工认为工资无法体现个人的能力强弱和努力程度（42.1%）；绝大部分员工认为工资不能反映个人及公司的业绩好坏（94.1%）……这些数据给 J 公司 HR 敲响了警钟——员工对现行工资制度意见很大，薪酬所应有的激励作用根本没有体现出来，这就严重制约了公司的发展。

为了解决这一问题，J 公司 HR 部门决定在咨询顾问的帮助下引入宽带薪酬体系，方案设计实施步骤如下：

第一步：进行自我诊断，找到导致薪酬制度不合理的原因。

要设计一套合理有效的宽带薪酬体系，首先要对公司在薪酬管理方面存在的问题进行诊断。在研究了 J 公司的《工资分配制度》及近期工资报表等相关文件之后，结合对人力资源部和公司高层管理人员的访谈，咨询顾问了解到在现有的薪酬制度中，销售人员采取固定工资和提成相结合的工资制度，其余员工全部采取固定工资和加班工资相结合的制度。员工的奖金发放无成文制度可遵循，全凭管理层的一句话。总体来看，该薪酬制度存在以下四个问题：

（1）工资与员工个人技能和能力脱钩。

员工的固定工资水平在聘任时就已确认，除非是员工的职务得到提升，否则将一直停留在最初的既定水平，很少会因员工个人的技能增长和能力提高而进行相应调整。这样就无法激励员工努力提高自身素质，导致其工作缺乏主动性与创造性，形成不思进取、安于现状的工作态度。

（2）工资与员工具体工作表现脱节。

员工的工资结构以固定工资为主，这形成了"干多干少一个样，干好干坏一样拿"的心态，业绩优秀的员工与业绩不好的员工在薪酬上差别不大，无法激励员工创造出良好业绩，员工缺乏工作的动力与压力。另外，固定工资与加班工资相结合的工资结构易滋生员工的"磨洋工"行为。一些员工为得到加班工资而故意拖延工作进度，人为地制造加班机会，这不仅增加了公司成本，也造成了延期交货等问题，给公司声誉带来损失。

（3）工资与公司整体绩效关联不大。

由于员工的工资水平没有与公司整体绩效挂钩，造成员工尤其是管理人员漠视企业效率，缺乏对下属进行指导与培养的意识。这样的工资制度显然不能起到优化管理人员队伍、激励员工发挥才能的作用。

（4）销售人员的工资无法激励其团队成员相互合作。

该公司产品的特殊性决定了整个销售部门员工需要联合互助才能接洽更多订单。但目前销售人员不合理的佣金提成制度，极大地削弱了团队营销的主动性。销售人员信息资源不共享，沟通不充分，一味强调个人贡献，错失了许多赢得客户、达成项目的机会。

第二步：实施工作分析与岗位评价工作。

明确问题之后，咨询公司进行工作分析与岗位评价工作——通过工作分析可以明确与薪酬决策有关的工作特征，包括：岗位对企业战略的贡献，工作所需知识及能力水平，工作职责、工作任务的复杂性与难度，工作环境条件等，而进一步实施岗位评价所得到的岗位价值序列，则可较好地保证企业内部薪酬的公平性。J 公司设计薪酬体系的基础是岗位技能工资，它从员工的岗位价值和技能因素两方面来评价员工的贡献。咨询顾问以工作分析和岗位评价所得结果为依据，把公司所有 200 多个岗位分为核心层 A、中间层 B 和基层 O 三个层次，以及管理类、技术类、销售类、专业类、行政事务类和工勤类六大类别。

第三步：建立以激励为导向宽带薪酬体系。

在完成工作分析与岗位评价之后，就可以进行薪酬体系的具体设计了。J 公司新的薪酬结构包括岗位技能工资（等级工资）、绩效工资、附加工资和福利工资四个部分。其中可体现宽带薪酬体系与一般薪酬体系区别的主要是岗位技能工资和绩效工资两个部分，岗位技能工资是薪酬体系的基础，它体现了员工所在岗位的重要性、岗位承担责任的大小及员工基于其工作岗位的职业化水平（包括职业修养、职业化技能与能力等方面）；绩效工资是为了激励员工为部门、为公司创造出优秀业绩而设计，它包括季度绩效工资和年度绩效工资。

为了体现薪酬体系的激励导向，在进行设计时既要顾及员工的基本利益，也要引导、激励员工创造更多价值；既要保证岗位之间的公平性，也要体现差异性。因此，在分配各个工资项目的比例时，要充分考虑岗位的特殊性。比如高层管理人员重在对公司整体的组织建设与管理，为了激励他们用长远眼光进行战略决策，其年度绩效工资所占比例很大，不强调季度绩效的考评；销售人员因其工作的特殊性，单独另设一套薪酬制度。综合考虑各方面因素，公司的整个薪酬体系包含有三种不同的薪酬制度，即普通员工和中层管理人员的月薪制、高层管理人员与核心技术人员的年薪制以及销售人员的单设薪酬体系。

岗位技能工资：职等职级双重界定。岗位技能工资较为明显地体现出宽带薪酬体系的特点。在对岗位进行了3个层次、6个类别的划分基础上，又按岗位重要性细分为10个等级。销售类因其薪酬体系具有独特性，暂不列入。

鉴于每个员工业务技能的差异，为了重点激励优秀员工，在职等不变的情况下为其提供了工资上升通道，将各个职等的岗位技能工资分为15级，简称"岗十五薪"（宽幅体现了较少的"等"和较多的"级"）。根据岗位评价情况与薪酬市场调查结果，确定公司最低和最高岗位技能工资（分别为500元和1 000元），并推算出各等、各级工资数额。

岗位技能工资入等、入级的原则是：根据岗位评价入等，根据能力评价入级。

绩效工资：公司、个人综合挂钩。绩效工资分为季度绩效工资和年度绩效工资两种。季度绩效工资的核算分为非销售人员的和销售人员的绩效工资，此处只对非销售人员的绩效工资核算方法进行阐述。

非销售人员的季度绩效工资基数是其月度岗位技能工资的一定倍数，记为JB。为了使员工薪酬真正与公司效益挂钩，还设计了一个公司绩效系数，记为JI，它是公司绩效考评委员会根据公司季度经营情况、管理目标完成程度及公司各部门及员工的具体表现而确定的，JI的取值范围为 $0.8 \sim 1.2$，具体表示为：没有实现公司整体季度目标（0.8）、基本实现公司整体季度目标（0.9）、实现公司整体季度目标（1.0）、实现并超出公司整体季度目标10%（1.1），以及实现并超出公司整体季度目标10%以上（1.2）。员工的绩效工资还要与其自身绩效挂钩，采用员工季度绩效综合考评得分系数JK来体现（员工综合考评由部门团队绩效考核和个人职业评价等两个维度综合构成，其中部门团队绩效考核由部门任务绩效即KPI指标考核与周边绩效考核即部门团队互评构成），JK随员工自身表现而变动，范围在 $0.4 \sim 1.4$ 之间。那么，公司非销售人员季度绩效工资额就是"JB×JI×JK"。

非销售人员的年度绩效工资的计算方法与季度绩效工资类似。先确定年度绩效工资基数，它等于员工月度岗位技能工资的一定倍数，记为NB。公司年度绩效工资系数为NI（取值范围为 $0.8 \sim 1.2$），员工年度绩效工资系数为NK（ $0.4 \sim 1.4$ ），则非销售人员年度绩效工资额为"NB×NI×NK"。

工资核发：年季确认，平稳发放。为了保证工资发放的平稳性，在薪酬体系设计时规定：员工的季度绩效工资额按季度确认，按月发放。本季度每月发放的绩效工资是该员工上一季度绩效工资的月均值。年度绩效工资按年度进行确认，发放时间为次年2月。那么，员工每月（2月除外）实发工资为：

员工每月实发工资＝岗位技能工资＋上季度绩效工资÷3
＋附加工资－工资扣除额

第四步：为宽带薪酬体系提供实施保障。

方案设计实施的第四步是为宽带薪酬体系提供实施保障，因为薪酬体系设计能否真正发挥理想效用，还会受到企业其他相关因素的影响，主要有四个方面，如表7-1所示。

表7-1　宽带薪酬体系实施保障的四个方面

调整组织结构	建立宽带薪酬体系后，员工可以在不晋升的情况下实现工资的增长，首先需要对原有组织结构进行扁平化调整
及时最好沟通	关于薪酬体系改革，要及时与员工进行沟通，帮助员工真正理解宽带薪酬的价值理念，降低薪酬改革推广实施的阻力，争取获得员工的支持
跟进培训体系	完善企业培训体系，方便员工通过学习提升能力，促进宽带薪酬体系激励作用的有效发挥
健全绩效考评	绩效工资是激励员工业绩增长的主要工具，对宽带薪酬体系运用的成功与否有重要影响，所以要保证绩效考评的公平性和透明化，使员工的努力与企业的整体价值取向保持一致

J公司使用宽带薪酬体系接近半年时间，成效良好，主要表现在以下三方面：一是各类员工的工作积极性普遍增强，产品质量与工作效率得到大幅提高；二是核心人员稳定性增强，中层管理人员、技术骨干以及销售人员的离职率都有所降低；三是各部门内部的员工团队意识加强，业绩得到明显改善。

由J公司的薪酬改革可见，激励导向的薪酬体系用"层"代替"等"，打破了传统薪酬结构所维护和强化的等级观念，它引导员工重视个人技能的增长和能力的提高，而非仅仅是职位的晋升，这有利于提升组织绩效并创造学习型的组织文化；同时，在薪酬的宽带中，上级对下级的薪酬有更大的决定权，这也增强了组织的灵活性，有利于提高企业适应外部环境的能力。

第八章

如何实施有效的福利管理

IBM 高绩效的薪酬文化

IBM 公司有令人羡慕的名声，通常被认为是力量、成功和道德的化身。这与他们坚持贯彻道德规范、注重职场作风有着直接的联系。公司一再强调，每个员工的行为要符合高标准的道德规范，现在如此，将来也是如此。IBM 的座右铭是：负你应负的责任；公司的名誉在你的手中；必须按道德办事；公平竞争；合乎道德；追求卓越；从商业实践和法律知识中寻找答案；慎重处理信息；不要自夸；不要欺骗；公平待人；不做场外交易；严格守密等。而要使员工行为真正得到这样的规范，则必须在企业内形成浓厚的企业文化，以引导员工和指导他们的行为模式。为此，IBM 采取了一套独特而有效的薪酬管理体系，以促进企业文化的形成。

IBM 的薪金管理非常独特和有效，能够通过薪金管理达到奖励进步、督促平庸的目的，IBM 将这种管理已经发展成为高绩效文化（High Performance Culture）。下面，让我们来解读 IBM 高绩效文化的精髓。

1. IBM 的工资与福利项目

（1）基本月薪：是对员工基本价值、工作表现及贡献的认同。

（2）综合补贴：对员工生活方面基本需要的现金支持。

（3）春节奖金：农历新年之前发放，使员工过一个富足的新年。

（4）休假津贴：为员工报销休假期间的费用。

（5）浮动奖金：当公司完成既定的效益目标时发出，以鼓励员工的贡献。

（6）销售奖金：销售及技术支持人员在完成销售任务后的奖励。

（7）奖励计划：员工由于努力工作或有突出贡献时的奖励。

（8）住房资助计划：公司提取一定数额资金存入员工个人账户，以资助员工购房，使员工能在尽可能短的时间内用自己的能力解决住房问题。

（9）医疗保险计划：员工医疗及年度体检的费用由公司解决。

（10）退休金计划：积极参加社会养老统筹计划，为员工提供晚年生活保障。

（11）其他保险：包括人寿保险、人身意外保险、出差意外保险等多种项目，关心员工每时每刻的安全。

（12）休假制度：鼓励员工在工作之余充分休息，在法定假日之外，还有带薪年假、探亲假、婚假、丧假等。

（13）员工俱乐部：公司为员工组织各种集体活动，以加强团队精神，提高士气，营造大家庭气氛，包括各种文娱、体育活动、大型晚会、集体旅游等。

可是，虽然IBM的薪金构成包含了以上诸多因素，但里面却没有学历工资和工龄工资。在IBM，学历是一块很好的敲门砖，但绝不会是获得更好待遇的凭证。IBM员工的薪金跟员工的岗位、职务、工作表现和工作业绩有直接关系，工作时间长短和学历高低与薪金没有必然关系。

2. IBM公司的薪酬发放方式

IBM公司采取了与个人承诺计划结果相结合的方式。

在IBM，每一个员工资的涨幅，都会有一个关键的参考指标，这就是个人业务承诺计划——PBC。只要你是IBM的员工，就会有个人业务承诺计划，制定承诺计划是一个互动的过程，你和你的直属经理坐下来共同商讨这个计划怎么做得切合实际。几经修改，你其实和老板立下了一个1年期的军令状，老板非常清楚你一年的工作及重点，你自己对一年的工作也非常明白，剩下的就是执行。到了年终，直属经理会在你的军令状上打分，直属经理当然也有个人业务承诺计划，上头的经理会给他打分，大家谁也不特殊，都按这个规则走。IBM的每一个经理都掌握着一定范围的打分权力，他可以分配他领导的那个Team（组）的工资增长额度，他有权力决定将额度如何分给这些人，具体到每一个人给多少。IBM在奖励优秀员工时，是在履行自己所称的高绩效文化。

3. IBM如何评估员工个人业绩

第一是Win，制胜。胜利是第一位的，首先你必须完成你在PBC里面制定的计划，无论过程多么艰辛，到达目的地最重要。

第二是Executive，执行。执行是一个过程量，它反映了员工的素质，执行是非常重要的一个过程监控量。

第三是 Team，团队精神。在 IBM 埋头做事不行，必须合作。

IBM 是非常成熟的矩阵结构管理模式，一件事会牵涉很多部门，有时候会从全球的同事那里获得帮助，所以团队意识应该成为第一意识，工作中随时准备与人合作。

4. IBM 公司还为员工就薪酬福利待遇问题提供了多种双向沟通的途径

如果员工自我感觉良好，但次年年初却并没有在工资卡上看到自己应该得到的奖励，会有不止一条途径给你，让你提出个人看法，包括直接到人力资源部去查自己的奖励情况。IBM 的文化中特别强调 Two Way Communication——双向沟通，不存在单向的命令和无处申述的情况。IBM 至少有四条制度化的通道给你提供申述的机会。

（1）高层管理人员面谈（Executive Interview）。员工可以借助"与高层管理人员面谈"制度，与高层经理进行正式的谈话。这个高层经理的职位通常会比你的直属经理的职位高，也可能是你的经理的经理或是不同部门管理人员。员工可以选择任何个人感兴趣的事情来讨论。这种面谈是保密的，由员工自由选择。面谈的内容可以包括个人对问题的倾向性意见，自己所关心的问题。你反映的这些情况公司将会交直接有关的部门处理。所面谈的问题将会分类集中处理，不暴露面谈者身份。

（2）员工意见调查（Employee Opinion Survey）。这条路径不是直接面对你的收入问题，而且这条通道会定期开通。IBM 通过对员工进行征询，可以了解员工对公司管理阶层、福利待遇、工资待遇等方面有价值的意见，使之协助公司营造一个更加完美的工作环境。很少看到 IBM 经理态度恶劣的情况，恐怕跟这条通道关系密切。

（3）直言不讳（Speak up）。在 IBM，一个普通员工的意见完全有可能被送到总裁郭士纳的信箱里。"Speak up"就是一条直通通道，可以使员工在毫不牵涉其直属经理的情况下获得高层领导对你关心的问题的答复。没有经过员工的同意，"Speak up"的员工身份只有一个人知道，那就是负责整个"Speak up"的协调员，所以不必担心畅所欲言过后会带来危险。

（4）申诉（Open door），IBM 称其为"门户开放"政策。这是一个非常悠久的 IBM 民主制度，IBM 总裁郭士纳刚上台就一改 IBM 老臣的作风，他经常反向执行 Open door；直接跑到下属的办公室问某件事做得怎么样了。IBM 用

Open door来尊重每一个员工的意见。员工如果有关于工作或公司方面的意见，应该首先与自己的直属经理恳谈。与自己的经理恳谈是解决问题的捷径，如果有解决不了的问题，或者你认为你的工资涨幅问题不便于和直属经理讨论，你可以通过 Open door 向各事业单位主管、公司的人事经理、总经理或任何总部代表申述，你的申述会得到上级的调查和执行。

即使是到了离职面谈的阶段，IBM 也不放弃解决薪酬方面问题的努力。

5. IBM 的薪金保密制度

IBM 的薪金是背靠背保密的，薪金没有上下限，工资涨幅也不定，没有降薪的情况。如果你觉得工资实在不能满足你的要求，那只有走人。如果因为工资问题要辞职，IBM 不会让你的烦恼没有表达的机会，人力资源部会非常惋惜地挽留你，而且跟你谈心。IBM 会根据情况，看员工的真实要求是什么，第一种情况是看他的薪金要求是否合理，是否有 PBC 执行不力的情况，如果是公司不合理，IBM 会进行改善，公司对待优秀员工非常重视；第二种情况是看员工提出辞职是以增资为目的，还是有别的原因，通过交谈和调查，IBM 会让每一个辞职者有一种好的心态离开 IBM。

为了使自己的薪资有竞争力，IBM 专门委托咨询公司对整个人力市场的待遇进行非常详细的了解，公司员工的工资涨幅会根据市场的情况有一个调整，使自己的工资有良好的竞争力。

IBM 公司的全面薪酬项目真正为员工考虑到了方方面面的需求。公司除为员工提供基本薪酬外，还设置了各式各样的补贴、资助、奖励计划、保险福利项目以及员工俱乐部等。尽管投资巨大，但公司仍支付全面的保险费用，以此来表示公司对员工每时每刻安全的关心，此外春节资金、休假津贴、住房资助计划等的提供反映了公司对员工深切的人性化关怀，不仅解决了员工的后顾之忧，更主要的是，公司以这种体贴的关怀传达了公司对员工的重视与期望。全面的薪酬项目实际上代表着公司将员工作为一个全面的人来看待，因此员工必然会深深感受到来自公司的尊重，这就使得员工的安全、自尊、交际以及自我实现的需要都能在公司里找到很好的结合点：那就是努力为公司的使命实现而贡献自己的智慧与力量，因为在这一过程的同时也能实现自身的各种需要。

IBM 公司的薪酬福利待遇虽然十分优厚，但公司的人工成本却仍然得到了极为有效的控制。这是因为，虽然薪酬项目很多，但其发放却是以员工的工作业绩的优劣为依据的，不仅没有工龄工资，也不存在学历工资。根据人工成本的含义，公司的薪酬支付项目或总量虽然可能要比其他公司更多，但由于支付是以业绩为前提，即每一单位的薪酬投入是以更多的产出或利润的增加为前提的，因此人工成本的增长速度始终要小于公司经济利润的增长，从而使得总人工成本得到了有效的控制。这一机制在公司主要是通过个人承诺制度来实施的。IBM 的个人业绩评估计划从制胜（Win）、执行（Executive）、团队精神（Team）三个方面来考察员工工作的情况。这就在确保公司工作任务达成的基础上，引导员工行为朝着企业文化所倡导的方向实现良性的发展。

为什么要为员工提供福利

随着管理实践越来越凸显人性化，福利在员工总收入中所占有的比重越来越大，外企的高福利一直被职场人士所津津乐道，福利如何成了员工评价企业的重要参考标准之一。关于福利的界定，米尔科维奇在《薪酬管理》一书中给予了如下描述："总报酬的一部分，它不是按工作时间给付的，是支付给全体或一部分员工的报酬（如寿险、养老金、工伤补偿、休假等）。"据统计，美国企业为员工所提供的福利成本与员工所获得的货币薪酬之间的比例是 37%。在员工的总薪酬中，福利成分占到 27% 左右。

与基本薪酬相比，福利具有两个显著特征：其一，基本薪酬一般采取的是货币支付和现期支付的方式，福利则通常采取实物支付和延期支付的方式；其二，基本薪酬在企业的成本项目中属于可变成本，福利则属于固定成本，因为福利与员工的工作时间并没有直接的关系。除此之外，福利还具有如下三个本质属性。

（1）补偿性。

某些劳动报酬，不宜以货币形式支付，非货币形式就比较合适；不宜以个体形式支付，可以以集体形式支付——这正是福利存在的价值与意义所在。可以说，福利是企业为员工提供的一种物质补偿，也是员工薪资收入的补充分配形式。

（2）均等性。

福利的均等性是指履行了劳动业务的本企业员工均有享受各种企业福利的平等权利。由于工作年限、劳动能力以及个人贡献的不同，导致员工在薪酬收入方面存在着差距，差距过大对员工的积极性和企业的凝聚力会产生不利的影响。福利正具备均等性的特点，在一定程度上起到了平衡员工收入差距的作用。

（3）集体性。

很多企业兴办了集体福利事业，或者为全体员工提供了可共同使用的公共物品，这些福利形式便体现了员工福利的另一个重要特征：集体性。集体消费除了可以满足员工的某些物质性需求外，还可以强化员工的团体意识，增加员工对企业的归属感。例如，组织集体旅游、实施娱乐和健康项目等，都可以起到这种作用。

毫无疑问，对于企业而言，员工福利是比较大的一项成本支出，但是大多数企业仍然积极开发福利项目，如 Google 公司就为员工提供了豪华福利，除了为员工提供一日三餐的免费美食外，还 24 小时开放了健身房，员工可以在工作期间到健身房做做运动，同时，员工可以享受医疗服务，咨询营养师，使用公司配备的干衣机和按摩服务。那么，福利对企业和员工究竟有哪些好处呢？

一、福利对企业的好处

1. 福利有避税功能，可以使企业获得税收上的优惠

许多福利项目是免税或税收递减的，所以企业可以通过发放福利达到合理避税而又不降低员工实际薪酬水平的目的。此外，虽然用于现金报酬和福利的开支都可以列为成本支出而不必纳税，但是增加员工的现金报酬会导致企业必须交纳的社会保险费用的上升，而为福利支付的成本却可以享受免税待遇，这便避免了社会保险等费用的上升。

2. 福利有助于企业吸引和保留人才

福利之所以在 20 世纪 60 年代逐渐开始流行，最主要的原因就是福利可以发挥较强的吸引和保留人才的作用。在第二次世界大战期间及其之后的一段时间，政府实行工资和物价管制，而劳动力市场上供给不足的现实又恶化了企业的招聘难问题，于是，企业为了保障员工补给，便开始考虑采用直接薪酬之外的其他方面来提高员工的报酬水平，以期这种福利计划有助于企业解决用工难的

问题。

从某种程度上来看，福利计划满足了员工的精神需求，体现了企业对员工的尊重，有助于增加员工对企业的忠诚度，从而加强了员工自发地努力工作的意愿。目前，很多企业都会为员工举办集体生日晚会、定期免费电影票以及各种家庭照顾计划等，这些福利项目虽然成本支出不是很高，但是却可以使员工在情感方面获得较大的满足，增强了员工的归属感。

3. 为员工高效率工作提供了保障

企业为员工提供诸如体检、健身、保健等福利项目，有助于员工强化体质、预防疾病，减少了因身体不适而需要暂时中断工作的几率；企业为员工提供各种休闲和度假福利，可以使员工保持良好的工作状态，能够全身心地投入到工作中去。

二、福利对员工的好处

1. 享受到税收优惠

以福利形式所获得的收入往往无需交纳个人所得税，即使某些福利项目需要交税，也通常不是在现期，而是要等到员工退休以后。员工退休以后，其总体收入水平一般会比他们在工作的时候低，所以那时所面临的税收水平会更低。因此，即使如此，员工也享受到了一定的税收优惠。

2. 满足了员工平等和归属的需要

根据马斯洛需求层次理论，当物质需求满足后，人还希望能满足精神方面的需求，这是一种更高层次的需求，将这种理论应用到管理实践方面，可以得知员工在企业中工作的时候并不只有经济方面的需求，他们还会产生心理方面的需求。比如，他们渴望被尊重和公平对待，有较强的归属感的需要。直接薪酬主要满足了员工物质方面的需求，而福利恰好满足了员工在精神方面的一些需求。事实上，福利水平的高低往往决定了一家企业内部的员工雇佣关系的性质。

3. 福利可以解除员工的后顾之忧，有助于员工心无旁骛地投身于目前的工作

国家强制执行的社会保险项目、企业年金、企业补充养老保险都可以起到解除员工后顾之忧的作用。企业通过自主福利为员工建立未来消费基金，保证员工在退休后能够获得足够的收入保障，也可以起到这样的作用。

丰田：通过福利来留住员工

丰田人力资源管理手册对福利的描述如下：福利是一种保障员工稳定性的方式，可以进一步丰富员工的生活，提高公司形象。

丰田的目标是让员工懂得自己所处的位置，为此丰田提供了一个"薪酬文件团队信息库"给员工，这个信息库包括了薪酬系统相关问题的内部文件，丰田每两年回顾一次自己的薪酬在汽车行业的排名，并形象地体现在"薪酬文件库"中。

丰田在美国建厂二十多年，目睹美国三大巨头在高工资上的痛苦，于是丰田选择了做员工喜欢的优秀雇主，而不是最高工资雇主。丰田相信，选择高工资长期来说，对员工与对公司都不是最好的。

丰田的基本工资中，工龄工资是重要的一部分，这样可以鼓励员工长期留下，但这样缓慢的工资过程也会使一部分优秀员工跳槽到其他公司。在这样的情况下，丰田选择了通过福利来留住员工。

丰田人力资源管理手册对福利的描述如下：福利是一种保障员工稳定性的方式，可以进一步丰富员工的生活，提高公司形象。

以稳定性和相互信任为基础的福利包括以下几个方面：休假、带薪休假、短期与长期病假、退休计划、提供进修学费、提供灵活工作时间、为员工提供购车折扣、提供无息贷款等，丰田每两年调整一次福利计划。

最后，丰田还有一次特殊的福利，比如完美出勤仪式，奖励那些出勤率百分之百的员工。每年丰田都要邀请那些出勤率百分之百的员工，邀请他们到当地体育馆或剧院，为他们举办大型晚会，公司往往会邀请一些明星，在晚会上，包括团队与宾客在内的全部人都会享受豪华的晚餐，并且有随时的抽奖，奖品是 12 辆车。

企业与员工缔结了合作契约，并不意味着员工会百分之百将自己的创造力投入到工作中，而员工的自发性作为一种内在特质又无法通过外在直接观察，所以员工是否百分之百付出了努力，企业一般是无法确切得知的。但是，员工的自发性并不是不可控的，正像古语所讲"士为知己者死"，如果员工感受到了企业对自己的关爱，便会回报以高效的工作效率。毋庸置疑，福利便是企业关爱员工的最好体现，也是员工回报企业的最大动力。

福利的构成

福利基本上可以划分为法定福利、企业自主福利以及员工服务福利等几种类型。

一、法定福利

（一）社会保险

社会保险是国家通过立法手段建立的，旨在保障劳动者在遭遇年老、患病、工伤、失业、生育及死亡等风险和事故，暂时或永久性地失去劳动能力或劳动机会，从而全部或部分丧失生活来源的情况下，能够享受国家或社会给予的物质帮助，维持其基本生活水平的社会保障制度。我国规定的集中法定社会保险类型有五种：养老保险、医疗保险、失业保险、工伤保险以及生育保险。

1. 养老保险

养老保险是社会保障系统中的一项重要内容，是针对退出劳动领域或无劳动能力的老年人实行的社会保护和社会救助措施。养老保险通过国家立法强制实施，凡属法定覆盖范围内的用人单位及其员工都必须参加，没有选择的自由。养老保险费用依法强制征交，一般由国家、企业和个人三方共同负担，或由企业和个人两方共同负担。

养老保险的享受条件：

（1）达到了法定退休年龄。

（2）交纳了规定年限的养老保险费，即累计交费至少应满15年，如15年后还未退休，可以不再交纳，但交的时间越长、交费越多，以后领取的养老金就越多。

2. 医疗保险

医疗保险又称疾病保险，有广义的狭义之分，广义的医疗保险是指劳动者非因工患病、负伤、残废和死亡时获得经济救助的一种社会保险制度；狭义的医疗保险是指只按规定负责补偿医疗费用的开支。我国目前的医疗保险属于狭义的医疗保险概念。

按照 1998 年颁布的《国务院关于建立城镇职工基本医疗保险制度的决定》的相关规定，我国城镇职工的基本医疗保险实行社会统筹与个人账户相结合的管理模式。即基本医疗保险费用人单位和个人共同分担交纳，用人单位和职工个人均须按规定的标准，向社会保险机构交纳基本医疗保险费，原则上用人单位按职工工资总额的 6% 交费，个人按本人月工资收入的 2% 交纳。个人交费全部划入个人账户，单位交费按 30% 左右划入个人账户，其余部分建立统筹基金。

3. 失业保险

失业保险是为遭遇失业风险、收入暂时中断的失业者设置的一道安全网。所谓的失业保险，是指依据法律规定，在劳动者有就业意愿但因非主观原因而暂时丧失有报酬或有收益的工作时，由国家和社会依法提供基本生活保障和再就业帮助的一种社会保险制度。从国际上看，失业保险通常是由国家通过立法强制实施的，国家、企业和个人三方共同负担失业保险基金。按照我国 1999 年颁布的《失业保险条例》的规定，企事业单位按本单位工资总额的 2% 交纳失业保险费，员工按本人工资的 1% 交纳失业保险费，政府提供财政补贴、失业保险金的利息和依法纳入失业保险基金的其他资金。

关于失业保险的申请资格，需同时符合三个条件：

（1）员工所在单位及个人按规定履行交费义务已满 1 年。

（2）失业的原因：非本人意愿中断就业，自动辞职或自行脱离工作职位的员工不能享受失业保险。

（3）已办理失业登记并有求职要求或重新就职的意愿。

失业保险金的给付期限有如下规定：

（1）最长为 24 个月，最短为 12 个月。

（2）累计交费时间满 1 年不足 2 年的，可以领取 3 个月失业保险金。

（3）累计交费时间满 2 年不足 3 年的，可以领取 6 个月失业保险金。

（4）累计交费时间满 3 年不足 4 年的，可以领取 9 个月失业保险金。

（5）累计交费时间满 4 年不足 5 年的，可以领取 12 个月失业保险金。

（6）累计交费时间 5 年以上的，其超过 5 年的部分，按每满 1 年增发 1 个月失业保险金的办法计算，确定增发的月数。

（7）对连续工作满 1 年的农民合同工，根据其工作时间长短支付一次性生活补助。

失业人员丧失享受失业保险待遇的情况：

（1）领取失业保险金期限届满。

（2）参军。

（3）出国定居。

（4）重新就业。

（5）已享受基本养老保险待遇。

（6）被判刑收监执行或者被劳动教养的。

（7）无正当理由，拒不接受当地人民政府指定的部门或者机构接受的工作。

4. 工伤保险

工伤保险是指劳动者因工作原因受伤、患职业病、致残或死亡，暂时或永久劳动能力丧失时，从社会保险基金中获得法定的医疗生活保障以及必要的经济补偿的社会保险制度。我国 2004 年颁布的《工伤保险条例》规定，工伤保险实行社会统筹管理和差别费率制。参保单位按规定的本行业工伤保险费率交费，行业工伤风险越大，对应的费率越高。征交的工伤保险费全部纳入工伤保险基金，一般来说，工伤保险的交费比例是企业每月按职工工资收入的 0.5% 交纳，个人无需交费。

工伤保险的基本原则如下：

（1）责任补偿原则。责任补偿原则又称为无过失补偿原则。它包含两层意义：一是无论职业伤害责任主要属于雇主还是第三者或员工个人，受伤害者都应得到一定的经济补偿；二是雇主不承担直接补偿责任，由工伤社会保险机构统一组织工伤补偿，一般不需要通过法律程序和法院裁决。这种处理方式既可以及时、公正地保障工伤待遇，又简化了法律程序，提高了员工获得工伤保险赔偿的效率，同时使雇主解脱了繁琐的工伤赔偿事务，降低了经营管理工作暂时中断的风险。

（2）风险分担原则。风险分担原则又称互助互济原则，这是社会保险制度中的基本原则。具体表现在，首先采取互助互济的办法，由法律保障强制征收保险费，建立工伤保险金，以分担风险；其次是在待遇分配方面，国家责成社会保险机构对费用实行再分配。通过基金的分配使用，实现人员之间、地区之间、行业之间的互动调剂，达到了更有效地解决社会问题的目的。

（3）个人无需交费的原则。工伤保险由单位交纳，职工个人不交纳任何费用，这是工伤保险与养老、失业、医疗保险的主要区别之处。由于职业伤害是工作过程中造成的，劳动力是生产的重要因素，劳动者为单位创造财富而付出了代价，所以雇主需要负担全部保险费，如同花钱修理和添置设备一样，是完全必要和合理的。个人无需交费的做法在世界上已形成了共识。

（4）区别因工与非因工的原则。如果职业伤害与工作或职业有直接关系，工伤保险待遇表现出补偿性质，医疗康复、伤残待遇和死亡抚恤待遇等比其他保险待遇优厚，只要符合工伤保险范围，享受条件不受年龄和交费合格期的限制；如果疾病与非因工伤亡基本上与工作无直接关系，工伤保险待遇表现出补助性质，待遇水平低于工伤待遇，享受条件受到年龄和个人交费年限的限制。因此，区别因工与非因工是实施工伤保险的基本出发点和前提。

（5）工资损失的原则。职业伤害损伤了员工的肢体或器官，甚至使员工丧失了生命，这种损失既不能换回，也不能像财物一样作价赔偿。基于职业伤害的这种特点，从劳动力生产和再生产的角度出发，工伤补偿主要是对工资损失进行适当的补偿。也就是说，工伤保险待遇与受伤害者既往的工资收入需保持一个适当的比例关系。不过，补偿是有一定限度的，因为在一般情况下，员工在事故中也多多少少负有一定的责任，这也体现了雇主与员工分担风险的原则。

关于员工是否有资格享受工伤保险待遇，需要收到两方面的认证：

（1）因工伤残和职业病的认定。一般来说，工伤是指在工作时间、工作场所、执行工作任务而受伤、残疾、死亡，但在实际工作中，具体情况相当复杂，需要具体情况具体分析，即通过相关鉴定部门核定员工所受到的伤害是否与承担工作有关。

职业病是指企事业单位和个体经济组织的劳动者在职业活动中，因接触粉尘、放射性物质以及其他有毒、有害物质等因素而引起的疾病。患职业病的员工可享受工伤保险待遇。根据这一规定，结合《工伤保险条例》中关于适用范围的有关规定，条例中规定的患职业病，主要是指条例覆盖范围内的所有用人单位的劳动者在职业活动中，因接触粉尘、放射性物质和其他有毒、有害物质等因素而引起的疾病。

（2）劳动能力丧失程度的鉴定。劳动能力鉴定，是指劳动者因工负伤或非因工负伤以及疾病等原因，导致本人劳动与生活能力产生不同程度的影响，由劳动能力鉴定机构根据用人单位、职工本人或者亲属的申请，组织劳动能力鉴定医学专家，根据国家制定的标准，运用劳动保障的有关政策，采用医学科学技术的方法和手段，确定劳动者劳动功能障碍程度和生活自理障碍程度的一种综合评定的制度。劳动能力坚定是确定员工因公伤残而应享受的保险待遇水平和对伤残者进行妥善安置的重要依据。

劳动功能障碍分为 10 个伤残等级，最重的为 1 级，最轻的为 10 级。其中，1～4 级为全部丧失劳动能力；5～6 级为丧失大部分劳动能力；7～10 级为丧失部分劳动能力。

生活自理障碍分为 3 个等级：生活完全不能自理、生活大部分不能自理和生活部分不能自理。

工伤保险待遇一览表（应用于安徽省）见表8-1。

表8-1　工伤保险待遇一览表（应用于安徽省）

项　目	补偿标准及补偿方式	备　注
医疗费	治疗工伤所需费用符合工伤保险诊疗项目目录、工伤保险药品目录、工伤保险住院服务标准的，从工伤保险基金支付。	《条例》第29条
住院伙食补助费	由所在单位按照本单位因公出差伙食补助标准的70%发给住院伙食补助费。	《条例》第29条
交通费、食宿费	经医疗机构出具证明，报经办机构同意，工伤职工到统筹地区以外就医的，所需交通费、食宿费由所在单位按照职工因公出差标准报销。	《条例》第29条
残疾辅助器具	按照国家规定的标准从工伤保险基金支付。	《条例》第30条
停工留薪	在停工留薪期内，原工资福利待遇不变，由所在单位按月支付。 停工留薪一般不超过12个月，伤势严重或者情况特殊，经设区的市级劳动能力鉴定委员会确认，可以适当延长，但延长不得超过12个月。 工伤职工评定伤残等级后，停发原待遇，按照《条例》有关规定享受伤残待遇。	《条例》第31条
住院护理费	住院护理费	《办法》第38条

项　目	补偿标准及补偿方式	备　注
生活护理费	生活不能自理的工伤职工在停工留薪期需要护理的，由所在单位负责。 　　评残后的护理费按照生活完全不能自理、生活大部分不能自理、生活部分不能自理3个不同等级支付，其标准分别为统筹地区上年度职工平均工资的50%、40%、30%，从工伤保险基金按月支付。	《条例》第31条、第32条
一次性伤残补助金	1级伤残为24个月的本人工资，2级伤残为22个月的本人工资，3级伤残为20个月的本人工资，4级伤残为18个月的本人工资，5级伤残为16个月的本人工资，6级伤残为14个月的本人工资，7级伤残为12个月的本人工资，8级伤残为10个月的本人工资，9级伤残为8个月的本人工资，10级伤残为6个月的本人工资，从工伤保险基金支付。	《条例》第33条、第34条、第35条
一次性工伤医疗补助金	职工因工致残被鉴定为5级、6级伤残的，经本人提出，可与用人单位解除或终止劳动关系，用人单位应支付一次性工伤医疗补助金，停发伤残津贴。一次性工伤医疗补助金的标准：5级伤残为20个月的统筹地区上年度职工月平均工资，6级伤残为15个月。 　　职工因工致残被鉴定为7～10级伤残的，劳动合同期满终止或职工提出解除劳动合同的，由用人单位支付一次性工伤医疗补助金。一次性工伤医疗补助金的标准：7级伤残为10个月的统筹地区上年度职工月平均工资，8级伤残为8个月，9级伤残为6个月，10级伤残为4个月。	《条例》第34条、第35条 《办法》第23条、第24条
一次性伤残就业补助金	职工因工致残被鉴定为5级、6级伤残的，经本人提出，可与用人单位解除或终止劳动关系，用人单位应支付一次性伤残就业补助金，停发伤残津贴。一次性伤残就业补助金的标准：5级伤残为35个月的统筹地区上年度职工月平均工资，6级伤残为30个月。 　　职工因工致残被鉴定为7～10级伤残的，劳动合同期满终止或职工提出解除劳动合同的，由用人单位支付一次性伤残就业补助金。一次性伤残就业补助金的标准：7级伤残为20个月的统筹地区上年度职工月平均工资，8级伤残为15个月，9级伤残为10个月，10级伤残为5个月。 　　依照上述规定，享受一次性伤残就业补助金的职工，距法定退休年龄不足5年的，一次性伤残就业补助金按下列标准执行：（一）不足2年的，按全额的60%支付；（二）不足3年的，按全额的70%支付；（三）不足4年的，按全额的80%支付；（四）不足5年的，按全额的90%支付。 　　伤残职工按规定办理退休手续的，一次性工伤医疗补助金和伤残就业补助金不予支付。	《条例》第34条、第35条 《办法》第23条、第24条、第25条、第26条
伤残津贴	1级伤残为本人工资的90%，2级伤残为本人工资的85%，3级伤残为本人工资的80%，4级伤残为本人工资的75%，5级伤残为本人工资的70%，6级伤残为本人工资的60%，从工伤保险基金按月支付。伤残津贴实际金额低于当地最低工资标准的，由工伤保险基金补足差额。	《条例》第33条、第34条

（续表）

项　目	补偿标准及补偿方式	备　注
养老保险	被鉴定为1~4级伤残的工伤职工达到退休年龄并办理退休手续后，停发伤残津贴，享受基本养老保险待遇。基本养老保险待遇低于伤残津贴的，由工伤保险基金补足差额。	《条例》第33条
丧葬补助金	6个月的统筹地区上年度职工平均工资，由工伤保险基金支付。 伤残职工在停工留薪期内因工伤导致死亡的，其直系亲属享受上述待遇。 1~4级伤残职工在停工留薪期满后死亡的，其直系亲属享受上述待遇。	《条例》第37条 《办法》第27条
供养亲属抚恤金	供养亲属抚恤金按照职工个人本人工资的一定比例发给由因公死亡职工生前提供主要生活来源、无劳动能力的亲属，由工伤保险基金支付。标准为：配偶每月40%，其他亲属每人每月30%，孤寡老人或者孤儿每人每月在上述标准的基础上增加10%。核定的各供养亲属的抚恤金之和不应高于因公死亡职工生前的工资。 伤残职工在停工留薪期内因工伤导致死亡的，其直系亲属享受上述待遇。 1~4级伤残职工在停工留薪期满后死亡的，其直系亲属享受上述待遇。	《条例》第37条 《办法》第27条
一次性工亡补助金	一次性工亡补助金标准为48~60个月的统筹地区上年度职工平均工资，由工伤保险基金支付。具体标准由统筹地区的人民政府根据当地经济、社会发展状况规定，报省、自治区、直辖市人民政府备案。 伤残职工在停工留薪期内因工伤导致死亡的，其直系亲属享受上述待遇。	《条例》第37条 《办法》第27条

说明：1. 根据《条例》第39条的规定，职工因工外出期间发生事故或者在抢险救灾中下落不明的，从事故发生当月起3个月内照发工资，从第4个月起停发工资，由工伤保险基金向其供养亲属按月支付供养亲属抚恤金。生活有困难的，可以预支一次性工亡补助金的50%。职工被人民法院宣告死亡的，按照《条例》第37条职工因工死亡的规定处理。

2. 《条例》是指《工伤保险条例》，《办法》是指《安徽省实施〈工伤保险条例〉办法》。

5. 生育保险

生育保险是国家通过立法，在怀孕和分娩的妇女劳动者暂时中断劳动时，由国家和社会提供医疗服务、生育津贴和产假的一种社会保险制度。我国生育保险待遇主要包括两项：一是生育津贴，用于保障女职工产假期间的基本生活需要；二是生育医疗待遇，用于保障女职工怀孕、分娩期间以及职工实施节育手术时的基本医疗保健需要。

目前，我国生育保险的现状是实行两种制度并存。

第一种是由女职工所在单位负担生育女职工的产假工资和生育医疗费。根据国务院《女职工劳动保护规定》以及劳动部《关于女职工生育待遇若干问题的通知》，女职工怀孕期间的检查费、接生费、手术费、住院费和药费由所在单位负担。产假期间工资照发。

第二种是生育社会保险。根据劳动部《企业职工生育保险试行办法》规定，参加生育保险社会统筹的用人单位，应向当地社会保险经办机构交纳生育保险费；生育保险费的交费比例由当地人民政府根据计划内生育女职工的生育津贴、生育医疗费支出情况等确定，最高不得超过工资总额的 1%，职工个人不交费。参保单位女职工生育或流产后，其生育津贴和生育医疗费由生育保险基金支付。生育津贴按照本企业上年度职工月平均工资计发；生育医疗费包括女职工生育或流产的检查费、接生费、手术费、住院费和药费（超出规定的医疗服务费和药费由职工个人负担）以及女职工生育出院后，因生育引起疾病的医疗费。

生育保险具有如下三个特点：

（1）生育保险的对象是女职工。在生育的过程中，夫妻双方共同承担相关的经济费用，虽然如此，但生育保险金的对象专为女性职员，对她们由于生育行为所造成的直接经济损失而提供的补偿。

（2）只有结婚的女职员才有资格享受生育保险。非婚生育的女职员，不能享受生育保险规定的有关待遇，其生育期间也没有工资。

（3）生育保险实行"产前与产后都应享受"的原则。女职员在临产分娩前和分娩后，都可以享受休假待遇，而且，不论女职员妊娠期的长短或流产与否，也不论其胎儿是否能存活下来，都可享受生育保险待遇。

员工通过生育保险可享有的待遇如下：

（1）生育津贴。生育津贴按照本企业上年度职工月平均工资计发，由生育保险基金支付，期限以《女职工劳动保护规定》订立的产假时间为准（一般为 90 天，难产或剖宫产或生育双胞胎增加 15 天，晚育增加 30 天；怀孕不满 4 个月流产的，可给予 15～30 天的产假；怀孕 4 个月以上流产的，可给予 42 天的产假）。

（2）生育医疗待遇。生育医疗待遇涵盖了妊娠、分娩全过程。女职员生育期间的检查费、接生费、手术费、住院费和药费均有生育保险基金支付，超出规定的医疗服务费和药费由员工个人承担。

（二）法定假期

1. 公休假日

公休假日指的是劳动者在一周内至少有一次连续 24 小时的休息。每周实行不超过 40 小时工时制度后，劳动者的公休假日为 2 天。按照《劳动法》第 38 条的规定，用人单位应当保证劳动者每周至少休息 1 天。在平常时间安排员工延长工作时间，每日不得超过 1 小时，如系特殊原因，则每日不得超过 3 小时，每月不得超过 36 小时，并需给付不低于正常工资 150% 的报酬；在公休假日安排员工工作又不能安排补休的，需给付不低于正常工资 200% 的报酬。

2. 法定节假日

法定节假日是指根据各国、各民族的风俗习惯或纪念要求，由国家法律统一规定的、用以进行庆祝及度假的休息时间。我国的法定节假日有：新年元旦（1 月 1 日放假 1 天）、春节（农历除夕、正月初一、初二放假 3 天）、劳动节（5 月 1 日放假 1 天）、国庆节（10 月 1 日、2 日、3 日放假 3 天）、清明节（放假 1 天）、端午节（放假 1 天）和中秋节（放假 1 天）。

除了全体公民放假的节日外，还有第二类是部分公民放假的节日及纪念日，包括：妇女节（3 月 8 日妇女放假半天）、青年节（5 月 4 日 14 周岁以上 26 周岁以下的青年放假半天）、儿童节（6 月 1 日 14 周岁以下的少年儿童放假 1 天）、中国人民解放军建军纪念日（8 月 1 日现役军人放假半天）。

法定节假日属于带薪休假，在法定节假日，劳动者有权享受休息，工资照发。如果在法定节假日安排劳动者工作，应支付不低于 300% 的劳动报酬。

3. 带薪年休假

所谓的带薪年休假，是指职工符合规定的休假条件，每年可以享有带薪休息若干日的制度。我国《劳动法》规定，国家实行带薪年休假制度。劳动者连续工作 1 年以上的，可以享受带薪年休假。

4. 探亲假

探亲假，是指职工享有保留工作岗位和工资而同分居两地，又不能在公休日团聚的配偶或父母团聚的假期。根据国务院《关于职工探亲待遇的规定》，探亲假可以具体分为三种形式：探望配偶、未婚职工探望父母、已婚职工探望父母。

根据《国务院关于职工探亲待遇的规定》，享受探亲假必须具备以下条件：

（1）主体条件。只有在国家机关、人民团体和全民所有制企业、事业单位工作的职工才可以享受探亲假待遇。

（2）时间条件。工作满 1 年。

（3）事由条件。一是与配偶不住在一起，又不能在公休假日团聚的，可以享受探望配偶的待遇；二是与父亲、母亲都不住在一起，又不能在公休假日团聚的，可以享受探望父母的待遇。"不能在公休假日团聚"是指不能利用公休假日在家居住一夜或休息半个白天。职工与父亲或与母亲一方能够在公休假日团聚的，不能享受本规定探望父母的待遇。

需要指出的是，探亲假不包括探望岳父母、公婆和兄弟姐妹。新婚后与配偶分居两地的从第二年开始享受探亲假。此外，学徒、见习生、实习生在学习、见习、实习期间不能享受探亲假。

关于探亲假的天数，根据规定，探亲假天数从 20～45 天不等：

（1）职工探望配偶的，每年给予一方探亲假一次，假期为 30 天。

（2）未婚职工探望父母，原则上每年给假一次，假期为 20 天。如果因为工作需要，本单位当年不能给予假期，或者职工自愿 2 年探亲一次的，可以 2 年给假一次，假期为 45 天。

（3）已婚职工探望父母的，每 4 年给假一次，假期为 20 天。

值得注意的是，探亲假期包括公休假日和法定节日在内。

5. 病假

企业员工患病或非因工负伤，根据本人实际参加工作的年限和本企业工作年限长短，可享受 3～24 个月的医疗期。对于某些患特殊疾病（如癌症、精神病、瘫痪等）的员工，在 24 个月内尚不能痊愈的，经企业和当地劳动部门批准，可以适当延长医疗期。企业职工患病或非因工负伤期间的病假工资或疾病救济费，扣除职工个人应交纳的社会保险费用后，不得低于本市最低工资标准的 80%。

（三）住房公积金

住房公积金，是指单位及其在职员工交存的长期住房储金，包括员工个人交存的住房公积金和员工所在单位为员工交存的住房公积金，它属于员工个人所有。

与社会保险相比，虽然住房公积金的强制性小一些，但对于企业仍有一定的强制性和义务性。实施住房公积金计划时，企业要为其员工在住房公积金管理中心办理公积金交存和支取手续，为员工建立个人的住房公积金账户，承担交纳住房公积金费用以及每月为员工代扣代缴员工个人住房公积金费用等责任。

住房公积金有如下五个方面的特点：

（1）住房公积金只在城镇建立，覆盖城镇各类企事业单位，而农村则不建立公积金制度。对于在城镇工作的外地员工，企业可不为其建立住房公积金。

（2）住房公积金制度只应用于在职的正式员工。不工作的城镇居民以及离退休职工不实行住房公积金制度。

（3）住房公积金由用人单位和员工共同交存。员工个人交存部分由单位代扣后，连同单位交存部分一并交存到住房公积金个人账户内。

（4）住房公积金需长期交存。住房公积金计划一经实施，员工在职期间必须不间断地按规定交存，除员工离退休或发生规定的其他情形外，不得中止和中断。

（5）住房公积金属于专项储金，只可用于住房消费支出。住房公积金虽然是员工工资的组成部分，但不以现金方式发放，必须存入住房公积金管理中心在受委托银行开设的专户内，实行专户管理，这体现了住房公积金的积累性。此外，住房公积金还具备专用性的属性，因为住房公积金实行专款专用，存储期间只能按规定用于购、建、大修自住住房，或交纳房租。

关于住房公积金的提取和使用，分如下六种情形：

（1）购买、建造、翻建、大修自住住房的。

（2）离休、退休的。

（3）完全丧失劳动能力，并与单位终止劳动关系的。

（4）户口迁出所在的市、县或者出境定居的。

（5）偿还购房贷款本息的。

（6）房租超出家庭工资收入的规定比例的。

二、企业自主福利

企业自主福利并不是由法律、法规所界定的，它是企业为了吸引人才或稳定员工队伍而自行为员工提供的福利待遇。企业自主福利一般与企业的经济效益和具体经营情况有关。企业经济效益好，自然企业福利高。因此，与民企相比，外企的福利待遇一般高于前者。传统的福利项目与企业自主福利要达到的标准和效果之间是有差距的。通常来说，像社会统筹保障，只是所有福利工作里面最基础的、最低的标准，如果是一个经营效益不错、经营规模比较大的企业，它为员工提供的工作条件和生活保障远远超出国家要求的社会统筹保障。企业自主福利主要有两种形式：经济性福利和非经济性福利。

（一）经济性福利

经济性福利是指对员工提供基本薪资及奖金以外若干经济安全的福利项目，以减轻员工的经济负担或增加额外收入。有如下几种形式。

1. 住房性福利

企业以成本价向员工出售住房；为员工提供提供房租补贴、免费单身宿舍、夜班宿舍、民工夫妻房等。

2. 交通性福利

企业为员工提供电、汽车或地铁票卡；为员工提供班车待遇，员工可免费乘坐班车上下班；为员工个人购买交通工具提供低息贷款；以优惠价位向员工提供车票、船票、机票等。

3. 饮食性福利

企业为员工提供低价午餐或者是免费的午餐；工作期间，提供免费的饮料，如茶水、咖啡、冷饮等；免费向员工发放食品。

4. 教育培训性福利

员工可享受脱产培训、短期培训等教育项目；员工可以以公费的形式进行进修，包括业余、部分脱产或全脱产等形式。

5. 医疗保健性福利

员工患病时，可享受全部免费治疗；企业为员工提供免费定期体检、防疫注射以及职业病免费防护等。

6. 有薪假日

除了法定节假日外，员工还可享受其他有薪假日。

7. 文化旅游性福利

为员工举办生日活动；向员工免费提供电影票、戏曲票、球赛票券等；组织集体文体活动，如晚会、晚会、舞会、郊游、野餐、体育竞赛等；为员工购置体育设施。

8. 金融性福利

为员工购买住房提供低息贷款。

9. 津贴和补贴

所谓的津贴和补贴，是企业为了调整薪酬制度中某些不平衡的现象，而在正常薪酬或薪水之外给予员工的特殊货币补助。如劳动津贴和补贴、生活津贴和补贴、职位津贴和补贴、地区津贴和补贴等。

（二）非经济性福利

与经济性福利相比，非经济性福利主要体现在精神和情感层面。

1. 咨询性服务

免费为员工职业发展规划提供咨询服务，给予分析、指导和建议，提供参考资料与信息等；为员工提供健康心理咨询。

2. 保护性服务

如平等就业权利保护、隐私保护等。

3. 工作环境保护

弹性工作时间；缩短工作时间；企业内部提升的机会；民主化管理；具有挑战性的工作机会等。

（三）实施企业自主福利计划的前提条件

1. 企业的经营状况

如果企业没有足够多的资金来源，或者经济效益支持不了一些基本的福利运作，即使企业想为员工提供比较领先的自主福利项目，也心有余而力不足。所以企业经营状况较好是企业实施自主福利项目的前提条件。关于企业经营状况较好，具体是指：

（1）所谓的企业经营状况较好，不一定企业已经达到了行业领先地位，或者已经实现了十分可观的经济利益。通常来说，只要企业的经济效益能在所属行业、所在行业达到了中等以上，就可以界定为经营状况较好。

（2）企业的发展势头比较好，可能在最近的一二年经济效益一般，但是企业的发展速度非常快，从业务经营上、从市场上来看都很有发展前途，公司发展前景非常乐观。美好的发展前景是需要员工努力才能实现的，必然需要一定的前期投入，这个投入的一部分可以用于企业的自主福利上面。

（3）企业的规模比较大，仍然处于经济效益持续增长阶段，这个阶段比较强调企业凝聚力。增强企业凝聚力的一个重要手段和措施，就是要提供比较好的、有企业自身特色的福利项目或者福利体系。

当然，在某些情况下，即使企业经营状况不是很好，也一样需要去开发自己的福利项目。因为对于竞争比较激烈的行业，福利待遇已经成为保留人才的一种手段，如果企业没有为员工提供诱人的福利待遇，便导致企业无法吸引优秀人才的加盟，这自然会使企业的经营状况更加恶化，从而陷入恶性循环。因此，在一些高科技企业里，贷款供楼或房租补助计划已经成为吸引和保留优秀员工或关键岗位员工的一种手段，即使企业经营状况不是很好，也得坚持为员工提供这些福利项目，否则那些优秀人才就流失了。

2. 人力资源管理基础比较好

人力资源管理基础比较好，至少要有一定的基础，像人员配置、薪资管理、员工激励、绩效考核等工作都已经做得比较好。因为开发福利项目的一个重要目的就是保障员工安心工作，激励员工更好地工作。如果人员配置不合理，员工没有工作积极性，人力资源的基本管理工作没有做好，即使企业为员工提供的福利再优厚也难有收益。

3. 已经建立实施了基础的社会统筹福利项目

要实施企业自主福利计划，必须确保最基础的福利项目已经建立起来，至少国家规定的社会统筹保障福利、住房公积金等项目已经到位。

4. 具备了开发实施企业自主福利计划的人力条件、技术条件和资金条件

企业进行福利设计，必须要有专业的薪酬管理人员来执行这项工作，因为很多福利项目具备较强的专业性，比如贷款供楼、医疗保险等，所以人才保障是实施企业自主福利计划的必要条件。此外，开发实施福利项目还需要技术和资金的强大支持。

福利设计的趋势：弹性福利制

一、弹性福利制的兴起

案例 1

某公司的高层领导为感谢员工一年来的辛勤工作，特地准备了一项福利：向每一位员工赠送一个公文包。高层领导本以为员工会喜欢这一份礼物，没想到听到了很多的抱怨意见。有的高层经理说："我平时上班根本用不着公文包，

发一个只好留在家里。"尤其是广大女性员工更是颇多抱怨，她们反对都用一样的包，因为这样太没个性了。一位女员工说："如果能给我一个热水器就好了，我正需要。"公司发放福利的本意是为了更好地提高员工的士气，激励员工更加努力工作。然而福利发放不当，却起到了相反的作用，伤害了员工的感情。福利只有符合员工的需要才能发挥出较好的激励功效。由此可见，如果公司能够让员工自由地选择所需要的福利，其效果将是显著的。这种福利形式，正如自助餐一样，可以让员工自由挑选所喜欢的物品。

案例2

A企业是华东地区的一家大型船用柴油机制造企业，随着近几年国际市场对船用柴油机需求量的大幅增长，公司的效益也呈现出稳步上升的趋势。为了稳定和吸引内外部人才，提高企业竞争力，公司先后出台了一系列有关福利政策的改革方案和措施，如增加福利项目的种类、提高福利项目的额度等。然而，在随后的民意调查中，许多员工却仍然反映对新的福利政策有着诸多的不满，归总起来主要表现在以下两个方面：

首先，不同年龄、不同岗位的员工群体对于福利的需求不尽相同，总有部分福利项目对某些员工群体而言没有太大需要，比如正处于适婚阶段的年轻员工，迫切需要解决住房问题，对补充养老则没有兴趣；而临近退休的老员工关注养老生活，多数对住房补贴不太关注，但如果员工不使用这些福利内容，则多半会作废——这种福利项目则变成了让员工食之无味，弃之可惜的鸡肋。

其次，有些福利项目，比如住房补贴，员工现在很需要，可是公司在这方面给予的福利额度太低，如果员工现在享受的话，自身的负担又会很大——这类福利项目对改善员工环境所起的作用总会让人产生隔靴搔痒之感。

同样，面对基层员工的不满，公司领导也有诸多的难处和困惑：过去，在福利方面的大额投入，并没有在核心员工的使用和保留方面起到预想的激励与约束作用，尽管福利额度很高，员工该走的还是要走；现在，外部市场竞争愈发激烈，企业投在员工福利方面的钱比以前也花得更多了，可大家还是会有这样那样的牢骚与不满，怎样才能把投向福利方面的资金用在刀刃上？如何才能更好地满足不同类型员工的需求，有计划、有步骤地调动他们的积极性？

企业的福利管理工作为什么会存在上述问题呢？

传统的员工福利实施方法，企业向员工提供的福利大多都是相同的，即向所有的员工提供同样的福利内容。这种模式的好处在于，由于所有员工都享受一样的福利项目，因此企业制定的福利计划的复杂程度就大大降低了，减少了福利计划制定的成本。同时，由于福利项目统一的规模效应，特别是以实物和服务形式向员工提供福利时，成本会大大降低。但是除了强制实施的法定福利之外，员工对非法定福利项目的偏好往往各不相同，众口难调。而统一型的福利计划模式往往无法考虑到员工多样化的需求，从而削弱了福利实施的效果。这从另一角度讲反而增加了企业无谓的成本。从20世纪70年代开始，在西方发达国家的一些企业中，开始针对员工不同的需求提供不同的福利内容，弹性福利模式逐渐兴起，并成了福利管理发展的一个趋势。

弹性福利制又称为自助餐式福利，或弹性福利计划（Flexible Benefit Program），它是由美国密歇根大学 John E. Tropman 博士提出了一种全新的薪酬设计思路。这是一种以员工为导向的福利制度，它的设计方法是企业以员工的需求状况为中心，为员工设计出包含有各种福利项目的菜单，员工可以从企业所提供的列有各种福利项目的菜单中自由选择其所需要的福利。弹性福利制的基本思想是让员工对自己的福利组合计划进行选择，也就是说，弹性福利制强调让员工依照自己的需求从企业所提供的福利项目中来选择、组合属于自己的一套福利"套餐"，最终每一个员工都有自己专属的福利组合。由此可见，弹性福利制非常强调"员工参与"的过程，企业致力于从员工的角度来满足他们的需要。不过，员工的自主选择会受两方面的制约：一是企业必须制定总成本的约束线；二是每一种福利组合中都必须包括一些非选择项目，如社会保险、工伤保险以及失业保险等法定福利计划。

具体来看，弹性福利制具有如下几方面优点。

（1）满足了员工的不同需求，提高了福利计划的适应性。

员工个人的情况是不同的，因此他们的需求可能也是不同的。例如，年轻的员工可能更喜欢以货币的方式支付福利，有孩子的员工可能希望企业提供儿童照顾的津贴，而年龄大的员工又可能特别关注养老保险和医疗保险。弹性福利计划的实施，则充分考虑了员工个人的需求，使他们可以根据自己的需求来选择福利项目，这样就满足了员工不同的需求，从而提高了福利计划的适应性，这是弹性福利计划最大的优点。

（2）有助于企业节约福利成本。

企业出于体贴的考虑，为员工提供了某些项目，但员工可能认为这种福利待遇并没有多大用处，视其为"鸡肋"，比如有的企业为员工修建了健身设施，但是由于员工只有在下班时间才能享用这些设施，而下班后，员工又需要乘坐班车回家，如果太晚回家的话，便错过了班车时间，导致健身设施的利用率非常低。然而，弹性福利制便可以避免这一弊端，通过员工自行选择所需要的福利项目，企业就可以不再提供那些员工不需要的福利，这有助于节约福利成本。

（3）有助于福利成本控制。

弹性福利制的实施通常会给出每个员工的福利限额和每项福利的金额，这样就会促使员工更加注意自己的选择，从而有助于进行福利成本控制，同时还会使员工真实地感觉到企业给自己提供了福利。

不过，弹性福利制在设计和执行中仍然存在一些不足，如：

（1）规模经济性降低。

（2）员工的逆向选择导致经济性行为超过人文性行为。

（3）员工对于福利项目的自主选取具有一定程度上的盲目性。

（4）弹性福利制度中的柔性部分设计不具有市场竞争力。

（5）企业福利制定者和执行者的工作量极大。

任何事物都存在两面，但从整体来看，弹性福利制既有效控制了企业福利成本，又照顾到了员工对福利项目的个性化需求，可以说这是一个双赢的管理模式。在具体实施的时候，弹性福利方案有六种类型。

1. 附加型

"附加型弹性福利计划"是最普遍应用的弹性福利制类型，即在现有的福利计划之外，再提供其他不同的福利措施或扩大原有福利项目的水准，让员工自由选择。例如，某家公司原先的福利计划包括房租津贴、交通补助费、意外险、带薪休假等，如果该公司实施附加型弹性福利制，便可以将现有的福利项目及其给付水准全部保留下来当做核心福利，然后再根据员工的需求，额外提供不同的福利措施，如国外休假补助，人寿保险等。关于附加福利，通常都会标上一个"金额"作为"售价"，根据每一个员工的薪资水准、服务年资、职务高低或家眷数等因素，发给其数目不等的福利限额，员工再以分配到的限额去认购所需要的额外福利。有些公司甚至还规定，员工如未用完自己的限额，余额可折发现金，不过现金的部分于年终必须合并其他所得税，此外，如果员工购买的额外福利超过了限额，也可以从自己的税前薪资中扣抵。

2. 套餐型

"福利套餐型"是由企业同时推出不同的"福利组合"，每一个组合所包含的福利项目或优惠水准都不一样，员工只能选择其中一个弹性福利制。就好像西餐厅所推出来的 A 餐、B 餐一样，食客只能选其中一个套餐，而不能要求更换套餐里面的内容。在规划此种弹性福利制时，企业可依据员工群体的背景（如婚姻状况、年龄、有无眷属、住宅需求等）来设计。

3. 核心加选择型

"核心加选择型"的弹性福利计划由"核心福利"和"弹性选择福利"所组成。"核心福利"是每个员工都可以享有的基本福利，不能自由选择，可以随意选择的福利项目则全部放在"弹性选择福利"之中，这部分福利项目都附有价格，可以让员工选购。员工所获得的福利限额，通常是未实施弹性福利制前所享有的，福利总值超过了其所拥有的限额，差额可以折发现金。

4. 积分型

"积分型的弹性福利计划"体现出了绩效激励的思想，它是按福利项目不同、成本不同设立不同分数，然后结合业绩考核评价分数抵兑福利项目分，次年积分累计。员工随时可以根据抵兑的福利分，享受抵兑的福利项。这样不仅仅与员工的绩效挂钩，同时也与工作年限相关，增强企业的留人机制。

5. 弹性支用账户

这是一种比较特殊的弹性福利制。员工每一年可从其税前总收入中拨取一定数额的款项作为自己的"支用账户"，并以此账户去选择购买雇主所提供的各种福利措施。拨入支用账户的金额不须扣交所得税，不过账户中的金额如未能于年度内用完，余额就归公司所有——既不可在下一个年度中并用，亦不能够以现金的方式发放。各种福利项目的认购款项如经确定就不能留用。此制的优点是福利账户的钱免交税，等于增加净收入，所以对员工极有吸引力，不过行政手续较为繁琐。

6. 选高择低型

"选高择低型"福利计划一般会提供几种项目不等、程度不一的"福利组合"，让员工从中选择。这些组合的价值和原有的固定福利相比，有的高，有的低。如果员工选择了一个价值较原有福利措施还高的福利组合，那么他就需要从薪水中扣除一定的金额来支付其间的差价。如果他挑选了一个价值较低的福利组合，他就可以要求雇主补偿给其间的差额。

二、弹性福利制实施步骤

第一步，充分了解企业的战略发展目标。

企业的人力资源战略必须有效支持企业的各项战略。只有充分理解企业的战略发展目标后，才有可能设计出适合组织需要的福利制度。

第二步，了解国家相关的法律、法规。

弹性福利制度当中包含了作为必选项的法定福利项目，无论企业是否愿意、员工是否迫切需要，法律强制实施的福利项目都是必须提供的。

第三步，了解企业的经营和财务状况。

再完美的福利计划没有资金的支持也无异于空中楼阁，所以了解企业的财务状况也是设计福利制度的一个重要前提。

第四步，盘点公司现有的福利项目，并进行财务分析。

有些福利项目由于实施得相当普遍往往被人们忽视，有些项目因为真正需要和实际受益的人数比较少也容易被忽略。只有把公司现有的所有福利项目都进行统一的列举、盘点和测算，才能较为精确地测算出目前的福利成本。

第五步，调查员工对福利项目的需求。

年老的、年轻的，已婚的、未婚的，男性、女性，身体健康的、体弱多病的，家境好的、差的，上班路途远的、近的……不同的员工会对企业的福利项目有不同的需求，要设计出能够尽可能满足各类员工需求的福利项目，需要对员工的需求有充分的了解。当然，员工的需求可能有很多，甚至还会有些与实际不符的需求，这些需求可能无法衡量价值。为了规避这个弊端，在设计调查问卷时应尽量让员工排除那些比较怪异的要求。

第六步，确定每位员工的福利限额。

通常我们用点数来标志福利限额。它可以通过资历、绩效、工资、家庭情况等一系列因素综合地进行评定。在确定了每位员工的福利点数之后，需要进一步确定这些点数的现金价值，即福利点的单价，它等于企业福利计划成本总额与全体员工获得的总福利点数之比。通过这一步工作，能够确保弹性福利支出的总额与预算基本一致。

第七步，列出企业提供给员工的所有福利项目的清单。

经过前六个工作步骤后，便可以确定企业提供给员工的所有福利项目的清单，并参考这些福利项目的市场定价和福利点的单价，将其折算成相应的福利点数作为福利项目的点数价格。

第八步，由员工选择福利项目。

在每位员工都有了各自的福利点数，同时福利项目又都一一按点数定价后，员工就可以开始选择自己需要的福利项目了。这一过程中将不可避免地出现员工购买力不足和购买力过剩的情况。这需要预先根据企业情况设定规则进行管理。

第九步，协调、管理和沟通。

好的福利制度，必须让员工明白企业的真正用意所在，如果员工不能了解公司美意，认为只是"换汤不换药"，可能导致员工满意度不高。再者，弹性福利制让员工的角色从被动接受者转为拥有选择权的主动选择者，员工需担负关注与规划自己需求的责任。由于文化与制度的转变，弹性福利制在导入初期，全面且持续的沟通是必要的，

此外，企业还需要有效地处理福利计划实施中的纠纷以及员工的意见反馈，根据情况的不断变化合理调整、优化现有的福利制度。

企业福利设计普遍存在的问题

1. 员工福利固守公平性，追求平均化倾向

很多企业的福利制度追求平均化倾向，员工的福利具有普惠性，这便导致员工将福利视为所获得薪酬的一部分，久而久之，员工便认为企业为自己提供福利是理所当然的，从而感受不到企业对自己的关心。在这种情况下，福利所应发挥的激励作用被极大削弱，无益于提高员工的满意度、调动员工的积极性，而企业的福利支出却迅速攀升，增加了企业的成本，使企业的投入产出极为不相配。

2. 福利项目和结构设计单一，忽视员工多元化需求

在员工福利管理的过程中，许多企业都以企业为主导，企业在员工的福利

设计中占据了绝对的主导地位，企业全权制定整体福利计划，员工很少有机会参与到薪酬制度的设计过程中，虽然这种做法简化了薪酬制度的制定过程，提高了薪酬管理的效率，但却存在这样一个潜在弊端：由于员工无法表达自己真实的需要，导致公司所提供的福利与员工的需求不符，从而引起员工的不满，将寄托着企业良好心愿的福利举措视为缺乏人情味的专制行为。

随着员工队伍结构的变化，不同文化层次、不同收入层次的员工对福利的需求会产生较大的差异，传统的福利计划结构较单一、死板，企业虽然为此支付了很高的成本，但员工却可能对公司的福利计划并不认同。这种福利计划不仅造成了资源的大量浪费，也难以实现企业关于实施计划的目标。比如，在一份关于111家大公司的福利调查中，有一个调查项目为"您感觉公司提供的最鸡肋的一件福利是什么"，调查者纷纷写下了自己的"不满意"，有的被调查者表示公司所提供的旅游卡几乎没有什么用处；有的被调查者表示公司发的免费的健身卡对自己的用处不大，因为自己本来就已经有了很多张健身卡，不如超市购物券更实惠；有的被调查者认为公司提供的午餐很鸡肋，他宁愿选择现金补贴；有的被调查者认为公司提供的健康咨询指导非常不符合常情，因为出于保护隐私的考虑，即使某个员工真的有心理问题，也不会在公司的健康辅导处进行咨询。

3. 企业漠视福利管理，缺乏必要的福利举措

有部分企业漠视员工福利，员工福利计划的不健全日益成为企业发展的软肋，还有一部分企业虽然口口声声地倡导"以人为本"，但是在管理实践中却对这一原则大打折扣，除了为员工提供了国家规定的法定福利外，没有任何非法定福利。甚至有的企业违反国家相关法律、法规，连最基本的法定福利也没有提供给员工。

在企业与员工的力量对比中，由于劳资双方在话语权上的差距很大，当企业没有提供国家相关法律、法规界定的福利时，这种不负责任的做法直接损害了员工的利益，挫伤了员工的积极性，激化了劳资双方的矛盾，使得员工对企业失去了信心，对企业的发展产生了很大的负面影响。

4. 只重视企业中高层管理人员的对立，造成上下级之间的对立

中高层管理人员属于企业的核心员工，有的企业为了吸引和留住高级人才，对这些人员的福利十分重视，为他们提供了丰厚的福利，对中下层员工的福利

则不重视，两者所享受的福利待遇相差悬殊。结果这种两极化福利举措加重了公司内部不同层级人员之间的对立情绪，挫伤了基层员工的士气。

企业福利设计不得不注意的四个问题

随着科学技术的不断发展，经济形态的日益转变，人力资本已超过金融资本，成为新的稀缺资源，成为最主要的生产要素。日趋激烈的企业竞争其实最终是人才的竞争。而员工福利作为报酬系统的一个重要组成部分，在很大程度上已经成为企业吸引和留住优秀人才、激发和调动员工工作积极性的一项管理举措。但是福利作为企业的一项成本支出，追求高回报率是必须遵守的一个法则，为此，企业在制订福利计划时，不得不注意以下四个问题。

1. 福利计划兼顾公平和效率，企业自主福利要尽可能与绩效相关联

虽然绝大多数的福利计划是面向整个员工群体的，但是福利项目本身也是员工广义薪酬的一部分。按照公平理论的观点，员工的公平感一方面是源于自己的投入与所得与他人的投入与所得的比较，如果企业的福利计划实行"一刀切"，完全脱离员工的工作绩效，而且企业的福利水平又相对较高，必然会缩小员工之间的收入差距，这种现实很可能导致高绩效员工心生不公平感，从而降低工作积极性；而对于低绩效员工而言，他们则可能产生满足心理，更加不思进取。所以，企业的福利水平应该与员工的绩效相关联，尤其在制定法定福利以外的员工福利时，更应该遵循这一原则。也就是说，企业在根据其经营策略制定福利政策时，必须使福利政策发挥出较强的激励功能，能够促使员工更努力地投入到工作中去。如果福利过于追求平均化，不但起不到激励作用，反而会助长不思进取、得过且过的工作作风。

2. 福利计划要有的放矢，争取满足员工个性化和多样化的需求

员工的需求是复杂性和多样性的，福利计划只有考虑到不同员工的需求差异，增强员工福利计划的针对性和灵活性，才能使福利计划更好地发挥积极作用。为了实现这一目标，企业可以实行弹性福利计划，即自助餐式的福利，员工可以根据自己的偏好和需求选择、组合福利项目。目前。弹性福利计划主要

有五种类型：附加型弹性福利计划、核心加选择的弹性福利计划、弹性支用账户、福利套餐型和选高择低型——企业可根据具体情况选择合适的类型。弹性福利计划赋予了员工自主选择福利项目的权力，真正体现了企业以人为本的宗旨，满足了员工的不同需求，有利于增加员工的归属感，使员工自发地将企业视为自己的同盟。

企业在实施弹性福利计划时，切忌华而不实，所选择的福利项目一定要符合员工的实际需要。此外，员工的需求是不断变化的，企业为了提高福利项目的有效性，应该采取员工参与机制，及时与员工进行沟通，了解员工的需求变化，以便调整原有的福利项目，使其维持较长时间的激励效果。

3. 重视对人力资本的投资，将培训纳入公司的福利体系

企业为员工提供培训项目，不仅能够提高员工的工作绩效、传递公司的经营理念，还可以提高企业的凝聚力。在培训的过程中，员工的知识和技能是不断提高的，这自然会增加员工对企业的潜在贡献，最终受益的还是企业。

目前，很多企业都将提供培训计划视为激励员工的一项重要举措，企业可以将培训纳入整个的福利架构中，形成一套较为完善的员工培训体系，对不同层次的员工提供各种不同内容的培训，体现出员工培训的全员性、全程性和针对性。一些国外知名企业积极激励员工接受继续教育，如 MBA 教育和博士、硕士学位教育，并为员工负担学习费用，以便为企业的可持续发展提供充足的人才保证。

4. 平衡好员工福利支出与企业效益的关系

员工福利支出是企业雇佣成本的一个重要组成部分，福利水平的高低直接影响企业的生产成本，进而影响企业的市场竞争力。但员工的福利具有刚性，而企业面临的市场竞争具有很大的不确定性，当企业的经济效益降低时，员工的福利水平却不容易往下降，这样，企业便会面临骑虎难下的窘境——如果企业降低福利水平，肯定会导致员工激励的不足，对员工的工作积极性造成重创；如果企业继续维持以往的福利水平，便会为企业的成本支出造成较大负担，不利于企业增强市场竞争力，等于强化了企业的竞争劣势。基于这种考虑，企业在设计福利计划时，一定要以自身的经济实力为依托，不可不切实际地追求高福利、全福利，否则，企业虽然暂时可以吸引高素质人才，但却为企业的未来

发展造成隐患。因此，企业最好从战略高度权衡员工福利水平与企业效益的关系，争取实现两者的平衡。

附：某集团公司福利管理制度

某集团公司福利管理制度

一、总则

1. 目的

为保障员工的基本劳动权益，加强企业员工福利管理，根据国家有关政策，结合××集团以及房地产企业的实际，特制定本方案。

2. 基本原则

（1）以人为本的原则：通过保持和调整企业对福利保障的持续投入，给予员工安全感和成就感，营造一个以人为本、舒适良好的工作环境。

（2）竞争性原则：通过设立激励性福利，使企业的劳动报酬体系更具有市场竞争力。

（3）经济性原则：企业的整体福利待遇水平与经营管理业绩挂钩，促进员工与企业共同发展。

3. 适用范围

本方案适用于××集团全体员工。

4. 福利构成

公司的福利构成为法定福利、基本福利、生活福利和其他福利。

二、法定福利

法定福利是公司依据国家法律规定和公司政策，为帮助员工防范未来不可预测风险和满足员工基本生活需要的福利项目。法定福利包括社会保险和住房公积金两部分。

1. 社会保险的种类

（1）基本养老保险：由公司和员工个人双方共同负担、共同交纳。公司和员工应当按时足额交纳基本养老保险费。具体承担比例按照国家有关规定执行。

（2）基本医疗保险：由公司和员工个人双方共同负担、共同交纳。公司和员工应当按时足额交纳保险费，具体承担比例按照国家有关规定执行。

（3）失业保险：由公司和员工个人双方共同负担、共同交纳。公司和员工应当按时足额交纳保险费，具体承担比例按照国家有关规定执行。

（4）工伤保险：公司为生产线上员工办理工伤保险，工伤保险由公司负担费用。

（5）计生保险。

2. 保险办理相关规定

（1）办理时间。员工自试用期满，成为××集团正式员工，办理完毕入职手续的当月起，按照国家有关政策办理相关保险（其中工伤保险自工人加入公司当月即行办理）。

（2）停办时间。公司自员工办好离职手续，停发该员工工资起，停办该员工的相关保险。

（3）转移时间。员工离职时，在档案关系转出后，可办理各种保险关系转移手续。

（4）办理地点。人力资源中心统一为员工到社保中心进行办理。

3. 住房公积金

住房公积金是公司为逐步提高和改善员工住房条件和住房水平，与职员共同交存的公积金。公司严格执行国务院《住房公积金管理条例》和××市住房公积金管理规定。

住房公积金公司交纳部分在公司管理费用中列支，个人领取已提存的住房公积金（包括企业提存部分和个人提存部分），应按实际领取数计入个人当期工资、薪金收入计算并交纳个人所得税。

三、公司基本福利

基本福利是包括公司员工享受的无差别式的福利项目：交通补贴、午餐补贴、节日补贴、妇女节补贴、高温补贴、家庭报纸、健康体检、工作服等；与职务相关的福利项目：通讯费、购车补贴、用车补贴、取暖补贴、职称补贴等。

（1）无差别福利金额及发放方式。

表8-2　无差别福利金额及发放方式

项　目	金额（元）	发放频率及说明	发放方式
交通补贴	80	月	现金
午餐补贴	220	月	现金
高温补贴	300	年	购物卡
过节费	300	中秋、元旦、春节、国庆	购物卡
妇女节（针对女性员工）	100	年	现金
员工劳保福利费	600	年	购物卡
家庭报纸	144	年	统一订购
工作服	600元/套	1套/年	统一定做
健康体检	300	年	统一组织

（2）交通补贴、取暖补贴金额及发放方式。

表8-3　交通补贴、取暖补贴金额及发放方式

福利项目	高层	中层	员工	发放频率	发放方式
通讯补贴	500	300	150	月	现金
取暖补贴	1 500	1 200	800	年	购物卡

（3）购车补贴、驾车补贴、汽油费相关规定参照我国《车辆购买及使用补贴管理方法》。

（4）职称补贴：初级、中级、副高级、高级补贴每月补贴分别为20、40、60、80元。

四、公司生活福利

1. 家庭困难补贴

为帮助员工分忧，公司每年拨出一定款项作为员工家庭困难补助基金；员工可根据实际情况向办公室办理申请手续，并阐述具体理由或出示相关证明。

2. 独生子女费

公司为每位符合国家计划生育政策和规定的员工发放15元/月的独生子女补贴。

3. 独生子女医疗费

独生子女医疗费，公司报销80%。

4. 儿童节补贴

每年六一儿童节，公司符合条件的员工每个小孩补贴 60 元。

5. 托儿费

根据托儿所的性质不同，员工可报销托儿费每月 85 元或 130 元。

五、其他福利

1. 公司成立周年庆

公司周年庆，发放补贴 1 000 元。

2. 生日福利

员工生日，公司给予 70 元蛋糕票。

3. 婚姻礼金

员工结婚，公司给予婚姻礼金 200 元。

4. 丧葬抚恤

员工的父母、配偶、子女死亡，公司给予丧葬抚恤费 200 元。

5. 生育礼金

员工生育，公司给予婚姻礼金 100 元。

六、附则

1. 解释权限

本规定由人力资源中心制定并负责解释。

2. 施行日期

本规定自颁布之日起施行。

第九章

员工奖惩办法管理

员工奖惩办法管理工作概述

一、员工奖惩办法管理内容

1. 奖惩的种类

奖励分为：嘉奖；授予荣誉称号；记大功；记小功等。

惩罚分为：警告；记过；记大过；开除等。

2. 奖惩的方式

奖励的方式有：通报表扬、奖金、加薪、晋级等。

惩罚的方式有：通报批评、罚金、减薪、降级等。

不同企业依据自己的实际情况具体制定奖惩办法。

二、员工奖惩的规则和标准

1. 奖惩的规则

就是什么情况下给予什么样的奖励或惩罚，员工的哪些行为可以记大功，哪些行为记小功，哪些行为要记过。规则要清楚明白，避免使用模棱两可的语言，使企业便于执行。

2. 奖惩的标准

当员工立了功，是采用精神奖励还是物质奖励，还是两者并用。记大功的物质奖励是多少，记小过时的罚金是多少，都要有清晰明确的规则。

三、奖惩办法制定原则

有效、公平的奖惩办法，可以使员工心情舒畅，为员工发挥积极性和创造性提供极有利的环境条件。许多企业、组织之所以无效率、无生气，归根结底是由于它们的员工奖罚制度出了问题。作为一个管理者，建立自己正确的（即符合企业、组织根本利益的）、明确的（即不是模棱两可、摇摆不定的）价值标准，并通过奖惩手段的具体实施明白无误地表现出来，是企业人力资源管理中的大事。制定奖惩办法有以下几个原则。

1. 公平原则

即物质利益分配和精神奖励，必须符合贡献与报酬相对应的原则，才能使员工心理平衡，有公平感，才能激发员工多作贡献。

2. 易于执行原则

在制定奖惩制度时，尽量避免弹性条款。比如对后果和程度进行描述，最好能够作出细化和量化的规定，以便于实际操作和执行。如因为某种违纪行为给公司带来500元以上经济损失的予以解聘等。这种规定的尺度和标准明确、直接，易于企业执行。

3. 物质与精神并重原则

奖惩的方式包括物质与精神两个方面，物质方面主要有工资升降、奖金分配、福利分配、职位升降、经济处罚等；精神方面主要有职业定位、评先进、通报表扬、非正式表扬与体现成就感、社会地位等。一个公司的奖惩方式不可能只有一种手段，物质和精神对于员工同等重要。

4. 与时俱进原则

应该在不同的时期，制定不同但却有连贯性与企业特性的奖惩方案，便于企业在人力资源管理实践中认真贯彻执行。

员工奖惩办法管理工作规范化制度

一、公司奖惩办法范例

现举某公司奖惩办法范例，用以说明奖惩办法总则、奖励、惩处、奖惩转换办法等条文的具体内容。

第一条　总则

1. 目的

为加强公司员工遵纪守法的主动性、自觉性、规范员工行为，提高员工素质，维护公司正常生产、经营、管理秩序，保障各项规章制度的贯彻执行，特制定本办法。

2. 适用范围

公司全体员工。

第二条　奖励

1. 奖励范围

有以下表现之一的员工给予奖励：

（1）任务方面取得显著成绩和经济效益的。

（2）在技术、产品、专利方面取得重大成果或显著成绩的。

（3）对公司提出合理化建议积极、有实效的。

（4）保护公司财物，使公司利益免受重大损失的。

（5）在公司、社会见义勇为，与各种违法违纪、不良现象作斗争有显著成绩的。

（6）对突发事件、事故妥善处理的。

（7）一贯忠于职守、认真负责、廉洁奉公、事迹突出的。

（8）全年出满勤的。

（9）为公司带来良好社会声誉的。

（10）其他应给予奖励事项的。

2. 奖励项目及方式

1）奖励项目

授荣誉称号；嘉奖；记小功；记大功。

2）奖励方式

奖金；加薪；晋级；其他（由公司另定）。

3. 奖励规则

1）嘉奖对象

（1）品行优良、技术超群、工作认真、恪尽职守，成为公司楷模者。

（2）领导有方、业务推展有相当成效者。

（3）参与、协助事故或事件求援的工作者。

（4）遵章守纪，服从领导，成为公司的敬业楷模。

（5）主动积极为公司工作，提出合理化建议，减少成本开支，节约资源能源有显著成效的员工。

（6）拾金不昧且价值较高者。

（7）预防机械故障或抢修工程使生产不致中断者。

（8）全年从未迟到、早退、请假，而且工作勤奋者。

2）记小功对象

（1）对公司有较大贡献者。

（2）对公司业务有较大发明、革新，成效优秀者。

（3）对危害公司的事件如舞弊、盗窃等，及时制止或检举，避免较大损失，其价值超过平均日给工资100倍者。

（4）利用废料有较大成果者。

（5）开拓公司业务，经营业绩优异者。

（6）本职岗位工作表现优异者。

（7）执行临时紧急、重要任务能依时限完成者。

3）记大功对象

（1）对公司有重大贡献者。

（2）对主办业务有重大发明、革新，成效卓越者。

（3）对于舞弊或有危害公司的事件能事先举报或阻止，避免重大损失者。

（4）在恶劣环境下，冒生命危险恪尽职守者。

（5）开拓公司业务，经营业绩（利润、营业额）突出者。

（6）获得社会重大荣誉者。

（7）研究改善生产设备，有特殊功效者。

（8）对危害公司的事件如舞弊、盗窃等，及时制止或检举，避免较大损失，其价值超过平均日给工资200倍者。

4）授荣誉称号

对公司有突出贡献者，可授予荣誉称号。

4. 奖励标准

奖励标准见表9-1。

表 9-1　奖励标准

	嘉奖	记小功	记大功	授予荣誉称号
奖金	△300 元	△500 元	△500 元	△1 000 元
加薪			△100 元/月	
晋级			☆	
其他	☆	☆	☆	☆

注：（1）△代表固定奖励标准，☆代表机动奖励项目。

（2）记大功者，是否晋级除考虑其受奖的缘由外，还要综合考虑其能力、经验、知识、拟晋级职位的职务要求、编制情况等。

（3）其他：指由公司视具体情况，决定是否再给予受奖励者其他奖励的奖励方式，如带薪休假、给予培训机会等。

4. 获得奖励者，各主管在当年的考核内容上可适当加分。

5. 奖励程序

（1）员工有符合奖励条件的，由所在部门及时提出申请，报人力资源部。

（2）人力资源部审核，签署意见后报公司领导层讨论决定。

（3）获奖员工由公司发给奖金与证书，并张榜公布。

（4）奖励事迹记入员工档案。

第三条　惩处

1. 惩处种类及方式

1）惩处项目

警告；记过；记大过；开除。

2）惩处方式

罚金；减薪；降级。

2. 惩处规则

1）警告对象

（1）工作时间未经许可擅自离岗外出者。

（2）一个月内发生迟到早退次数累计 7 次者。

（3）不按规定请假、销假者。

（4）委托他人或受托他人出勤打卡或签到者。

（5）遇非常事件，故意回避逃离者。

（6）浪费公司财物，因过失导致损坏公物，价值超过其日平均工资的 30 倍者。

（7）教育训练无故缺勤者。

（8）在公司内喧哗或口角，不服纠正者。

2）记过对象

（1）因玩忽职守、督导不力或业务疏忽发生差错，而发生较大损失者。

（2）教唆他人，造谣生事者。

（3）工作不力，屡教不改者。

（4）服务态度恶劣，与客户争吵，影响公司声誉者。

（5）连续3次不参加公司重要活动者。

（6）连续旷工2天或全月累计旷工3天，全年累计6天者。

（7）在工作场所酗酒滋事，影响工作秩序者。

（8）浪费公司财物，因过失导致损坏公物价值超过其日平均工资50倍者。

3）记大过对象

（1）主管包庇员工舞弊，或弄虚作假者。

（2）因玩忽职守、督导不力或业务疏忽导致重大损失者。

（3）泄露公司机密者。

（4）品行不正，有损风化行为或匿名诬陷同事者。

（5）故意造成重大损失者。

（6）损失或遗失公司重大物品、设备者。

（7）全月旷工累计达4天或全年累计7天者。

（8）在公司内打架，从事不良活动者。

4）开除对象

（1）记大过2次者。

（2）因触犯法律被劳教、管制、罚金、判刑者。

（3）盗窃财物、挪用公款者。

（4）屡次触犯公司规章制度，严重侵犯公司权益者。

（5）有重大泄密行为，致使公司遭受重大损失者。

（6）煽动众人不服从规定或怠工者。

（7）在公司内殴人成伤，情节严重者。

（8）利用职权谋私、受贿，以公司名义招摇撞骗者。

（9）连续旷工达3天或全月累计旷工5天、全年旷工达8天者。

（10）对员工暴力威胁、恐吓，妨碍团体工作秩序者。

（11）吸食鸦片或其他毒品者。

（12）伪造、变造或盗用公司印信者。

（13）参加非法组织者。

（14）擅离职守，致使公司蒙受损害者。

（15）其他严重违反《员工行为准则》的行为，给公司造成重大损失或不良影响者。

3. 惩处标准

惩处标准见表9-2。

表9-2　惩处标准

方式	警告	记过	记大过	辞退
罚金	△当月薪酬的15%	△当月薪酬的15%	△议定	
减薪		△100元/月	△职务降一档，薪酬按降职后职务的相应级别发放（已是最低职档按最低级别薪酬发放）	
降职				

注：△代表固定惩罚标准。

4. 惩处程序

（1）员工违纪后，由所在部门依据具体违纪事项和本条例提出处理意见，报人力资源部。

（2）人力资源部审核后，报公司领导层形成决议后生效。

（3）惩处事宜记入员工档案，并予公告。

第四条　奖惩转换办法

（1）员工在奖励2年期间，以嘉奖3次等于记功1次，记功3次等于记大功1次，即第三次受相同奖励时，第三次奖励方式标准为高一级的奖励标准。

（2）员工的惩处2年期间，以警告2次等于记过1次，记过2次等于记大过1次，记大过2次应予开除。即第二次受相同惩处时，第二次惩处方式为高一级的惩处标准。

（3）员工奖惩转换，本规定所称嘉奖与警告、记功与记过、记大功与记大过在受奖惩日起一年内可以相互抵消。

（4）员工在受惩处之日起若在一定时间内表现良好的可撤销处罚，删除受惩档案记录，但原则上不恢复原来的薪酬与职务，从撤销日起恢复享有加薪及晋升的权利；撤销警告处分的考察期至少为半年，记过处分至少为一年，记大过处分至少为一年半时间。

（5）惩处撤销程序类同惩处程序（1）、（2）、（3）项。

第五条　附则

（1）其他以本公司或员工有利的行为，具有事实证明者，亦可申报奖励。

（2）其他违反本公司各项规章制度，应予惩处者，应分别予以惩处。

二、员工奖励细则范例

现举某公司员工奖励细则范例，用以说明员工奖励细则的总则、目的、种类等条文的具体内容。

第一章　总则

第一条　目的

凡本公司员工长期从事于业务，或从事有益于本公司的发明与创造具有特殊功绩的，均依照本办法予以奖励。

第二条　种类

本办法规定的奖励分服务年资奖、创造奖、功绩奖、全勤奖四种。

第三条　服务年资奖

员工服务年资满10年，20年及30年，其服务成绩与态度均属优秀的，分别授予服务10年奖、服务20年奖及服务30年奖。

第四条　创造奖

员工符合下列条件之一者，经审查合格后授予创造奖。

（1）设计新产品，对本公司有特殊贡献的。

（2）从事有益于公司的业务发明或改进，对节省经费、提高效率，或对提企业经济效益有突出贡献的。

（3）根据其他奖励规定，提出合理化建议，因成效显著而受到奖励的。

（4）在独创性方面尚未达到发明的程度，但其创新改革对生产技术等业务确有特殊贡献的。

（5）上述各款至少应观察 6 个月以上的实绩，经判断的确效果很好，才属创造有效。

第五条　功绩奖

员工符合下列条件之一，经审查后授予功绩奖。

（1）从事对本公司有显著贡献的特殊工作的。

（2）对提高本公司声誉有特殊功绩的。

（3）对本公司的损害能防患于未然者。

（4）遇到突发事件，如灾害事故等，能临时应变，措施得当，确有功绩的。

（5）敢冒风险，救护公司财产及人员脱离危难的。

（6）其他具有优秀品德，可为本公司楷模，有益于公司及员工树立良好风气的。

第六条　全勤奖

员工连续一年未请病、事假或迟到、早退者，经审查后授予全勤奖。其奖励方式为在公司成立纪念日时颁发奖品。

第七条　方式

奖励方式分奖金、奖品、奖状三种。

第八条　奖金及奖状

对创造奖和功绩奖，按下列等级授予奖金及奖状。

1. 创造奖

一等	人民币	100 000 元
二等	人民币	70 000 元
三等	人民币	50 000 元
四等	人民币	30 000 元
五等	人民币	10 000 元

2. 功绩奖

一等	人民币	30 000 元
二等	人民币	20 000 元
三等	人民币	10 000 元

第九条　奖品

对服务年资奖授予奖品及奖状，奖品内容另定。

第十条　再奖励

员工有下列情形之一者，给予再奖励。

（1）根据第四条接受奖励后，其效果被评定为最高时，或同一人对同一事项再改进时。

（2）根据其他奖励规定接受奖励后，其效果或功绩被评定为更高时，或同一人对同一事项研究改进时。

（3）根据第五条接受奖励后，其功绩经重新评定为更高时。

前项再奖励审查与第四条或第五条相同，其奖金仅授予复审所定的奖金与原发奖金的差额。

第十一条　由两人以上共同获得奖金的规定

奖励事项如为两人以上共同合作而完成的，其奖金按参加人数平均分配。

第二章　颁奖

第十二条　审查手续

应奖励事项，由主管部（室）经理核实后，呈请总经理批准。

第十三条　员工奖励审查委员会

奖励种类及等级的评定，由员工奖励审查委员会负责，审查委员会由总经理担任主任委员，各级管理人员担任委员。

第十四条　奖励的核定与颁奖

奖励的核定与颁奖，呈请总经理负责。

第十五条　颁奖日期

原则上每年一次，于本公司成立纪念日颁发。

第三章　附则

第十六条　本办法经总经理通过后公告实施，修改时亦同。

三、员工惩罚细则范例

现举某公司员工惩罚细则范例，用以说明惩罚的种类、惩罚的条件、惩罚的方式、惩罚的程序等条文的具体内容。

从业人员的惩戒，分为警告、记过、降级及免职四种，其处理规定如下所示。

第一条　有下列情况之一者，应予警告：

（1）携带不必要物品入厂者。

（2）未经准许擅自带外人入厂参观者。

（3）擅用他人经管的工具及设备者。

（4）拒绝警卫检查其携带的物品者。

（5）涂写墙壁、机械用具有碍观瞻者。

（6）携带家属在工作场所有碍秩序者。

第二条　有下列情况之一者，视情节轻重应予记过或记大过处分：

（1）未经准假，擅离工作岗位者。

（2）无正当理由，延误公事致公司蒙受损失者。

（3）对上级主管的命令有不同意见，未予说明，或虽陈述未被采纳，而擅自违抗指挥者。

（4）行为不检，有损公司声誉者。

（5）指挥不当或监督不力，致使部属发生重大错误，使公司蒙受损失者。

（6）在工作场所喧哗、发生口角者。

（7）故意涂改、丢失计时卡者。

（8）对同事有胁迫、恐吓及欺骗行为者。

（9）在工作时间瞌睡者。

（10）在公司易燃场所吸烟者。

第三条　有下列情况之一者，应予降级：

（1）在公司或工厂内酗酒滋事，妨碍工作秩序者。

（2）向外泄露公司业务机密者。

（3）在工作时间内偷懒睡觉者。

（4）对上级主管不满，不通过正当渠道陈述意见或提出建议，而任意谩骂者。

（5）对本身职务不能胜任者。

（6）一年内记过2次者。

以上降级，应视各款实际情况降1~2级，无等级可降者，应予降等改任。

第四条　有下列事情之一者，应予免职：

（1）无故连续旷工至3日以上，或1月内无故旷工累计达6日以上者。

（2）未经许可，擅自在外兼职，或参加经营与公司业务有关的事业者。

（3）胁迫上级主管，或蓄意违抗合理指挥，或打骂侮辱主管行为情节严重者。

（4）利用公司名义，在外招摇撞骗者。

（5）利用职权营私舞弊者。

（6）未按照规定或指示，擅自改变工作方法，致使发生错误，使公司蒙受损失者。

（7）故意损坏公司财物者。

（8）有偷窃行为，经查明属实者。

（9）在公司内赌博或有伤风化的行为者。

（10）携带武器、凶器或违禁品前来公司者。

（11）在公司内打人或互相打骂者。

（12）散播有损本公司的谣言，而妨害工作秩序者。

（13）因故意或过失行为，而引起灾害者。

（14）有煽动怠工或罢工的具体事实者。

（15）触犯刑律，经判有期徒刑者。

（16）一年内记过3次者。

第五条　从业人员的奖惩事项，由各部门主管列举事实，逐级核定，除嘉奖、记功、警告、记过由各部门经理核定外，其余均须呈请总经理核定。

第六条　其他未经列举而应予奖励或惩戒事项，可视情节轻重分别予以奖惩。

第七条　从业人员奖惩可累计，以嘉奖3次作为记功1次，记功3次作为记大功1次；警告3次作为记过1次，记过3次作为记大过1次；同一年度功过可以互相抵消，以嘉奖抵警告，记功抵记过，记大功抵记大过。

四、员工奖惩建议申请表

员工奖惩建议申请表见表9-3。

表9-3　员工奖惩建议申请表

建　议类　别	奖励	记大功	记小功	嘉奖	授予荣誉称号	其他
	惩罚	记大过	记小过	警告	辞退	其他
被　奖惩　人	姓名：					
	部门：					
	职位：					

（续表）

事　实 说　明	
人事部 门意见	
批　示	
复　核 意　见	
主管部 门意见	

五、员工奖惩统计表

员工奖惩统计表见表9-4。

表9-4　员工奖惩统计表

员工编号	姓名	奖惩事项及文号	统　计					

六、奖惩汇总月报表

奖惩汇总月报表见表9-5。

表9-5　奖惩汇总月报表

年　　月

部门	姓名	工号	岗位	奖惩事项及序号	结　果	
					惩罚	奖励

备注：责任过失和违纪过失的处理结果分为警告、记过、记大过、降职、免职、开除和经济处罚，奖励的具体情况由企业自定。

填表人/日期：　　　　　　　　　　　　　　　　　　　　　审核人/日期：

七、年度奖惩公告

年度奖惩公告见表9-6。

表 9-6　年度奖惩公告

年度

姓名	职务	部门	奖惩事由	奖惩办法	备注

员工奖惩办法管理工作流程设计

员工奖惩办法管理工作流程见表9-7。

表9-7　员工奖惩办法管理工作流程

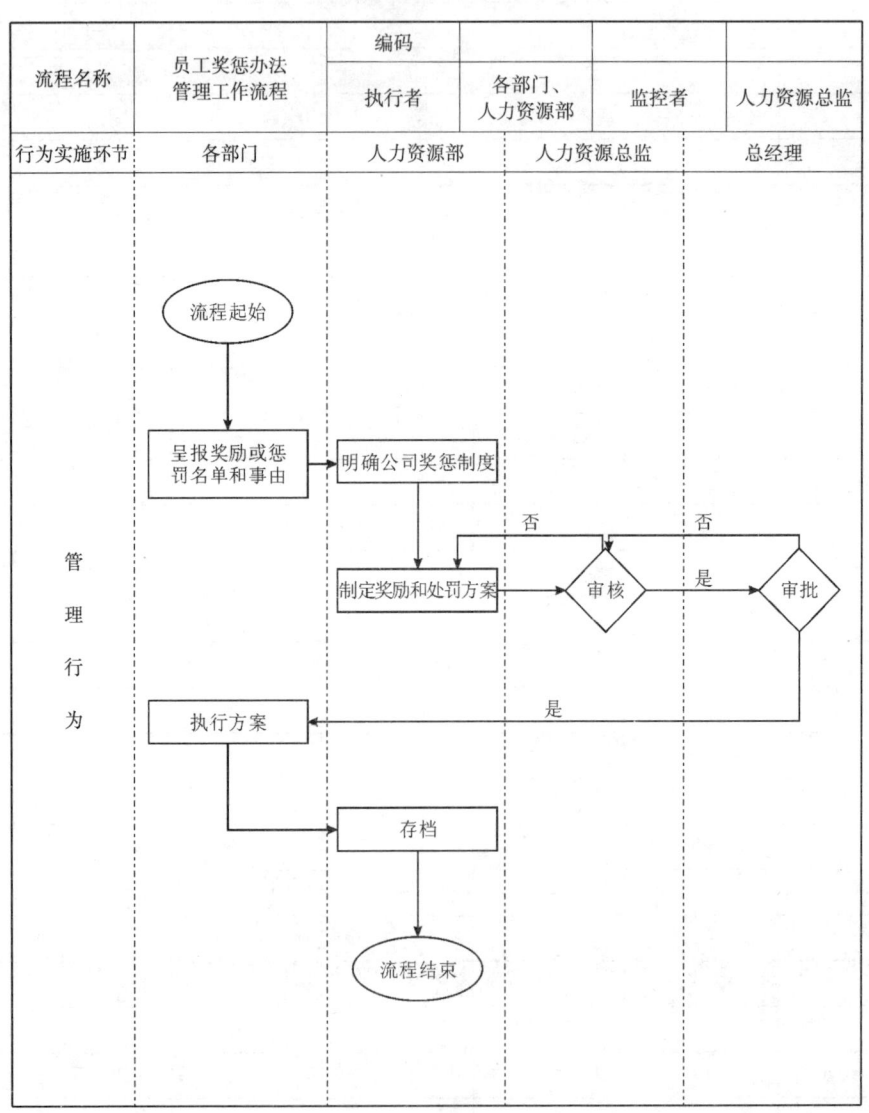

第十章

企业实施薪酬设计的常见问题

问题一　绩效薪酬体系设计不合理

一、案例

A公司是位于H市的一家百货家电公司，有两家百货公司合资而成立，主要从事电器批发和手机销售业务，随着国美和大中逐渐入驻H市，A公司多家卖场的销售受到威胁，而且公司的内部结构也逐渐表现出不适应性，也就是说由于电器批发业务、手机批发业务、手机零售业务以及电器零售业务在同一个平台上进行运转，公司既有的管理体系显得越来越力不从心。

在薪酬体系设计方面，A公司一直沿用"百元工资含量"方案，也就是说，每销售100元的商品，营业员和柜组长就能够从中分得一定比例的提成，营业员的工资收入由基本工资和提成两部分构成。2005年年底，公司进行年度总结后，发现虽然一年下来销售额增加了不少，但是公司利润并没有真正增加多少，销售团队人心涣散，整体战斗力非常差。

二、案例分析

A公司的薪酬体系暴露出如下几个问题。

（一）薪酬政策不合理

1. 只奖励个人绩效，忽略了团体绩效

在A公司内部，处于销售职位的员工的工资与自身的销售业绩紧密相关，固然这极大地激励了个人绩效，使员工利益和销售业绩密切结合在一起，但与此同时，这种薪酬模式却忽视了团队绩效，容易为团队合作带来不利影响。如果只是单纯鼓励个人绩效，便会催生员工各自为政的心理，将个人利益置于团队利益之上。

2. 忽略了影响销售业绩的非个人努力因素

销售业绩除了与个人努力水平有关外，还受到非个人努力因素的影响，比如位置好的卖场的销售业绩显然高于位置不好的卖场的销售业绩，畅销商品的销售情况会好于非畅销商品的，但是 A 公司的薪酬体系没有将这些非个人努力因素考虑在内，使薪酬体系的公平性大打折扣。

3. 销售支持人员日益滋生不满情绪

对于承担行政人事、售后服务、物流配送等岗位的销售支持人员，他们的工资与销售量没有关系，然而销量的提升自然会增加他们的工作量，这便会导致他们产生不满情绪，不愿意积极配合销售员的工作。

4. 由于薪酬水平不合理，导致一些处于管理岗位的核心人员表现出离职的意愿

A 公司实行百元含量的薪酬政策，导致某些营业员的工资高于处于管理岗位的核心人员的工资，从而使得一些管理人员表现出离职的意愿。

（二）薪酬结构中各构成要素的权重设计不合理

薪酬包括经济性薪酬和非经济性薪酬，经济性薪酬又包括基本薪酬（基本工资）、可变薪酬（绩效工资加加班工资）以及间接薪酬（福利和服务）三部分。除了销售人员外，A 公司的薪酬体系对薪酬结构的各个构成要素权重设计显然不合理，因为绝大多数的员工的全部薪酬中，基本薪酬占了绝大部分，绩效工资基本上没有，只是在年终发一点奖金，没有发挥出薪酬的激励作用。

三、解决方案

（一）实行岗位绩效工资制

所谓的岗位绩效工资制，就是以员工在企业中所承担的职位为计薪基础，根据职位的技术含量、责任大小、劳动强度和环境优劣确定职位等级，以此作为核定工资总量的依据，并同时以员工的绩效贡献为基础支付劳动报酬。岗位绩效工资主要包括四个部分：岗位工资、薪级工资、绩效工资以及津贴补贴。

1. 岗位工资

岗位工资是一种根据岗位系数支付工资报酬的薪酬模式，岗位系数是根据岗位劳动责任、劳动强度、劳动强度和劳动复杂程度等评价要素来确定的。岗位工作的主要特点是对岗不对人、岗位变则工资变。

2. 薪级工资

薪级工资主要体现员工的工作表现和资历，组织应对专业技术人员、管理

人员、工人设置不同的薪级档次，每个薪级对应一个工资标准，对不同岗位规定不同的起点薪级。

3. 绩效工资

绩效工资是根据公司的效益和员工的业绩而确定的工资单元，主要体现员工的贡献和工作业绩。

4. 津贴补贴

津贴补贴是当员工在特殊作业环境、劳动条件、劳动强度下工作时，对员工的生活、生理和心理损害给予的工资性补偿。

（二）对职位进行评估

如下运用海氏法对 A 公司进行岗位评估，以知识水平和技能技巧、解决问题的能力和承担的职位责任三因素作为职务评价要素，各种岗位职务可以根据相关指标代表的分数进行打分，随后按照分数由高到低进行排序，最终根据各个职位得分和市场薪酬情况确定各个职位的薪酬。

对 A 公司各个职位进行评估后，得出职位价值评估表（见表10-1）。

表10-1　职位价值评估表

职位	知识技能		问题解决		承担责任		总分
	得分		得分		得分		
总经理	304		231		100		635
副经理	224		187		89		500
各部部长	152		100		66		318
市场开发员	132		50		43		225
柜长	132		50		43		225
采购员	100		50		14		164
物流配送员	87		19		14		120
售后服务台员	87		19		14		120
营业员	87		19		14		120

确定了评分标准，并计算出分数后，然后便需要制作一张转换表，将分数转换为相应的岗位工资金额。转换表的主要参考依据为 A 公司所在城市或周边地区同行业或相似岗位的薪酬水平，经过薪酬调查制定的分数与工资率转换表为表10-2。

表 10-2 　分数与工资率转换表

工资等级	分数范围	月薪（元）
6	600 以上	4 500
5	500～600	3 500
4	300～500	1 800
3	200～300	900
2	150～200	700
1	100～150	600

（三）确定薪级工资

根据工作表现、资历、所承担的职位级别等因素确定员工的薪级，执行相应的薪级工资标准，薪级工资并不是一成不变的，而是随着员工的年度考核结果而变动。员工薪级工资见表 10-3。

表 10-3 　员工薪级工资表

人员分类	技　术　等　级	标准（元）
管理人员、 销售人员	教授级	300
	高级职称	240
	中级职称	180
	助理级	120
	员级	90
	无职称	70

学历水平	研究生	本科生	大专生	中专及高中生	其他
标准（元）	160	130	11	90	70

（四）实行绩效工资

关于绩效考核结果的应用，主要体现在公司级或部分平衡计分卡计算结果的应用，经过一个考核周期，通过运用平衡计分卡对各个指标分数及权重的计算，可获知被考核单位整体运作情况和部门负责人的管理情况。表 10-4 是 A 公司电器零售部门第一季度平衡计分卡考核结果的应用。

— 292 —

表10-4　绩效考核指标

绩效考核指标	指标内容	指标分值	权重	财务指标值
财务指标（50%）	销售额达到1万元	2.5	30%	0.55
	销售费用控制在万元以内	3	20%	
客户指标（30%）	客户满意度高于＿＿%	1	10%	0.3
	客户投诉率低于＿＿%	1	10%	
	产品退货率低于＿＿%	1	10%	
内部改善指标（15%）	员工满意度高于＿＿%	0.5	7.5%	0.1
	人才流失率低于＿＿%	0.5	7.5%	
学习与成长指标（5%）	员工学历结构	0.03	2.5%	0.06
	员工培训时间	0.03	2.5%	

由表11-4可以得知，A公司电器零售部门第一季度平衡计分卡总分值为：1.01。当得出部门平衡计分卡的分值后，下一步的工作便是根据A公司绩效评价标准和奖惩制度来实施奖励和惩罚。如表10-5所示为A公司绩效评价标准表。

表10-5　A公司绩效评价标准表

等级	目标达成情况（A）	奖惩办法	说明
优秀	135%以上	B＋B×（B－A）×0.6	超过公司年初下达的销售任务
优良	110%~135%	B＋B×（B－A）×0.6	超过公司年初下达的销售任务
合格	95%~110%	按月销售额的千分之一的提成作为奖金基数（看作B）	达到公司下达的任务
需改进	75%~95%	无	差不多达到公司年初下达的任务
差	0~75%	无	没有达到公司年初下达的任务

部门绩效考核工作完成后，还需把部门绩效考核结果和各个岗位的绩效考核结果结合在一起应用，主要体现在绩效工资上。对于A公司而言：

$$营业员月度绩效奖金 = \frac{B + B \times (B - A) \times 0.6}{营业员总人数} \times 绩效考核系数$$

绩效考核系数是按照企业的绩效考核方法，是各部门根据员工当月的工作量表的考核评价的结果。绩效考核系数的范围大致在0~2之间，如果员工当月完成的工作量大、实现的工作质量优异，绩效考核结果可能超过考核目标，那么考核系数就大于1。

（五）辅以健全的福利制度

法定福利主要包括基本养老保险、失业保险、医疗保险、生育保险、工伤保险、住房公积金等六大项。A 公司应以档案工资为准为员工交纳各项社会保险费，按照有关法律、法规和政策的规定，为员工提供职工工伤、享受产假、婚丧假、年休假、探亲假等有关的福利待遇。

根据如上解决方案，A 公司最终的薪酬体系为：

（1）采购人员的绩效考核主要参考因素为：（销售额－采购成本＋返利－进场费用）÷销售额。电器零售领域有一个公开的秘密，那就是大部分利润并不是来自于价格差，而是通过将销售量做大后获得厂家的返利以及收取的各项进场费用。因此，优秀的商务采购人员应该清楚厂家的返利政策，通过合理的价格谈判来促进返利的实现。

（2）营业员、柜长的绩效考核结果主要取决于销售额，以卖场月销售额的千分之一作为绩效工资基数，以避免由于单台价格差别带来的大小家电营业人员的收入差别。

（3）市场开发人员的绩效考核以（销售额/市场费用）为主要因素。

（4）物流配送人员的绩效考核以物流配送件数为主要因素。当物流配送人员的薪酬与物流配送件数直接挂钩后，将会激发配送人员的工作积极性，他们会尽可能提高配送的效率。

（5）对核心管理人员采取利润分成计划，即每年年底从他们所管辖的事业部所实现的利润中拿出一定比例来对他们实施奖励，这样不仅能通过制度化的手段增加核心管理人员的收入，还会激励他们致力于部门利润的提升。

问题二　薪酬设计完全忽略绩效

一、案例

2005 年，某国有企业与某外资企业合资成立了融创电子商务有限公司。由于融创投身于一个非常有潜力的行业，企业的发展突飞猛进，2007 年企业销售额达 30 亿元人民币。

然而，融创公司自成立以来，企业内部却一直存在一个隐忧，员工对企业的薪酬政策颇多不满，常常工作积极性不高。原国企员工们认为，自从两个公司合并后，新公司工作量比国企大，但自己的工资仍然按照国企标准发放，而原外资企业的员工的工资却比自己的高很多，为什么做着同样的工作，外企过来的人工资水平比自己高那么多？

对于这些问题，融创的高层管理者一致认为是人事组成结构的复杂性导致了薪酬体系的内部不公平。融创公司的员工由三部分组成：国有企业派来的；外资企业派来的；融创公开向社会招聘的。这就使公司存在着三种薪酬体系：国企派来的是将原来的工资标准平移过来，外资企业派来的员工拿着很高的外资企业补贴，合资公司招聘的员工则按照合资公司的标准领取薪酬。

鉴于此，融创公司决定进行薪酬改革，统一薪酬标准。执行了一系列改革措施后，融创公司新的薪酬体系带有浓厚的国企色彩——固定的基本工资和岗位工资占有很大的比重，而浮动的绩效工资只占很少的一部分——这种工资体系无法体现员工间素质、能力的差异，使各岗位员工受到了不公平待遇。融创本来希望通过改革来提高薪酬的公平度，不料，这种改革非但没有消除员工的不满，反而进一步升级了矛盾。

二、案例分析

从上述案例来看，该公司在成立时，显然未将薪酬体系作为管理模式中的一个重要部分加以系统性地考虑，而采取了随机应对的方式，从而导致了员工的不满。在问题显现出来后，仍然未从公司整体角度去系统制定薪酬体系，只是沿用了老国企薪酬体系以图解决问题，结果自然不能适应市场竞争要求。

根据亚当斯的激励理论，当人们觉得分配公平时，会更努力地投入工作。公平分为外部公平和内部公平，内部公平又分横向公平、纵向公平和自我公平。过度的公平会影响效率，而相对的公平则有助于效率。企业在薪酬改革时必须考虑如何建立适应本企业特点的薪酬体系，尤其要注意在企业目标下的薪酬的公平性。谈起外部公平，一个很重要的因素是企业的工资总水平。国企往往在制定工资总水平时考虑与社会的公平因素，而不是考虑企业在行业中的竞争力和企业承受力。所以往往出现企业经营效益好时，发不了多少工资，用福利方式来解决。而企业经营效益不好时，还是按原水平发工资，企业负担不起加剧亏损。因此，融创公司在制定新的薪酬方案时，要考虑人力成本占总成本费用的比例，与同行业相比是否有竞争力，与企业自身现金流相比是否有承受力，形成企业目标与外部公平的结合。

企业内部横向和纵向公平表现在企业的职系薪酬结构上。从表面上看，国企工资综合考虑了岗位、技能、级别、年限、特殊津贴等因素，考虑因素已经很全了，但在确定这些因素对工资的影响时，往往是一个统一的社会标准，恰恰少了企业自身特点及市场供给因素的考虑，从而未能体现市场个体的差异性。要解决岗位薪酬体系这个问题，我们建议企业采取人力资源管理中一个很重要的工具——岗位评价。通过对企业全体岗位的评价，在此基础上确定薪酬体系。

实现自我公平的关键体现在工资的结构比例上。国企在原有计划体制下，强调执行任务，任务目标的不确定性比较低，因此稳定工资结构是适应的。而市场条件下，市场本身的最大特点是不确定性，要把这种不确定性通过薪酬体系传递给企业，这样才能使企业全员感受到市场竞争的压力，并对市场竞争作出应对，从而形成企业的竞争力。因此，需要在薪酬体系中增加一定的弹性，即浮动工资的比例。当然并不是所有岗位都要有大的弹性，要根据岗位的性质而定。

一般来说，任务目标结果弹性越小的岗位薪酬弹性越小，任务目标结果弹性越大的岗位薪酬弹性越大，不能走到另一个极端，全面拉大浮动比例。要注意的是，这种浮动比例要体现相当的激励性，还要考虑到与考核方式的挂钩，真正做到不同的绩效结果不同的收入，而不是象征性的变化。因此，在体现自我公平的薪酬设计中，该企业要不仅仅对薪酬体系进行变革，还需要对考核体系做适当的修改，以形成针对企业目标的、有激励性的薪酬体系。这种浮动工资的设计，还可以考虑与工资总水平挂钩，使工资总水平也具有一定的浮动性。这样一方面体现员工与公司经营业绩的关系，另一方面也减轻了企业在市场形势不好、经营业绩不佳时的财务压力。

以上几点是该企业在设计新的薪酬体系时需要注意的，更重要的一点，薪酬体系是企业战略执行的关键驱动力量，一定要与企业战略结合起来系统考虑。

问题三　企业的薪酬水平缺乏竞争力

一、案例

某房地产集团属下一家物业经营管理公司，成立初期，该公司非常注重管理的规范化和充分调动员工积极性，制定了一套较科学完善的薪酬管理制度，公司得到了较快的发展，经过短短的两年多时间，公司的业务增长了110%。随着公司业务的增加和规模的扩大，员工也增加了很多，人数达到了220多人。

但公司在发展的过程，薪酬管理制度并没有随着公司业务发展和公司员工结构的变化而适时调整，还是沿用从前的模式。公司管理层以为公司发展已经有了一定的规模，经营业绩应该更上一层楼。可是事实上，公司的经营业绩不断下滑，客户的投诉也比以往频繁了很多，员工工作积极性不高，部分技术、管理骨干纷纷离职，大家军心摇动，并没有百分之百专注于目前的工作。其中，工程部经理偶然得知自己的收入与后勤部经理的收入相差无几时，感到不公平，他认为工程部经理这一岗位相对后勤部经理，工作难度大、责任重，应该在薪酬上体现出这种差别，所以，工作起来没有了以前那种干劲，后来辞职而去。因为员工的流失、员工工作缺乏积极性，致使该公司的经营一度出现困难。

针对这种情况，该公司的领导意识到问题的严重性，经过对公司内部管理的深入了解和诊断，发现问题出在公司的薪酬系统上，而且关键的技术骨干力量的薪酬水平较市场明显偏低，对外缺乏竞争力；公司的薪酬结构也不尽合理，对内缺乏公平，从而导致技术骨干和部分中层管理人员的流失。针对这一具体问题，该公司就薪酬水平进行了市场调查和分析，并对公司原有薪酬制度进行调整，制定了新的与企业战略和组织架构相匹配的薪资方案，激发了员工的积极性和创造性，公司发展又开始恢复良好的势头。

二、案例分析

从上述案例可以看出，企业的薪酬制度科学与否，对企业发展的影响是巨大的，甚至是致命的。怎样建立科学合理的薪酬激励机制，如何发挥薪酬的最佳激励效果，以求企业吸引和留住人才，造就一支高效、稳定的员工队伍，实现企业可持续发展，是企业人力资源管理的一项非常重要的工作。

1. 理想的薪酬制度应该达到的三个目的：吸引人才、确定岗位相对价值、鼓励高绩效

在长期的管理实践中，由于我国企业在人力资源管理方面经验的积累时间很短，再加上企业对这方面的管理工作重视程度不够，导致人力资源管理的基础性工作出现严重缺陷，企业内部常会出现薪酬矛盾。

理想的薪酬制度应达到三个目的：其一，提供具有市场竞争力的薪酬，以吸引优秀人才加盟企业；其二，实现组织内部的公平，合理确定企业内部各岗位的相对价值；其三，员工薪酬必须与工作绩效挂钩，可以很好地激发员工的工作动机，奖励优秀的工作业绩。企业的薪酬水平是否合理，直接影响到企业在人才市场的竞争力。只有对外部环境具有竞争力的薪酬，企业才能吸引发展所需的各类优秀人才。上述案例中的企业薪酬水平偏低，特别是关键的技术骨干力量的薪酬水平较市场明显偏低，对外缺乏竞争力，从而导致技术骨干和部分中层管理人员流失。薪酬缺乏市场竞争力，造成企业人才流失的后果是极为明显的，其结果是造成企业不断招聘新员工以满足运作需求的同时，老员工又不断离职的恶性循环，这是企业人力资源的极大浪费。

2. 员工关心薪酬差别的程度高于关心薪酬水平

研究发现，从企业内部来讲，员工关心薪酬差别的程度高于关心薪酬水平，然而员工个人能力及其工作职务、工作态度的区别必然带来个人薪酬的差别，如何使这种"差别"既能鼓励先进又能被大多数员工所接受，而且又体现公平，这对薪酬管理来说越来越重要。在现实的薪酬管理中，这一点往往被忽视。

案例所讲的该物业公司工程部经理的辞职，是因为岗位间的薪酬不合理，没有较好地反映企业内部岗位间的相对价值，造成不公平感。工程部经理这一岗位相对后勤部经理工作难度大、责任重，应该在薪酬上体现出这种差别，事实上没有，所以造成了工程部经理工作起来没有了以前那种干劲，后来辞职而去。企业薪酬设计应遵循"公平与公正"原则，特别是对内公平，不同部门之间或同一个部门不同人之间，薪酬水平必须反映岗位责任和能力的大小，也就是薪酬差别必须合理。企业内部薪酬的不合理，会造成不同部门之间以及相同

部门个人之间权力与责任不对称，使部分员工在比较中，有失公平感，造成心理的失衡。要加强企业薪酬的对内公平，就必须合理地确定企业内部不同岗位的相对价值，就是要做好企业内部的岗位评价——针对岗位本身，从岗位的复杂性、责任大小、控制范围、所需知识和能力等方面来对岗位的价值进行量化评估——这才是从根本上解决薪酬对内不公平的关键所在。

3. 根据企业自身特点建立合理的薪酬结构

企业采用何种薪酬体系和怎样的薪酬结构必然存在差异，只有根据自身特点建立合理的薪酬结构，才能较好地发挥薪酬的激励作用。薪酬结构设计的目标是要让员工所获得的薪酬额与其贡献成正比，企业通过对员工的绩效考核，使岗位之间的晋升或降级有了量化的考核数据，使员工的精力集中到努力工作、提高工作业绩上来，避免干好干坏一个样的消极局面，这样才能较好发挥薪酬的激励作用。案例所讲的公司针对这一问题，就薪酬水平等进行了市场调查和分析，并对原有薪酬制度进行调整，制定了新的与企业战略和组织架构相匹配的薪酬方案，激发了员工的积极性和创造性，公司的发展又开始恢复良好的势头。

问题四 研发人员的薪酬体系过于追求绩效导向

一、案例

E 公司成立于 1995 年，从事工业原材料研发、生产和销售。从成立之日起，依靠敏锐的市场嗅觉，经过 10 多年的发展，E 公司取得行业前五名的地位。但是，最近这两年，随着整个市场容量的不断扩大，行业竞争越来越激烈，和前几年相比，E 公司的发展速度明显慢了下来。

研发人员团队是 E 公司的重要支柱，该公司研发人员的薪酬由基本工资和提成奖金构成。公司基本工资偏低，基本工资的调整缺乏制度保障，往往开发人员主动申请才调整工资，有经验的员工、老员工和新员工之间工资差距比较小。在奖金方面，按照研发人员个人开发出来的产品销售后毛利的一定百分比进行提成奖励。公司成立后的几年，因为行业竞争不太激烈，产品毛利率比较高，公司研发人员较少，基本工资加上提成奖金的薪酬制度有一定吸引力。

2004 年以来，行业内的竞争越来越激烈，同行纷纷提高工资待遇以吸引优秀人才。E 公司管理层也意识到市场正在发生变化，企业核心能力必须从生产和销售向产品和技术研发方向转变，必须构建自己的研发优势。为此，E 公司不断引进人才，包括很多有经验的博士生、硕士研究生和应届研究生。但在不断引进人才的同时，公司内有经验的人才却纷纷流失，使公司的研发部成了行业培训中心之一。

同时，公司管理层发现研发部的问题越来越严重。研发人员只是对自己开发的产品负责，对其他事情毫无兴趣；研发部不是一个工作团队，而是每个人单兵作战；老员工不愿意与新员工共享经验，每当员工离职都会给公司带来重大创伤；对于公司意欲开发的产品，很多员工都拒绝开发；没有人愿意开发难度大销售量小的产品；因为不同产品的市场容量相差很大，导致员工之间的收入差距非常大；新的开发人员到公司就职后，只能自己摸索，从头做起，以致浪费大量的时间和开发资金等。

管理层发现这些问题后，为了激励研发人员开发公司战略产品和难度大的产品，管理层对重点新产品开发项目进行评估"定价"，产品开发成功后按照"定价"进行奖励；反之，如果开发不成功，根据定价的一定比例进行处罚。但是政策实施后，不但没有提高新产品开发速度，研发人员反倒越来越害怕开发新产品了。

二、案例分析

为什么制度的实施结果和管理层的期望背道而驰呢？问题究竟出在哪里？在该案例中，研发人员的奖金发放涉及绩效考核和企业的薪酬管理制度，不妨先从这两个方面入手对案例进行分析。

1. 没有为研发人员设立明确的绩效目标

E 公司的激励导向是"做出来的产品卖得多就奖励得多，没有上限，没有做出来是你没有本事"，这样的制度由于没有为研发人员设立明确的绩效目标，使研发人员在工作时明显缺乏方向感。由于 E 公司没有为员工设计一条清晰的职业发展通道，还将市场反映不佳的责任推卸给员工，员工仅仅能感受到的便是工作成果与金钱奖励直接挂钩，并且这种挂钩的方式还存在诸多不公平因素。这样的制度只有在巧合的情况下才会公平，比如员工所负责的产品市场容量相差不大，以及市场容量相同的产品开发难度相差不大。但实际情况是各个产品之间的毛利总额非常不平衡，并且随着公司对不同产品的发展方向调整，这种趋势在加大。

2. 知识型员工适用于稳定的薪酬制度，不宜对其采用浮动薪酬制度

一般来说，知识型员工更愿意接受稳定的薪酬制度，而不是大起大落的浮动薪酬制度。也就是说，在可以选择的情况下，知识型员工倾向于选择加入工资稳定但薪酬水平也许不是最高的企业。在低工资加提成奖金的薪酬制度下，员工对提成奖金非常关注，如果提成奖金设计不合理，会导致员工的不满。E公司正是处于这样的情况之下，拿到高提成的员工在庆幸自己运气好的同时，担心万一自己开发的产品毛利低了或领导安排开发另外一个市场容量小的产品，以致自己的收入减少，而这些都不是自己可以控制的。提成很低的员工怨声载道，认为自己命运不公，希望开发另外提成更高的产品，或公开宣称只要合同期一到就离职。这样的薪酬制度不但不会起到激励作用，还不利于建立良好的企业文化。比如，员工之间形成不好的竞争习惯，部分员工为了维持自己的高提成，故意保守秘密，构建自己所开发产品的"进入壁垒"。

激励制度要发挥作用，要保证努力和报酬之间存在直接关系。对于基层研发人员，其研发项目是由公司或者上级指定，其任务主要是按照流程实施。一般来说，无法决定要进行的项目，更不能决定所开发产品的销售毛利。对公司管理层和产品经理（负责整个产品的生命周期管理），可以将产品的总毛利作为考核的主要指标，但作为唯一指标来决定只负责研发工作的研发人员提成奖金就太片面了。

3. 对知识型员工宜于奖励，而不是惩罚

对知识员工，尤其是对研发人员的激励，应当以奖励为主。E公司在制定重点新产品的奖励政策时，开发失败要扣除研发人员的奖金，这样显然会抑制研发人员的创新和冒险精神，以为这些活动都是有风险的。惩罚制度进一步鼓励研发人员避开难度大和开发风险大的产品的开发。

4. 基本工资不具备吸引力

如果研发人员感觉自身价值被低估并且不公平，很难全身心投入工作，流

动性会加大。E 公司在对研发人员的投入上除基本工资外没有明确的预算，而只有在公司取得足够毛利的情况下，投入（提成奖金）才有保障。这样就导致公司在大量增加研发人员的同时，如果提成总量增加缓慢，就会稀释了人均提成奖金，降低研发人员的总体收入。因为 E 公司的基本工资不具备吸引力，并缺乏规范的薪酬管理体系，使得新员工和老员工的基本工资收入相差不大。当员工技术水平达到一定程度以后，通过和其他企业薪酬的对比，感觉到工资水平的差距，就会离开。

5. 企业的奖金制度导致研发人员承担了过大的产品开发风险，没有有效激励从事战略产品、高难度产品和长线产品开发的研发人员

产品开发是一种投资行为，对研发的投入，不仅仅是设备、试验、外协或者办公经费的投入，更重要的是在人力资本方面的投入。E 公司在人力资本方面的投入，除了不具备竞争力的基本工资以外，提成奖金的投入是不确定的。因为现有制度只在这些新产品上市并有毛利产生的前提下，才有提成支出。这种制度在降低公司产品开发风险的同时，使得对从事战略产品、高难度产品和长线产品开发的研发人员不利。如今，市场越来越变幻莫测，E 公司的奖金制度很容易造成恶性循环——一旦前期的产品开发没有产生足够的毛利，后续的产品开发就没有足够的人力资本投入，并且极容易造成员工流失，自己的失败经验成为竞争对手成功之母。在研发人员不是公司股东的情况下，让研发人员个人承担过大的开发风险不公平。产品研发是有风险的投资行为，如果大部分投资收益由公司享有，就应当由公司来承担大部分的投资风险，将产品开发风险转嫁到研发人员不合理。

无论在哪个行业，未来的竞争都将是人才的竞争，对研发人员的投资力度将决定一个公司的研发能力。如果要等研发人员将产品做出来才进行奖励，很可能是为竞争对手做嫁衣。这里还有一点需要指出，对研发人员的投入，还和整个人力资源市场环境相关，在制订研发人员的薪酬待遇体系时，要参考同行水平。

研发活动是基于市场的创新。以研发人员开发产品的销售毛利为基础提成，表面上是以结果为导向，似乎合理，但这样的制度否定了研发不成功的项目对公司的贡献。因为公司的制度没有承认没有获得市场成功的研发活动，导致员工不愿意冒险，不愿意尝试新的创新性试验。研发人员是否会因为不对失败承

担足够的责任而"故意"失败或者降低努力程度呢？从本质上讲，每个人，尤其是知识型员工，都有追求成功和成就的强烈愿望。在遵从人的需求假设前提下，再借助惩罚以外的其他方式来降低研发人员不努力的可能性。比如，通过企业文化和培训增强员工的责任感等，更符合对知识工作者的管理原则。市场存在不确定性因素，激励制度必须考虑这些因素，才能让研发人员放开手脚真正面对市场进行创新。如果研发人员承担过大的研发风险压力，很难面对未来的市场进行开发。

6. E 公司的薪酬制度等于是鼓励了单兵作战的工作方式，虽然这不是企业所期望的

单兵作战的研发方式不利于形成公司的产品和技术平台。研发人员之间缺乏交流、相互保守秘密、经验无法共享的同时带来的后果是各自在自己的技术框架下发展产品和技术，无法形成共用技术和产品平台。每个开发人员关心的是自己的产品，在规划本人的产品开发时，有意无意最先关注的是能否在短期内产生毛利，而不是产品线的整体规划以及所开发的产品是否符合公司的产品平台和技术平台战略。

产品开发是跨部门活动。E 公司的制度阻碍了跨部门团队形成，并使得中间管理层形同虚设。研发人员直接向产品的毛利负责，而不是研发部经理和公司目标负责。当产品的技术难度较小，开发工作较少，依靠单个人能力可以完成的时候，这样的制度可以在一定程度上简化管理层级，调动员工个人积极性，但是当公司发展到一定规模，这样的体系就阻碍了团队形成和高难度、复杂产品的开发。特别是需要研发人员之间、跨部门紧密合作才能完成的产品开发项目。

三、解决方案

关于如何改革 E 企业的薪酬制度，使薪酬制度有助于企业经营目标的实现，有如下建议：

（1）逐步建立以目标管理为基础的绩效考核和薪酬管理体系。知识型员工往往工作自主性比较强，使员工个人的工作目标与公司整体目标保持一致，是管理知识型员工的最好方法。

（2）调整基本薪酬体系，使其有足够的竞争力。在不能提供有足够竞争力

的基本薪酬情况下，企业更要制定有足够吸引力的风险薪酬制度，保证研发人员在实现目标的前提下能够获得远远高于市场平均的薪酬。

（3）对核心和骨干研发人员实施股权激励，根据其能力、素质和等因素分配、认购一定额度的公司分红权、股权，使其收入和公司利益相结合，从而起到长期激励的作用。

（4）在研发组织上，根据产品种类进行产品线整合形成若干条产品线，改变研发人员单打独斗现状，实现经验共享。产品线经理负责产品线的规划和发展，产品线内根据工作需要进行专业化分工合作。

（5）为了实现以目标管理为基础的绩效管理，配合组织结构改革，打破奖金直接和研发人员毛利挂钩的分配方式。在新的奖金发放制度中，公司根据研发部的整体目标完成情况和表现，将奖金包先发放到公司研发部，再由研发部发放到产品线，根据目标分解层层考核。考核的牵引方向包括有：引导研发人员实现和公司目标一致的个人目标、兼顾公司短期利益和长期利益、确保同等水平研发人员在相同努力下的收入水平一致、收入向从事难度大的新产品开发和技术革新的研发人员倾斜、在考核指标中，加入创新、技术突破、市场成功、团队合作、经验共享、工作态度、管理贡献等指标，逐步淡化毛利指标。

问题五　照搬大型企业的薪酬模式

一、案例

H公司是武汉市一家以生产绿色食品为主的中型民营企业。关于销售人员薪酬制度的设计，H公司采用了基本工资加业务提成的薪酬模式，并根据销售人员的学历对其基本薪酬做了等级设计：

（1）专业为市场营销、学历为大专的刚毕业的销售人员，其基本月薪为800元。

（2）非市场营销专业、学历为大专，但有相关工作经验的销售人员，其基本月薪为700元。

（3）学历为中专、有一定工作经验的销售人员，基本月薪为500元。

（4）所有销售人员的业务提成均为5%。

H公司一直认为组织的薪酬制度非常合理科学，公司的整体业绩也表现良好。但令人非常不解的是，企业内跳槽的现象却时有发生，其中有刚加入企业的销售新人，也有业绩一直都不错的销售元老。销售人员的频繁流动对销售业绩的影响非常大，很多销售计划因人员的流动而搁浅或被迫中断。而公司人力资源部门还不得不经常忙于在人才市场和学校招聘会奔波。公司总经理感到非常困惑。根据对跳槽人员的回访，大部分人表示对公司的薪酬不满意。

二、案例分析

H公司销售人员的薪酬设计主要存在以下几个问题。

1. 销售人员的基本工资不应基于学历设计

基于学历设置薪酬是很多大型企业的做法，H公司一味模仿大型企业的做法，也基于学历设计销售人员的基本工资，它导致销售人员的基本月薪有了层次感，难免使员工心生怨愤。

薪酬体系设计的一个重要的原则就是公平原则，其中所谓的"公平"包括两个方面，组织外公平和组织内公平。在H企业，有一定工作经验的中专学历的销售人员的基本月薪，比刚步出校门的营销专业销售人员低300元——但大家所从事的工作内容并无二致。H公司忽视了组织内公平。所谓组织内公平，是指组织内的每位员工应该认同，自己的薪酬水平与组织内其他成员的薪酬相比是公平的。对于销售人员而言，其薪酬模式设计应更偏重于业绩工资。也就是说其薪酬的等级差别应从销售人员的业绩上来体现，而不是其学历的高低。如果其基础工资就存在着明显的等级差别，会让人有层次感，不公平感。

再者，确保基础工资，这一点对销售人员非常重要。只有这样，员工才能感到安全感，对公司有信任感。也就是说，基本工资必须为员工的基本生活提供保障，把其作为成本工资处理。对于刚刚开始工作的销售新人，他们对于行业的具体情况不是很熟悉，在销售过程中遭遇挫折后，很容易自信心严重受挫。在这种情况下，业务提成便成了可望而不可即的"空中楼阁"，基本工资成了他们生活的唯一依靠。如果基础工资又让他们有层次感，他们可能会比较灰心丧气。所以，新人往往在试用期还未满便会选择离开。

建议采取工资考核评定办法，即所有新销售人员，第一个月基本工资一样，根据其月末所完成的销售总额来确定其今后的基本工资，销售人员的基本工资不应有较大的层次。撇开学历的限制，给予一个公平竞争的氛围。

2. 业绩提成比例没有等级设计

H公司的业务提成比例统一规定为5%，不论是销售额较大的业务还是销售额较小的业务。这种做法不符合有效激励销售人员的原则。可以设想，如果达成1万元的业务和达成10万元的业务，提成比例完全一个样，成交量大的销售人员很难心理平衡，以致觉得自己的努力没有获得合理的回报。

关于提成比例的设计，企业应根据业务量的大小来确定。比如，每月完成1万元的业务提成比例为3%，2万元的提成比例是4%，3万元的提成比例是5%，有突出业绩贡献的给予额外的奖励。业务提成比例在实行时，有三点需要注意：

（1）不同的区域，业务提成比例应有所变动。如果北京区域的销售情况比陕北区域的销售情况好一些，那么这两个区域的销售人员的业务提成比例应不同。也就是说，销售环境好的区域的提成比例应比销售环境不利的区域稍微低一点。

（2）不同的产品，业务提成比例应有所变化。公司的某些产品有较高的市场认可度，自然也就容易销售出去，而某些产品尚处于市场开拓期，销售难度自然会大一些，建议根据销售人员所售卖的产品不同制定不同的提成比例，市场认可度高的，提成比例低；市场认可度低的，提成比例高。

（3）必须把汇款时间考虑进来。现款和压款的提成比例必须有差别，这样才能保障公司的利益，也会更有效地激励销售人员实现高销售业绩。

3. 新、老销售人员薪酬设计不应完全相同

身为资格较老的销售骨干，他们有着自己的客户源，和一定的信誉度，他们所能为公司带来的效益是新进的销售人员不能完全可比的。如果公司为销售新人和销售骨干制定了同样的薪酬模式，对于销售骨干而言，他们会认为公司没有充分尊重自己的行业经验，未免心理失衡；对于销售新人而言，由于其大多对行业具体情况不熟悉，加上欠缺经验，往往很难促成交易，即使他们享有与老员工相同的提成比例，但由于其完成的业绩较少，"提成"对他们来说依然是"水中花，镜中月"。

对于销售新人和老销售员，应该制定不同的薪酬模式，这样才能在保障两者利益的同时，使薪酬发挥较佳的激励效用。目前，在一些企业，对新进销售人员实行"瓜分制"的薪酬制度，保障其一定工资水准的同时，也充分体现了竞争体制。所谓"瓜分制"，就是企业将全体新进销售人员视作一个整体，确定其收入之和，每个员工的收入则按贡献大小占总贡献的比例计算，其计算公式为：

个人月薪 = 总工资 × （个人月贡献 ÷ 全体月贡献）

在这个计算公式中，如要将底薪导入，则可以进一步将"瓜分制"和"混合制"结合，按如下公式进行计算：

个人月薪 = 固定工资部分 + （总工资 − 总固定工资）

× （个人月贡献 ÷ 全体月贡献）

这样，不仅保障了新员工的生活供应，同时也体现了多劳多得的原则，可以增加其职业归属感和进取心。对老销售员工而言，采取底薪加提成加奖金的"混合制"的薪酬制度，激励效果可能比较突出。其关键在于放大薪酬的"提成"激励效应。建立弹性的、多元化的菜单式提成体系，并根据其业务量、业务地域、业务进展速度、业务完成比例、业务增长率而灵活地变化。

三、解决方案

1. 为销售人员的工作设计合适的目标线

实施基于绩效的薪酬模式要求企业的绩效管理基础非常牢靠，尤其要求企业应该设计比较合适的"目标线"，即销售人员任务明确，目标分解合理。其中，业绩目标及任务标准的确定是关键环节。如果不能合理、实事求是地确定业绩的目标，员工的努力没有明确的方向或者根本实现不了设定的目标，那么，对员工的激励作用会大打折扣。

2. 寻找部分薪酬的替代嘉奖

有时，薪酬也不是万能的。对于薪酬所不能解决的问题，可寻找部分薪酬的替代嘉奖，对一些员工来说，其激励作用可能更大。由于每个销售人员的需要和利益寻求点不同，可以考虑用其他嘉奖代替部分薪酬发放。例如，只有中专学历的销售人员，他们中有一部分人对技能和在某方面形成专长十分渴求，公司可以考虑为他们提供更多的产品培训和专业技能学习的机会；而某些市场营销专业的销售人员，比较注重个人价值的实现，他们希望公司能尊重自己关于经营管理的见解，企业不妨为他们提供这个机会，只要见解是可行的、合理的，便可以实际实施，这比为他们提供更高的薪酬也许更加具有吸引力。

3. 中小企业最好不要照搬大公司的薪酬模式

很多中小企业的企业主由于经营水平有限，为了节约管理成本，少走弯路，他们便会效仿一些大公司的做法，包括薪酬模式。但是中、小企业在经营规模、资本运转、人员管理方面必然与大公司存在较大的差距，盲目照搬大企业的做法，很可能水土不服。关于销售人员的薪酬模式，需要根据企业自身的情况具体设计，这样才能降低管理风险。

第十一章

企业薪酬设计实用表格

职位体系建立表

表 11-1　职位体系建立表

步骤	例解	实施情况填写
步骤一 业务流程分析	企业的主业是什么→原材料来源→初加工→再加工→…→成品→市场销售→消费者	
步骤二 划分职能部门	例如，现金的管理或者账目的记录，都应该放在财务部门。此外，还有生产部门、销售部门、产品开发部门等。	
步骤三 划分职系	例如，财务部门中的会计，主要做账目的记录，而且有一些专业的方法，这就是一个职系。账目记录以后，企业可能要财务部门来分析企业的成本情况、经营效益，这就是又一个职系，叫做财务分析，是和会计不同的两个职系。有些规模大一点的企业，还会有税务、审计的职系。	
步骤四 确定职位	例如，会计，可能包括会计助理、初级会计和高级会计。根据工作的复杂程度，工作经验、年数的要求，和对他的技能的一些要求，会计职系就可以划分出这样三个职位。	
步骤五 建立职位体系	每个职能部门和每个职能部门的职系，以及每个职系的每个职位都确定了以后，职位体系也就可以建立了。	

使用说明：

职位体系是企业薪酬系统的基础，建立职位体系对一个企业来说至关重要。通过填写此表，有助于企业发现现有的职位体系和工资系统的一些不合理因素。

职位工资标准设计表

表 11-2　职位工资标准设计表

步骤一 确定企业的人力资源战略	聘用什么样的员工？	
	如何配置企业的人员？	
	如何获取企业需要的人才？	
	聘用人才的成本预算？	
步骤二 制定人力资源的薪资战略	用什么样的人，支付什么水平的工资？	
	与哪些企业竞争哪些人才？	
	与竞争对手相比，工资水平定位于什么位置？	
步骤三 开产市场调查，作出地区同行业工资水平调查表		
步骤四 将人力资源的薪资战略与目标市场目标职位的薪资调查相结合，得到具体职位的工资标准		

使用说明：

（1）按照以上步骤制定企业的具体职位工资标准。

（2）步骤三和步骤四可以根据具体情况单独设计一个表格。

项目奖金规划表

表 11-3　项目奖金规划表

步骤	指标		预期	实际	奖励比例
奖金评定	项目里程碑的完成日期	里程碑一			
		里程碑二			
		里程碑三			
		……			
奖金的分配和发放	项目成本的节约程度（％）				
	项目本身的一些技术指标				
	分配				
	项目主管				
	成员 1				
	成员 2				
	成员 3				
	成员 4				
	……				

使用说明：

（1）按照以上步骤，为自己企业的项目奖金做一个规划。

（2）里程碑是指一般项目的阶段，每一个阶段，如软件系统框架的完成、初审的通过，或者安装成功，都可以视为一个里程碑。

薪酬管理政策检查表

表 11-4　薪酬管理政策检查表

内　容	要点检查	企业现状	改进计划
薪酬管理的目标	企业的薪酬本身要达到的效果： （1）为员工提供生活保障 （2）激励高绩效		
	薪酬管理工作本身要达到的效果： 能够很有力地支持人力资源开发工作和整个企业的经营运作		
薪酬管理的原则	（1）计划性 （2）与员工绩效挂钩 （3）规范化 （4）员工工资彼此之间保密		
薪酬管理的策略	（1）企业的薪酬标准的市场定位		
	（2）薪酬结构的选择（单一薪酬类型，若干的薪酬类型，职能化薪酬类型）		
	（3）员工的个人薪酬结构设计（浮动工资、固定工资和奖金比例的选择，静态的和动态的）		
	（4）工资管理的系统化方法（人力资源部门的权利与主管经理的权限范围）		
薪酬管理的方法和运作流程	薪酬体系的选择		
	薪酬结构的制定		
	薪酬制定、调整与发放的步骤		
若干关键技术问题的明确与规定	业绩评估的标准与方法		
	薪酬计划的内容与操作方法		
	企业薪酬预算的标准与方法		
	工资提升的依据与申报审批过程		
薪酬管理中各方的角色、责任和权限	总经理		
	人力资源经理		
	薪资经理		
	业务经理		
	……		

使用说明：

此表用于检查企业现行的薪酬管理政策，使企业从宏观角度检查并改进自身的薪酬管理政策。

薪酬福利调查方案设计表

表 11-5　薪酬福利调查方案设计表

步　骤	要　　点	方案设计	备　注
启动会议	薪酬报告的格式		
	薪酬报告的标准		
	标准职位的设定（规模、职责、资历、业绩）——是各企业共同的、代表性的、承上启下的职位		可单独设计一个表格
问卷设计	总体薪酬（包括工资、福利、各种各样的奖金津贴）		①单独设计；②咨询顾问公司收集，不分享个别信息，公布统计结果和本企业的相对位置
	薪酬调整的时间和幅度（每家公司年度调整的时间幅度比例要求分享）		
	福利项目的标准和内容		
	公司的概貌（包括公司的规模、销售业绩、员工的规模、人员流动率，以及成立时间、办公地点等）		
职位评定校准	标准的定义包括职责范围、资历、人数、回报、工作经验要求、学历要求		与"标准职位的设定"栏目结合单独设计一个表格
数据填报			重点是原始数据统计口径的校对（预计与实际收入、平均与实际收入、填报样本数量）
数据汇总统计			
报告介绍会议			
报告分析应用			

使用说明：

（1）按照以上步骤，设计一个薪酬福利市场调查方案。

（2）薪酬福利的市场调查是一项程序复杂的工作，需要耗费较长的时间，一些表格需要单独设计，企业可以聘请咨询顾问公司协助这项工作。

企业员工工资信息表

表 11-6 企业员工工资信息表

职位	级别	人数总计	工 资 额			
			固定工资	浮动工资	奖金	总计
职位一	级别一					
	级别二					
	级别三					
	……					
职位二	级别一					
	级别二					
	级别三					
	……					
职位三	级别一					
	级别二					
	级别三					
	……					

使用说明：

本表主要用于为企业的薪酬福利的年度预算做准备，因此，表格资料要清楚、详细地反映员工的各项情况，包括人数、职位、级别与结构、工资结构与工资总额等因素。

工资发放管理检查表

表 11-7　工资发放管理检查表

检查要点	检查项目		改进计划
准确、细致	考勤（出勤、请假、旷工）		
	计算标准		
	薪酬项目（固定工资、绩效工资、奖金、个人所得税、福利项目等）		
时效性	考勤统计完成时间		
	工资计算完成时间		
	资料转送银行时间		
	转账时间		
保密性	工资接触人员		
	保密纪律（保密协议）		
	泄密渠道调查	接触者范围：	
		员工本人：	
书面化	保密信件的内容（要求准确、细致）		
	经手人：		

使用说明：

本表用于检查企业的工资发放管理。

年度工资调整以外的其他工资调整类型检查表

表 11-8 年度工资调整以外的其他工资调整类型检查表

工资调整类型	注意事项		公司的做法	改进措施
新员工试用期满工资的调整	试用期起点工资的定法			
	试用期满工资调整的规范做法：有一个固定的范围，大概在 20%~30% 之间			
	高校应届毕业生	企业工资水平与市场行情相平衡		
	社会招聘人员	企业工资水平与该员工原工资、企业同岗位工资、员工期望的起点工资相平衡		
	猎头推荐人员	相较员工原工资，一般 10%~20% 的增长，特殊情况甚至翻倍		
员工晋升的工资调整	员工晋升的原则			
	（1）因业务发展需要，且高级别职位出现空缺 （2）员工在本岗位业绩优秀，而且表现出成长的潜力，有能力胜任更大的职责 （2）晋升后，必须在职责内容和工作范围上有实质的显著扩大			
	工资调整比例：比例要稍微高一点，通常要在 20%~50% 之间。			
	工资调整生效时间：一般何时晋升生效就何时涨工资。但也可以稍微晚一点，例如，晚 3~6 个月			
员工调动工作岗位的工资调整	前提条件： （1）员工业绩表现比较优秀 （2）调去更重要的岗位但不是晋升			
	幅度：没有大幅度的调整，通常 10% 甚至 5% 就行了			
应对市场危机而采取的员工工资普遍调整	应对措施：普遍调整、有所侧重			
工资结构调整带来的员工工资调整	差别化处理： 从一种工资结构过渡到另一种工资结构，员工工资水平会有较大差别，通常分两三次过渡达到市场水平。			

薪酬设计问题与困境解决表

表 11-9　薪酬设计问题与困境解决表

问题与困境	原因分析思路	原因分析	对策设计思路	对策设计	现实效果描述	进一步改进计划
★效益不好，工资水平不高，甚至发不出工资	绩效低，效益差←工资水平低←不同职位之间的工资差距没有拉开←经营层的薪资没有反应他们的业务价值←薪资体制没有建立起来		股份制改造→经营层薪资市场化→配套的企业薪资管理→绩效工资、职位工资之间的差别拉开员工工资水平市场化→企业效益回升			
★员工没有工作积极性，劳动效率低、绩效低						
★优秀员工不断流失						

使用说明：

如果你的企业在薪酬管理上存在问题，参考表格中提供的原因思路分析其原因，根据对策设计思路设计一个解决对策，并在实践中加以检验和改进。

企业自主福利项目开发方案设计表

表 11-10　企业自主福利项目开发方案设计表

	开发自主福利项目的条件	企业状况
步骤一：准备	（1）企业的经营状况较好 （2）在同行业同地区，企业经济效益水平居于中上 （3）企业发展势头比较好，有长远的发展前景 （4）企业规模较大，需要有较强的凝聚力 （5）企业的经营状况不好，但本行业本地区人才竞争激烈，在福利待遇方面存在优势已成为保留人才的手段	
	人力资源管理基础较好：薪资管理、人才配置、员工激励、员工绩效管理基本到位	
	所有基础的社会统筹福利和福利制度政策已经建立并实施	
	具备开发实施自主福利项目的人力条件、技术条件和资金条件	
	有比较好的业务契机：薪资福利预算刚启动、企业改制、新的管理层上任	
步骤二：方案设计	指导思想： （1）最能反映员工的需要 （2）市场上已证实有较高的欢迎度——现代企业的普遍做法 （3）资金投入和福利效益与本企业经营效益水平相当	

使用说明：

借助此表，检查你的企业是否具备选择开发自主的福利项目的条件。如果必要，为你的企业制订一个福利项目开发方案。

福利预算表

表 11-11 福利预算表

福利基金来源	费用支出项目	上年积余	本年预算	年底积余	说明和备注
55%福利提成					
20%养老基金	养老保险费、补充养老项目				
14%集体福利费	员工活动费、交通费、集体福利项目				
7.5%医疗基金	大病统筹、医疗报销、体检				
10%住房公积金					
1.5%教育费用	员工教育自助计划				
2%工会费					
工会活动项目明细					
税后利润福利基金					

使用说明:

上表只是一般的福利预算模式,其中的栏目和项目可以根据企业实际情况增删,福利基金来源栏目中的百分比请根据实际修改。

福利工作策略标准检查表

表 11-12   福利工作策略标准检查表

	福利工作策略标准	企业的福利工作现状	改进现状
保障员工福利效果	★确定必不可少的项目		
	★调查跟踪保障其效果		
提高福利工作的效益	★提高投入产出比		
	★控制成本		
精简福利行政工作	★规范化管理，政策合理		
	★成立员工俱乐部，让员工和工会组织员工活动（双赢互利）		
	★制度化、系统化、自动化管理福利行政工作，减少人为主观感情因素		
	★充分运用社会资源和专业福利顾问公司运作福利行政事务		

使用说明：

对照表中的福利工作策略标准，检查一下你企业的福利工作现状，并制订改进计划。